우애의 미디올로지

다중지성총서05

우애의 미디올로지 Friendship's Mediology

지은이 임태훈

펴낸이 조정환
책임운영 신은주
편집부 오정민 · 김정연
프리뷰 이영란 · 이성혁

펴낸곳 도서출판 갈무리 등록일 1994. 3. 3. 등록번호 제17-0161호
초판인쇄 2012년 10월 31일 초판발행 2012년 11월 11일
종이 화인페이퍼 인쇄 중앙피앤엘 제본 일진제책

주소 서울 마포구 서교동 375-13호 성지빌딩 101호
전화 02-325-1485 팩스 02-325-1407
website http://galmuri.co.kr e-mail galmuri@galmuri.co.kr

ISBN 978-89-6195-057-2 04300 / 978-89-6195-035-0 (세트)
도서분류 1. 사회과학 2. 사회학 3. 문화연구 4. 문화비평 5. 정치학 6. 역사학
          7. 사회운동

ⓒ 임태훈, 2012

값 18,000원

이 도서의 국립중앙도서관 출판시도서목록(CIP)은 e-CIP홈페이지(http://www.nl.go.kr/ecip)와 국가자료공동목록시스템(http://www.nl.go.kr/kolisnet)에서 이용하실 수 있습니다.(CIP제어번호 : CIP2012004963)

Friendship's Mediology

우애의 미디올로지

잉여력과

로우테크(low-tech)로 구상하는

미디어 운동

임태훈 지음

차례

'우애의 미디올로지'는 무엇인가?

'우애의 미디올로지'의 전선을 크게 셋으로 정한다. ① 신자유주의의 폭압적인 시장 논리로부터 미디어 환경의 종 다양성을 지키기 위한 기획이면서, ② '촛불'과 '3·11'의 역사적 잠재성을 밝혀 새로운 사회 문화적 상상력을 구상하고, ③ 불온하고 미천하여 별 볼 일 없는 존재들(루저, 컴맹, 무식쟁이, 게으름뱅이, 잡놈, 속물, 변태, 악플러, 괴담 유포자 등등)의 특이성에 감응해 거대 미디어 기업의 하이테크에 맞설 '신체의 기술'을 개발하려 한다.

세 개의 전선을 잇는 공통 키워드로 '우애'를 내세운 까닭은 '3·11'의 의미와 관련 깊다. 이 책이 지시하는 '우애'는 방사능의 대기에서 맺어진다. 세슘 137이 폭주하는 공기 속에서 국경, 국적, 성별, 계급, 나이, 개인과 단체, 인간과 동물, 기관적 신체와 비기관적 신체는 구별될 수 없다. 방사능과 미립자 세계의 비전에서 너는 나이며, 우리는 하나이면서 여럿인 존재가 된다. 이 사실은 탈핵과 녹색 운동의 연대론으로만 전용될 수 있는 게 아니다. 다가올 총체적 파국의 원인은 자본주의의 자기 중독증에 기인한다. 지구적 위기를 심화시키는 위험요소는 원전原電을 포함해 소비사회의 일상 전반에 만연하다. 그런데 문제가 뭔지 다 알면서도 우리는 이 생활에서 좀처럼 벗어날 수가 없다. 용도에 맞춰 작동을 반복하는 기계처럼 우리의 신체는 자본의 질서에 길들어 있기 때문이다. 하지만 '신체'는 동시에 저항의 시발점이기도 하다. 시대의 위기에 맞서 뭐든 당장 시작하려는 이들의 '공통되기'becoming common가 이 책이 지향하는 '우애'의 한 갈래다. 그렇다면 우애를 욕망하는 신체들을 서로 어떻게 접속하게 할 것인가? 어떤 이들과의 만남이 이 우애를 더욱 강렬하게 할 수 있을까? 그리고 이들의 투쟁에 무엇이 도구로 사용될 것인가? 문제는 다시 미디어다.

'medium'과 'ideology'를 합성한 단어인 '미디올로지'mediology는 '매개학'媒介學, '매체학'媒體學이라 번역할 수 있다. 그런데도 우리말 역어를 찾는 대신 굳이 음차하는 편을 택한 이유를 설명해야겠다. 이 신조어는 아무래도 기의를 확정 짓기가 불안정한데, 사실 그 불안정성이야말로 이 용어의 장점이다. 우리말 역어의 어느 특정한 맥락과 뜻을 따르는 방식보다는, 기호로서 '미디올로지'를 사용하는 편이 다양한 의미의 파생과 얽힘을 덜 제약한다. 이 기호의 의미는 반투명한 상태로 내버려둬야 한다. 적확한 번역翻譯, translation보다는, '우애'의 대주제를 따라 최적화될 수 있는 사용 능력의 변역變易, mutation이 중요하다. '우애의 미디올로지'라는 용어 역시 일반화, 보편화를 지향하는 학술 개념 같은 게 아니라, 세계의 비참에 맞서 무엇인가 해야 할 때임을 알리는 슬로건이다.

생물학에선 'medium'을 '배지'培地라 옮긴다. 식물이나 세균, 배양 세포 따위를 인공적인 조건 아래에서 기르는 데 필요한 여러 영양소가 들어 있는 액체나 고형 혼합물을 지칭해 이 단어를 쓰고 있다. 한자를 살펴보면, 뿌리를 싸고 있는 흙을 돋운다는 뜻의 배培와 장소를 의미하는 지地가 합쳐져 있다. 이들 이미지 간의 인터페이스를 쫓는다면 '미디올로지'mediology란 인간·자연·사회에 대해 품는 현실적이며 이념적인 의식의 제형태(이데올로기)를 새롭게 돋우는培 온갖 장소地에 관한 사유라 설명할 수도 있겠다. 그리고 이 사유가 시작될 가장 중요한 장소는 '신체'다. 이 책 전체를 통해 재차 강조될 주제다.

리듬과 속도, 진동과 공명 그리고 정동affect의 상호 연쇄반응으로 가득 차 있는 세계에서, '신체'는 그 모든 생성의 과정이자 산출이며, 양편 모두에 다시 영향을 끼칠 수 있는 매개 변수로 위치한다. 미디어 환경의 종 다양성이 지켜진다는 것도 '신체(들)'의 '사이'와 '바깥'에서 가능한 역동적 힘의 얽힘 관계를 풍성하게 하는 일을 의미한다. 따라서 각기 다른 삶의 특이성에 최적화될 수 있도록 여러 기준에서 더 느리거나 더 빠를 수 있는 미디어, 예측할 수 없는 순간에 멈춰 버리거나 시작될 수 있으며, 제조사가 정한 매뉴얼로부터 해방돼 창조적인 상태로 고장 날 수 있는 것들의 위대성을 알아보지 못하면서, 그저 시장 논리만으로 어떤 미디어의 존재 이유를 쉽게 재단하려 드는 건 '신체'에 대한 모욕이 아닐 수 없다.

그럼에도 모두 쉽게 잊어버린다. 삼성과 애플을 비롯한 거대 자본은 이 시대 대중의 신체를 소모적인 미디어 소비로 길들이고 있다. 그들의 신제품 광고만 봐선, 스마트폰이나 태블릿PC로 뭐든 다 할 수 있을 것처럼 느껴지지만, 실상은 광고에서 본 알량한 장면을 실생활에 흉내 내는 수준에 지나지 않는다. 더 빠르고, 더 새로운 기능이 추가된 신제품이 쏟아져 나오지만, 자본주의의 바깥은 꿈도 꾸지 않게 된 사람들의 행동능력의 범위는 도리어 축소되어 버렸다. 스마트폰 없이는 하루도 버틸 수 없게 된 사람들, 핵 없이 유지될 수 없는 메갈로폴리스의 일상, 이미 파국을 맞이했으나 대안이 없다는 이유로 아슬아슬하게 유지되고 있는 세계 금융 시스템의 좁다란 틈바구니에서 이 시대 인민의 삶은 날로 앙상해지고 있다.

많은 이들이 삼성과 애플 간 세기의 특허 소송을 주목하고 있지만, 결국 이 싸움은 냉전 시대에 핵무기 경쟁을 벌였던 미국과 소련처럼 양사의 적대적 공존으로 귀결될 게 뻔하다. 이 싸움에 도리어 파괴되고 있는 건, 비非애플·비삼성적인 미디어 실천이다. 특허권을 남용해 시장 지배력을 강화하려는 애플이나 삼성과 달리, 누구라도 쉽게 접속할 수 있고 자유롭게 익히고 가르쳐 더 낫게 갱신시킬 수 있는 공공자산public domain으로서의 기술을 중요시하는 미디올로지가 위기에 몰린 것이다. 돈이 될 만한 기술이라면 둥근 모서리 디자인에서 인간과 동식물의 유전자 정보에 이르기까지 기업의 소유로 독점되고 있다. 돈을 지불하지 못한 방향으로는 상상력이 뻗어 나가는 것을 자제해야 하고, 소송에 휘말릴 여지가 있는 행동은 시작도 하지 않는, 겁에 질린 몸뚱이를 기업은 이상적인 소비자라 여긴다. 사실상 노예의 삶이나 다를 게 없는 이런 현실에 도대체 언제까지 웅크려 지낼 것인가.

정말로 주목받아야 할 싸움은 아직 제대로 시작조차 못 했음을 깨달아야 한다. 자본주의적 일상을 구성하는 직선 바깥으로 파선波線을 그어나가는 모험이 필요하다. 우애의 미디올로지는 그 모험을 가능케 할 '신체'를 구하는 일이다. 모험에 필요한 도구는 새것이거나 낡았거나, 작든 크든, 빠르든 느리든 무엇이라도 상관없다. 우리 신체의 확장, 변용의 가능태로 그것들 모두에 기회를 주어야 마땅하기 때문이다. 불온하고 미천하여 별 볼 일 없는 존재들의 잉여력뿐만 아니라, 쓰레기로 전락해가는 지난 시대의 로우테크low-tech도 새로운 삶의 도전을 위해 재발명/재발견될 수 있다. 도무지 불가능해 보이는 방향으로 선을 이어 나가보자. 실패할 줄 알면서도 더 잘 실패하기 위해 도전할 수 있다면, 우리는 이미 누군가에게 다른 삶의 영감을 감응케 할 내리꽂히는 번개의 삶을 시작한 것이다. A부터 Z까지 온통 시장논리에 사로잡힌 자에게 실패할 수도 있다는 불확실성은 공포의 대상일 테지만, 우리에겐 모험을 흥겹게 할 색다른 룰에 지나지 않는다. 보지도 들을 수도 없지만 거미줄을 통해 전달되는 진동을 온 몸으로 감응해 미지의 먹잇감을 향해 달려드는 거미의 움직임. 이것이 우애의 미디올로지가 싸움을 시작하는 방법이다.

이 책에는 '3·11', '촛불', '세계금융위기', '웹', '문학', '영화', '미디어', '상상력' '신체'를 키워드로 한 글이 수록되어 있다. 앞서 설명한 바와 같이 '우애의 미디올로지'라는 공통의 슬로건을 공유하고 있지만, 각 장을 어떤 순서로 읽더라도 상관없겠다. 오히려 그렇게 읽어주길 권장하고 싶기조차 하다. 이러한 독법은 한 권의 책에서 작가와 독자 모두에게 예측하지 못했던 어떤 공명을 체험할 수 있게 한다. 사실 어떤 책도 작가의 의도가 온전히 유지된 형태로 독자에게 수용되지 않는다. 독서는 지각의 소용돌이 속에서 페이지와 단락, 문장, 단어가 해체되는 과정이며, 그 모든 파편이 독자의 생활에 뒤얽혀 또 다른 책(삶)을 만들어내는 거대한 전환이다. 이에 관해선 파라텍스트의 증식이라는 책의 특이성을 주목해 '신체'를 이종異種의 전자책으로 발명할 것을 구상한 8장에서 자세히 이야기하겠다.

독서의 '공명'이란 작가와 독자 사이의 동일성을 확인하는 일이 아니다. 둘 사이의 '다름'에도 불구하고, 심지어 다른 행위와 독서를 잇는 이질적인 관계에서도 공명은 가능하다. 그것은 뜻밖의 '공통되기'이며 신체의 지복이라 불릴만한 일이다. 이에 대해선 1장을 살펴주기 바란다. 메갈로폴리스 서울에서 펼쳐지는 엇갈린 사랑에 관한 영화인 〈카페 느와르〉(2010)와 세계사적 전환점인 '3·11'을 교차해 읽으며 '공명'의 의미를 고찰할 것이다.

1부와 2부에선 각각 '3·11'과 '촛불'의 역사적 잠재성과 새로운 저항의 주체성을 다뤘고, 3부에선 사회 문화적 상상력과 웹의 공진화共進化 가능성을 '문학'이라는 로우테크를 통해 구상해 보았다. 그리고 4부에선 고물 취급이나 받는 헌책과 1980년대식 복사기 그리고 (지금은 아무도 기억해주지 않고 당대에도 별반 인기를 얻지 못했던) 지난 시대의 실패한 상상력인 1960년대 한국산 SF 소설을 통해 우리 시대의 결핍과 억압을 진단하려 한다. 4부의 이름은 '구舊미디어의 재발견'이다.

이 중에서 몇 가지 눈여겨 봐줬으면 하는 대목을 꼽자면 다음과 같다. 우선 '촛불'을 다룬 2부의 3장이다. 광장에서 마주친 헤어졌던 연인, 질투심에 사로잡힌 남자와 택시 기사, 서울광장 편의점 점원, 구설에 오른 라디오 DJ, 그리고 '촛불 소녀'와는 너무나 다른 대접을 받은 '촛불 삼촌'의 입장에서 2008년 '촛불'을 다시 생각해봤다. 너무 이르게 공식화된 촛불의 서사를 수많은 개인의 기억이 한 데 연결된 우리 시대의 공통체共通體로 다시 만들어나가야 한다는 것이 이 글의 주장이다. 그해 촛불에서 폭발했던 온갖 신체들의 역능을 우리는 아직 충분히 검토하지 못했음을 잊지 말아야 한다. 4장에선 '촛불 이후'를 다뤘다. 우리 시대의 새로운 정치적 급진성은 자신의 내밀한 욕망을 국가 권력에 침해당하지 않으려는 자들에게서 더욱 치열하게 전개될 수 있다. 그들은 투사도 아니고 존경스럽지도 않으며 순진무구한 것과는 거리가 멀다. 대의를 위해 권력과 싸울 마음은 생기지 않아도 오르가슴을 지키기 위한 싸움이라면 훨씬 절박할 수 있다. 2부의 제목을 '촛불, 속물과 잡놈의 전선'이라 지은 까닭도 이들을 주목하기 위해서다. 변태, 루저, 잡놈, 속물이라 매도당하는 이들의 신체가 어떻게 저항과 전복의 전환점이 되는지 지켜봐 주기 바란다.

자본주의의 자기 중독증에서 헤어 나오지 못하는 우리 세계의 총체적 문제점을 진단하는 계기가 '3·11'이었다면, 별 볼 일 없는 존재들의 특이성이 우리 사회의 미래를 구상하는 일에 뜻밖의 영감을 줄 수 있음을 알려준 건 '촛불'이었다. 5장에서도 이 영감은 유용했다. 연예인 악플러와 SNS 괴담 유포자, 컴퓨터 전원도 켤 줄 모르는 컴맹의 '무지', '편견', '착각', '오해'에 기초해 인터넷의 미래를 재설계할 수 있다. 2010년대에도 인터넷은커녕 자신의 컴퓨터도 갖지 못한 가난한 사람들이 전 세계를 통틀어 수억 명에 이른다. 앞으로 도래할 웹 3.0은 이들과 더불어 모색되어야 마땅하다. 세계 경제의 불평등을 심화하는 정보자본주의의 도구가 아니라 그 악순환을 중단시킬 수 있는 해방의 장소로 웹을 다시 발명할 것을 제안한다. 이러한 내용의 5장은 세계금융위기의 필연성을 평행 세계 SF와 함께 논의한 2장과 읽어줬으면 좋겠다.

이 책에서 논의하는 '문학'의 위상도 앞서 열거한 별 볼 일 없는 것들의 행렬에 함께한다. '문학'은 '우애의 미디올로지'의 전체 전선에서 '접속력'接續力을 사유하는 중요한 도구다. 물론 '문학' 역시 '웹'과 '촛불'과 마찬가지로 재발명/재발견해야 할 미디어라는 점에선 다를 게 없다. 원하는 목표에 쉬 닿을 수 없음을 불평하는 욕망(들)을 비추는 거울이 '문학'이다. 그렇게 다른 욕망과 쉼 없이 불화하고 있지 않다면, '문학'은 제 역할을 하는 게 아니다. 문학주의자들은 흔히 '문학'을 주어의 자리에 놓고 온갖 미사여구를 덧붙여 찬미하지만, '문학'의 자리는 '접속사'인 채로 충분하다. '접속사 문학'에는 기원도 종말도 없다. '문학'은 지혜와 감응의 연대를 구하기 위해 타인의 언어에 과감히 네트워킹하는 숱한 '의지의 얽힘'이기 때문이다.

우리는 '문학'을 특유의 하찮음으로부터 마땅히 시작해야 한다. 6장과 7장에 걸쳐 우애의 미디올로지로서의 글쓰기론, 문학론을 전개했다. '문학'이 미디어 환경의 종種 다양성과 '신체의 기술'에 이바지할 방법도 함께 고민했다.

우리가 이 시대에 진정 열광해야 할 가치는 매체의 첨단성이 아니라 더불어 행복해지려는 욕망의 절정이다. 4부의 '구 미디어의 재발견'도 같은 관점을 담고 있다. 8장에서는 전자책 대세론에 결핍된 것들을 헌책의 파라텍스트를 통해 생각했다. 침체일로에 있는 출판산업을 부흥하기 위해서라도 콘텐츠에 못지않게 네트워크를 주목해야 한다. 책을 둘러싼 생활의 리듬, 속도, 행동능력의 변용, 사회문화적 배치를 풍부하게 해야 한다. 책만을 생각해서는 책의 문제조차 해결할 수 없다는 말이다. 일반적으로 한 권의 소설책에서 소설 그 자체를 텍스트라 한다면, 소설의 제목, 표지에 두른 띠지, 판권지, 제시題詞, 주誅, 삽화 또는 작가의 '일러두기' 등을 통틀어 '파라텍스트'라 일컫는다. 이 밖에도 파라텍스트의 범위는 극적으로 확장될 수 있어서, 우리 몸의 생로병사와 마찬가지로 책 한 권이 완전히 소실되는 순간에 이르기까지 오랜 세월에 걸쳐 살을 불리고 깎여나가기도 한다. 시간이 갈수록 저자의 언어보다 책이 살아낸 세월의 노이즈가 더욱 강렬해지는 것이다. 그렇다면 그 강렬함을 감지해낼 수 있는 유용한 도구가 필요하다. 그것은 바로 우리의 '신체'일 수밖에 없다.

9장에서는 복사기의 네트워크와 1980년대에 대해 생각해보았다. 4부의 9장과 10장은 '우애의 미디올로지'의 역사적 분석이라 할 수 있다. 1980년대의 복사기를 통해 저항 미디어는 어떻게 형성될 수 있는가를 배울 수 있었다. 이 시기 이전까지만 해도 '복사기의 네트워크'는 국가 행정 시스템 혁신을 통해 제일 먼저 구축됐고, 인민들의 일상과는 거리를 좁히지 못한 채 20여 년 가까이 국가와 자본에 독점된 기술로 머물렀다. 그러나 1980년대에 들어 복사기가 빠르게 대중화되면서 다양한 주체와 이념, 정치적 욕망이 '복사기의 네트워크'에 접속하기 시작했다. 그런데 복사기가 지知의 유통망으로서 뿐만 아니라, 부정한 정권에 대항하는 미디어로 쓰일 수 있었던 것은 1980년 5월 광주의 비극 때문이었다. 1980년대의 대항 미디어 운동은 고립무원의 광주를 향한 뒤늦은 참회의 형식이라 해도 과언이 아니다. 이 시기 '복사기의 네트워크'에서 소위 '불온문서'의 유통을 가능케 한 동력은 다름 아닌 사람의 '몸'이었다. 지난 시대의 '복사기의 네트워크'가 우리에게 전해주는 것은, 오늘날 대기업들이 유포하고 있는 내용과 달리, 새로운 미디어가 낡은 미디어를 밀어낸다는 식의 기계적 세대교차의 필연성 같은 건, '나'와 미디어의 관계에서 전혀 중요한 문제가 아니라는 사실이다. 우리가 한 시대의 미디어 환경을 활용하는 방법은 누군가에 의해 매뉴얼로 미리 주어지는 것이 아니라, 아직 구성된 적 없는 사회 문화적 배치 속에서 다시 발견하고 고쳐 발명해야 한다는 데 있다. 그 과정에서 우선되어야 할 것은 구 미디어나 뉴 미디어의 흑백논리식 구분이 아니라, 이 시대를 살아가는 우리 신체에서 어떤 욕망이 아직 불가능한가에 대한 자각이다.

10장에서는 '문학'을 다시 다뤘다. 그것도 문학사에서 배제됐고,

대중적인 인기도 얻지 못했던 1960년대산 한국 SF소설을 검토한다. 아울러 이 시기 한국 SF소설이 가장 많이 실렸던 잡지인 『학생과학』을 통해 1960년대 남한 사회의 핵 담론이 어떻게 확산됐는지도 추적한다.

『학생과학』에 실렸던 SF소설은 지금 다시 읽어도 조악한 키치kitsch 수준에 불과하다. 과연 과거의 실패한 상상력은 오늘날 어떤 쓸모가 있을까? 'SF'는 한 사회의 사회 문화적 상상력의 임계점을 지시한다. 'SF'라는 개념은 그저 장르 용어의 하나쯤으로 한정되는 것이 아니라 시대의 증환症幻을 읽는 척도일 수 있다. '지금, 여기'에서 너와 나는 무엇을 상상할 수 없는가? 게다가 무엇을 표현할 수 없는가? 어떤 표현의 어색함, 어떤 작품에 대해 느끼는 견딜 수 없는 저속함은 어느 틈에 내 몸에 새겨진 반응일까? 우리의 신체는 시대와 피드백하며 구조화된다. 그 연쇄 반응은 작품에도 고스란히 반영된다. 이를 진단하는 데 있어 먼저 실패해본 자들의 그 자리는 소중하다. 지금의 이 비루한 시대에도 얼마나 많은 이들의 욕망과 상상력, 뜨거운 실천이 실패하고 있는가. 그러나 그 무수한 실패가 미래의 가능성을 풍부하게 한다.

사무엘 베케트가 말했다. "다시 실패하라, 더 잘 실패하라." '우애의 미디올로지'도 다시 실패하고 더 잘 실패하기 위해 세상에 격투를 청한다. 그리고 이 싸움에 함께할 동무를 부르려 한다. 이 책이 부디 너와 나, 우리를 공명케 할 수 있기를.

1부

3 · 11 이후, 우리

1장

방사능의 대기에서

3·11 이후의 영화, 〈카페 느와르〉

거대한 공명

가까스로 마음의 평화를 찾고 어머니가 될 준비를 시작한 소녀가 모두에게 묻는다. 이것은 〈카페 느와르〉의 마지막 장면이다. 소녀는 남산 전망대에서 서울의 풍경을 내려다보고 있다. 이 장면에서 관객은 소녀의 얼굴을 볼 수 없다. 이 아이는 만삭이 된 배에 한 손을 올린 채 카메라를 등지고 있다. "넌 어떻게 할 건데? 달나라에 사람이 처음 갔을 때 돌을 가져왔대. 넌 지구를 떠날 때 뭘 가져갈 거야?" 동행한 친구는 아무 대답도 하지 않는다. 대신에 소녀의 시

만삭 소녀가 모두에게 묻는다. "넌 어떻게 할 건데? 달나라에 사람이 처음 갔을 때 돌을 가져왔대. 넌 지구를 떠날 때 뭘 가져갈 거야?" 소녀의 목소리가 사라진 뒤 16초 동안, 우리는 이 도시의 온갖 소리가 대기 중에 뒤엉키고 휘몰아치는 거대한 공명(共鳴)과 마주하게 된다.ⓒ 북극성

선이 향한 곳을 함께 바라본다. 그리고 바로 이 순간, 관객들의 시선 또한 이 아이들을 뒤따르게 된다. 이대로 질문만 남겨놓은 채 끝내 대답을 들려주지 않는 불친절한 엔딩이 아니다. 이 장면의 '소리'에 유심히 귀를 기울여야 한다.

남산 전망대의 사운드스케이프soundscape가 점차 음량을 높이며 전면에 드러난다. 소녀의 목소리가 사라진 뒤 16초 동안, 우리는 이 도시의 온갖 소리가 대기 중에 뒤엉키고 휘몰아치는 거대한 공명共鳴과 마주하게 된다. 풍경landscape과 달리 사운드스케이프는 누구의 시선에도 종속되지 않은 채 지각된 풍경을 해체하고 고정된 의미를 헝클어 놓는다. 사운드스케이프는 시시각각 변화하고 달리 생성한다. 사운드스케이프는 주체가 아니라 '시간'이라는 절대 변수에 종속된 사태이기 때문이다. 그러니 그 마지막 16초 동안에 우리가 함께 들었던 것은 무엇일까. 그 거대한 언어를 어떻게 변역할 수 있을까. 이 울림에는 한꺼번에 너무 많은 대답이 뒤엉켜 있다. 질투심에 사로잡혀 중얼거리는 영수(신하균)와 미연(김혜나)의 목소리에 몇 번이고 부딪혔다 되돌아온 소리, 실연당한 사람들의 사연을 대독하는 은하(요조)의 목소리에 뒤엉켰다가 재차 흐트러지는 소리, 길고 격정적인 선화(정유미)의 독백을 스쳐 지나가는 소리, 그 모든 울림을 휘어잡아 매듭지을 수 있는 비평이 과연 가능할까. 그러나 잘못된 질문은 인생을 허비하는 지름길이다. 이렇게 고쳐 물어야 함을 깨닫는 순간, 이 글을 시작할 수 있었다.

나는 이 영화와 '함께' 공명할 수 있을까?

이것은 감독이 애초에 의도했던 어떤 메시지를 이해하려는 시도가 아니다. 감독이 뒷짐을 지고 답안지를 숨기고 있더라도 관객 전부가 수험생이 되어 정해진 문제를 풀어야 하는 것은 아니기 때문이다. 그런 일을 '공명'이라고 착각해선 안 된다. 공명이란 이를테면 이런 순간을 의미한다. 어느 쪽도 의도하지 않았고 기대하지 않았던 기쁨의 순간에 대한 이야기다. 〈카페 느와르〉의 세계에서도 비슷한 사건이 연발한다.

심리치료를 공부하는 어떤 지인에게서 들은 사례다. 외모 때문에 어려서부터 고민이 많았던 여자가 있다. 사회생활과 인간관계에 늘 불화가 끊이지 않는 이유가 자신의 외모 때문이라고 병적으로 자책하는 사람이었다. 어느 날 그녀는 같은 고민으로 몹시 상심해 있었다. 길을 걸으며 극단적인 결심을 고민하던 도중, 인상 사나운 아주머니와 크게 부딪쳤다. 그 바람에 아주머니가 들고 있던 물건까지 망가졌다. 배상을 요구하며 매섭게 나무라는 아주머니 앞에서 여자는 쩔쩔맸다. 그이는 욕설까지 서슴지 않으며 여자를 몰아쳤다. 그러다가 "얼굴은 예쁘게 생겨가지고 정신을 어디다 빼놓고 살아?"라는 말이 나왔다고 한다. 당사자야 상대방을 더 기분 나쁘게 할 목적으로 강약 조절차 내뱉은 말이고, 방점을 찍어 읽어야 한다면 어디까지나 뒤이은 욕설이 진심이었다. 하지만 여자는 '예쁘게'라는 말에 반색했다. 이렇게 뜻밖의 상황에서 전혀 기대하지 않던 말을 듣게 되다니! 물론 자신이 착각에 빠져 있다는 것쯤은 자신도 알고 있었다. 하지만 상황에 대한 정확한 '이해'와는 별개로 착각 그 자체로 이상하게 기분이 좋았다고 한다. 정신과 치료를 받으러 다니면서 여러 선생님을 만나 상담도 해봤지만 이런 식으로 마음에 와 닿는 경험은 여태껏 없었다고 한다. 아주머니의 욕설은 들리지 않고 '예쁘다'는 말만 머릿속에서 울리고 또 울렸다. 자신을 둘러싼 세계도 잠시나마 밝고 따스하게 느껴졌다. 그 말이 그녀의 몸과 마음의 주파수를 움직여 세상과 공명한 순간이다. 〈카페 느와르〉에도 비교할 수 있는 장면이 있다. 앞에서 이야기한 만삭 소녀는 한강으로 투신하는 영수를 '우연히' 목격한다. 미연의 가족이 교통사고를 당하는 광경도 우연히 목격한다. 소녀에게 이들은 하나같이 스쳐 지나가는 사이일 뿐이지만, 자살까지 고민했던 이 아이의 마음에 긍정적인 울림을 일으킨 것으로 사료된다. 어떻게 이런 일이 가능할까? 그러나 〈카페 느와르〉는 사람들이 왜 이런 일이 가능하다고 믿지 않는지 오히려 낯설어하고 있는 영화였다.

〈카페 느와르〉는 질문과 대답이 그럴듯한 짝을 이룬 영화가 아니다. 인물들의 내적 변화 과정을 인과 관계에 맞춰 관객들이 꼼꼼히 따라 읽을 수 있도록 배려하지도 않았다. 만삭 소녀가 어떻게 마음의 평화를 찾게 되었는지도 영화의 줄거리만 쫓아선 이해할 수 없다. 그러나 이 모든 공백을 가로지르는 〈카페 느와르〉만의 특이성은 따로 있다. 이 영화에 등장하는 인물들은 다들 처음 만나는 사람들이 아니라, 영화나 소설에서 봤을지언정 한 번 이상 엇갈린 적이 있다. 얼핏 덧없게만 보이는 그 모든 엇갈림이 누군가의 구원과 절망, 죽음과 부활, 삶의 긍정과 지속을 가능케 하는 방아쇠 역할을 할 수 있다.

그렇다면 삶의 행로를 가늠할 지혜를 어디서 구할 수 있을까? 우연과 엇갈림에 휩쓸릴 수밖에 없는 게 우리네 삶이라는 식의 결론은 영화 내내 계속되는 우울한 독백만큼이나 지긋지긋하다. 다행히도 〈카페 느와르〉의 마지막 장면은 그게 다가 아니라고 더 이야기하고 있었다.

다시 소녀의 질문을 떠올려보자. 만삭 소녀와 동행한 친구는 "앞으로 어떻게" 살 거냐고 묻지만, 소녀의 대답은 담담하기 이를 데 없다. "살아야지 뭐." 소녀는 '앞으로 어떻게'를 궁리하느라 안절부절못하는 대신에, 지금 여기에서 무엇과 '함께' 살아갈 수 있는가의 경이를 발견하는 일에 더 예민하다. 장차 지구를 떠나야 하는 극단적인 상황이 닥친다 해도, 더불어 무엇을 혹은 누구와 함께 할 것인가의 고민이 소녀에게는 더욱 절실하다("넌 지구를 떠날 때 뭘 가져갈 거야?"). 삶은 슬픔이나 기쁨, 절망 또는 희망의 레테르가 붙은 고정된 프레임 안에 마름질 되는 풍경이 아니라, 무수히 다양한 관계와 계열 '사이'를 관통하면서 매번 다르게 울리고 공명할 수 있는 사운드스케이프의 성질에 더 가깝다. 그래서 지금과 다른 삶을 향해 가려면 아직 나아가 본 적 없는 미지의 '사이'로 뛰어들 수 있어야 한다. 이 모험은 어디까지나 살아 있는 사람에게만 허락된 지복至福이다. 그래서 상영시간이 198분에 달하는 이 영화를 설명할 수 있는 단 한 문장은 "살아라!"인 것이다. 그렇더라도 자살을 충동질하는 절망적인 상황이 이 세계엔 만연해 있다. 〈카페 느와르〉의 마지막 장면에서 우리가 함께 바라보고 귀 기울이는 풍경과 사운드스케이프 역시 일면 오싹한 분위기를 풍긴다. "살아라!"라는 이 영화의 메시지는 깨달음의 탄성이나 현자의 정언명령 같은 게 아니라 차라리 원초적인 비명에 더 가깝다. 만약 현장음 대신에 뚱땅거리는 음악을 덧씌워 그런 느낌을 감추려 했다면, '지금, 여기'의 서울에 대해 어이 없는 거짓말을 하며 끝나는 영화가 되었을지 모른다. 그렇게 되지 않기 위해 〈카페 느와르〉는 우리 시대의 서울과 어떻게 공명하고 있는 걸까?

'3·11 이후'의 영화

미래는 나이 어린 미혼모에게만 불확실한 게 아니다. 그 누가 아무리 철저히 계획하고 준비하더라도, 삶의 행로엔 예측할 수 없는 변수가 얼마든지 끼어들 수 있다. 심지어 느닷없이 지구를 떠나야 하는 상황도 없으리란 법이 없다. 2011년에 있었던 원발진재原發震災의 3·11만 하더라도 혹자는 천 년에 한 번 있을까 말까 한 확률의 재앙이었다고 말한다. 현대 자본주의는 이런 수치의 확률을 현실적인 일로 취급하지 않았다. 도시계획은 길어봐야 백 년을 내다보는 수준이고, 기업이 사업 계획을 짤 때도 그보다 작은 범위에서 실속을 따지게 마련이다. 예를 들어 건물을 세우고 공장을 짓고 운영하는 과정에서 생길 수 있는 온갖 리스크를 통계화하고 각각의 발생 가능성이 확률적으로 계산된다. 그래서 가장 발생 빈도가 높은 리스크부터 반복적인 통제가 이뤄질 수 있도록 강구講究한다. 문제는 통계에 합산되는 데이터가 근대 이래의 자료가 대부분이라는 것이다. 따라서 천 년에 한 번 일어날까 말까 한 역사적 변수 같은 건 신중히 취급되기가 어렵다. 바로 이것이 오늘날 우리 문명의 치명적인 약점이다. 이 지구의 역사는 무려 45억 년에 달하고 앞으로의 미래 또한 일상의 시간 감각으로는 상상도 할 수 없는 긴 여정이 되리란 사실을 현대인은 잊어버리고 살아왔다. 45억 년에 달하는 지구의 나이에서 고작 천 년의 시간쯤은 일각一刻에도 미치지 못하는 단위다. 그래서 천 년이 아니라 수억 년에 한 번 일어나는 일이라 해도 이 세계에선 얼마든지 가능하다. 자연은 통계나 확률에 맞춰 춤추지 않는다. 그런 의미에서 3·11은 우리 시대가 더는 근대의 시간 체제 속에 머물러 있을 수 없음을 알리는 엄중한 경고로 받아들여져야 한다.

3·11은 그날 하루로 종료된 사태가 아니라 현재 진행 중이다. 이쯤에서 〈카페 느와르〉의 첫 장면이 푸른 하늘과 구름의 산란으로부터 시작된다는 것을 기억해야 한다. 이 장면은 다음 신에서 절망에 빠진 소녀의 시선으로 이어진다. 우리에게 삶에 대한 다른 질문 방법을 가르쳐주게 될 바로 그 아이다. 〈카페 느와르〉는 3·11 이전에 만들어진 영화지만, 이 영화가 관객들과 만나는 과정은 '3·11 이후'의 시간과 운명적으로 겹쳐 있다. 근래 제작된 모든 영화가 3·11 이후의 시간에 놓여 있음에도, 굳이 〈카페 느와르〉를 지목해 '운명적인 겹침'을 생각해볼 수 있는 이유는, 이 영화의 출발점에 놓인 두 편의 소설 때문이다. 괴테의 『젊은 베르테르의 슬픔』(이하 『베르테르』)과 도스토옙스키의 『백야』는 세계사적 전환기의 방황에 대한 소설이다. 『베르테르』(1772)는 왕정 귀족사회에서 자본주의로 건너가는 이행기의 정서가 면면에 흐르고 있고, 이 영화에서 『베르테르』의 쌍생아로 동행하는 『백야』는 『공산당 선언』이 발표된

1848년에 발표된 소설이다. 홉스봄의 구분을 따르자면 1848년은 '혁명의 시대'의 끝자락(1789~1849)에서 '자본의 시대'(1849~1871)의 출발을 예감하는 경계의 시간이다. 〈카페 느와르〉도 2000년대의 끝과 2010년대의 시작점에 도착해 '3·11 이후'라는 전환기의 역사적 맥락에 가로놓여 있다. 2009년에 제작된 이 영화의 일반 개봉이 2010년 말에야 이뤄졌던 것도 시대와의 운명적인 겹침을 좀 더 분명히 방향 지었다.

그런데 누군가는 '3·11'에 대한 위기감에 대해서부터 선뜻 공감할 수 없을지 모르겠다. 한국에선 '3·11'을 어떻게든 수습되는 중인 지나간 사건이라거나, 어디까지나 일본의 문제일 뿐이며 우리에겐 그보다 중요한 문제가 산적해 있다는 식으로 안일하게 여기는 사람이 대다수다. 그러나 이 사건은 2001년의 '9·11' 이상으로 앞으로 도래할 십 년 이상의 시간에 심대한 영향을 끼칠 세계사적 대재앙이었다. '3·11'이라는 숫자가 뜻하는 것은 후쿠시마 원전 사고나 거대 쓰나미의 참상만이 아니다. 이 암울한 기호는 임계점을 넘어선 현대 자본주의의 자기중독 상태가 결국 어떤 파국에 이르게 되는가를 예증한다. '3·11'이 세계 금융 위기의 한복판에 놓여 있다는 것도 그런 의미에서 우연이 아니다. '3·11'과 같은 규모의 총체적 붕괴는 대지진에 의해서만 촉발되는 것은 아니다. 이런 일은 전 세계 어디에서나 일어날 수 있다. 이를테면 전자화된 화폐의 흐름은 한 도시를 하룻밤이면 지옥으로 뒤바꿔 놓을 수 있다. 후쿠시마 원전 사고의 공포를 전 세계인이 경악하며 공감했음에도 불구하고, 한국과 중국이 핵발전을 포기하지 않으려 하는 이유도 자본주의의 자기중

영화는 푸른 하늘과 구름의 산란으로부터 시작한다. 다음 장면에서도 하늘을 가리키는 사물의 표지는 이어진다. 하늘을 보라. 3 · 11 이후 방사능의 대기 아래에서 우리는 살아가고 있다.

독에서 기인한다. 〈카페 느와르〉도 이 중독증을 징후적으로 포착하고 있다.

〈카페 느와르〉는 왜 그토록 서울에 집중하는 걸까? 이 나라에선 왜 이토록 서울이 중요하게 여겨지는가? 서울은 자기중독에 의해 자멸해가는 자본주의의 전형적인 유형에 정확히 들어맞는다. 서울을 중심으로 경인京仁과 경수京水로 이어지는 메갈로폴리스1는 핵발전소와 짝패를 이루고 있다. 그래서 어느 한 편에만 달려들어선 어느 쪽도 해체할 수 없는 구조다. 우리가 메갈로폴리스의 현상 유지를 전제하는 한, 핵발전소는 필요악必要惡이라는 논리로부터 한 발자국도 벗어날 수 없다. 이게 왜 이렇게 어려운 걸까? 무엇보다도 메갈로폴리스를 해체하기 위해선 이 안으로 유입되고 빠져나가는 돈의 흐름을 근본적으로 뒤바꿔야 한다. 메갈로폴리스의 항상성은 통화 시스템에 연동聯動한다. 현재의 세계 금융 시스템에 대대적인 붕괴가 임박했다는 분석이 매일같이 쏟아져 나오고 있지만, 어느 나라도 이 굴레에서 벗어날 수 없고, 벗어나려고도 하지 않는다. 그 대표적인 도시가 다름 아닌 서울이다. 서울의 '3·11 이후'는 2011년 3월 11일 이전에 진즉 시작되었다고 해도 과언이 아니다. 이 도시는 꽤 오랫동안 파국의 한복판에 있었다.

〈카페 느와르〉는 8분여의 과천 서울대공원 장면을 제외하면 서울에서만 무려 190분 이상 맴도는 영화다. 영화 속 서울에는 편집증적인 욕망에 들려 있는 인물들이 득실거린다. 이들은 쳇바퀴를 돌듯 청계천 길을 걷고 또 걷는다. 그들의 정신이 병들고만 까닭이 그저 사랑의 아픔 때문이었을까. 영화 초반부, 우리의 소녀가 4분에

걸쳐 빅 사이즈 햄버거를 (무려 콜라도 없이) 먹어치우는 장면에 뒤
이어 서울의 풍경이 연이어 펼쳐진다. 이 장면들은 은폐된 폐허(불
타버린 숭례문)와 공공연히 드러난 폐허(철거된 한옥 마을), 잠재적
인 폐허(퇴락해가는 흥인지문과 청계천의 풍경, 미 대사관, 국회)로
구분할 수 있다. 오직 폐허만이 수십억 년의 시간을 겸허히 사유할
수 있는 풍경을 아주 간신히 드러내 보일 수 있다.

　이 모든 폐허의 한복판에서 멀쩡할 수 있는 사람이 과연 있을
까? 설사 한 줌의 무리쯤 있다 치더라도 그들의 평온을 얼마나 지속
할 수 있을까? 이 도시의 리듬과 속도, 진동 그리고 기계들의 온갖
배치와 이동에 감응하며 영화의 인물은 변화한다. 『베르테르』의 영
수와 『백야』의 영수는 한 인물이면서 서로에게 타자다. 영수가 사
랑하는 유부녀 미연과 영수를 사랑하는 교사 미연 역시 영수의 또
다른 분신일 수 있으며, 정반대로 미연에게 가능한 여러 삶의 가능
태들로 이 영화의 모든 인물에 선을 이을 수 있다. 이 변용의 과정은
그들이 가로놓인 배치의 양상에 따라 달라진다. 따라서 어느 한 인
물만을 잘라 이 영화의 진의를 정제해낸다는 것은 시작부터 잘못된
방법이다. 이 영화의 주인공은 어느 한 인물로 특정될 수 없다. 서울
이라는 거대한 다양체multiplicity야말로 〈카페 느와르〉의 진짜 주인
공이다. 영화의 마지막 장면에서 들리는 거대한 공명은 이 사실을
한 번 더 증명한다. 이 영화에선 강도를 달리한 N서울타워의 이미
지가 반복해서 나온다. 그것은 이 도시를 가득 채운 온갖 존재들의
열린 종합을 상징한다. 영수의 주검 너머로 보이는 창밖 풍경에도
N서울타워가 보인다. 그가 죽은 뒤에도 다양체 서울은 차이의 생산

과 반복을 멈추지 않는다.

영화에 등장하는 각각의 인물은 이 다양체가 드러내 보이는 희망과 절망의 변용태變容態들이다. 그렇기에 일면식도 없는 낯선 타인들끼리 서슴없이 말을 걸고 서로의 행동에 무작정 시선을 고정하는 일이 이 영화의 세계에선 자연스러울 수 있다. 이들은 타인들로부터 자신에게 가능한 (혹은 상실한) 또 다른 삶을 발견하고 닮으려 (혹은 달라지려) 애쓴다. 이를테면 영수의 죽음은 만삭 소녀에게서도 가능한 죽음이며, 만삭 소녀가 깨달은 삶의 긍정은 영수의 삶에서도 가능했다. 그런데 이 다양체를 둘러싼 세계의 배치는 속속 달라지고 있다. 〈카페 느와르〉 역시 '3·11 이후'의 영화 바깥 현실과 맞닿아 뒤얽히며 다른 영화로 변화하고 있다. 그리고 이 변화의 속도와 리듬에 감응할 수 있는 능력이 공명이다.

방사능의 대기大氣 아래 국경, 국적, 성별, 계급, 나이, 개인과 단체 따윈 구별되지 않는다. 쉬운 이해를 위해 방사선의 시선視線을 상상해보자. 그러면 만물을 이루는 무수한 입자가 쉼 없이 뭉쳤다 흩어지기를 반복하는 끝없는 지평만이 내다보일 것이다. 방사능과 미립자 세계의 비전에서 너는 나이며, 우리는 하나이면서 여럿이고, 모든 것이면서 아무것도 아닌 게 된다. 바로 여기에서 우리 시대의 에티카(윤리학)를 구상해내야 한다. 3·11은 재앙의 숫자이면서, 시대정신의 개안開眼을 위한 공공 주파수다. 방사능은 인간 육체를 병들게 하지만 동시에 우리 실존의 또 다른 실제를 일러주는 매개다. 영화도 같은 진실을 전하는 교사가 될 수 있다.

그러나 이들 교사에게 우리가 진정 배우고 싶은 것은 '3·11 이후'에도 여전히 희망의 증거를 만들어 낼 방법이다. 우리는 영수처럼 허망이 죽어버리는 것으로 문제를 회피하기보다는 만삭 소녀의 다짐처럼 어떻게든 살아가면서 이 과제와 마주해야 하기 때문이다.

'사이'와 '바깥'의 함수

이 영화에서 소녀는 배 속의 아기와 '더불어' 삶을 긍정할 수 있게 되었다. 소녀의 가냘픈 몸뚱이와 그보다 더 작은 아기의 몸이 한데 이루는 공존, 공명은 두 사람을 새로운 삶의 리듬으로 옮아가는 데 힘을 보탠다. 그렇다면 '3·11 이후'의 서울도 이 소녀를 닮아 새로워질 수 있을까? 하지만 신자유주의의 정점에 다다른 이 도시에서 자본과 경쟁의 논리는 생존의 법칙으로 군림하고 있다. 그리고 이에 합당치 않는 삶의 방식은 열등하고 무가치한 것으로 취급받고 있다.

이런 세태가 영화에는 어떤 영향을 끼쳤을까? 우선 우리 시대의 거리를 진중히 바라보려는 시선이 영화에서 실종됐다. 그것은 타인의 삶에 대한 조건 없는 관심이 고작해야 병적인 관음증쯤으로 취급되는 시대의 반증이기도 하다.

〈카페 느와르〉는 컷을 가능한 절제하고 카메라를 한자리에 세워놓은 채, 화면 속에서 벌어지고 있는 일을 구석구석 바라볼 수 있게 했다. 컷의 절제는 현장음을 주의 깊게 듣는 데도 도움을 준다. 이 영화의 등장인물들 역시 관객과 마찬가지로 거리를 바라보는 일에 동참한다. 그리하여 무수히 다른 이야기와 사건이 거리에서 중첩되고 엇갈리고 있음을 발견하게 된다. 어떤 위치의 '사이' 또는 '바깥'에 시선을 두느냐에 따라 같은 순간도 다르게 읽힌다. 이것은 우리의 도시가 이미 그 자체로 얼마든지 낯설게 발견될 수 있는 장소임을 알게 한다. 온갖 이질적인 구성 요소들 사이에 혹은 집합들 사이에서 무엇인가가 일어나고 있다. 다양체로서의 서울을 재발견할 기회다. 경제 인간들이 숭상하는 대세와는 다른, 그보다 더 다양하고 이채로운 리듬과 속도가 어떤 이의 삶을 가로지르고 있다. 문제는 그 사실을 누구든 사유하게 하는 계기를 만드는 일이다. 예를 들어 2009년 보신각 타종식에서 TV 방송은 현장의 소리와 풍경을 제대로 보여주지 않았다.[2] 그러나 〈카페 느와르〉에는 당시 TV가 왜곡한 거리의 진실을 볼 수 있다. 이 영화를 통해 최초로 공개된 화면은 아니지만, 그 의도는 단호하다. 한 시대의 영화가 동시대인들에게 이바지할 수 있는 최소한의 윤리는 거리를 제대로 바라볼 수 있는 장면을 카메라에 담는 일과 무관할 수 없다.

관객에게 이런 '바라보기'를 시범해 보이는 숙련된 조교가 배우다. 소녀가 햄버거를 먹는 장면에서부터 교육은 차근차근 시작된다. 이 장면에서 중요한 것은 소녀가 위치한 자리다. 그녀의 등 뒤로 패스트푸드 햄버거 가게의 내부가 들여다보인다. 광각렌즈가 사용된 이 장면은 소녀가 관객들을 향해 내밀려 있는 것처럼 보이게 한다. 반대로 배경은 실제보다 더 깊고 넓어 보인다. 소녀는 '사이'에 자리 잡고 있다. 패스트푸드 가게의 일상적이고 세속적인 풍경에서 그녀는 이 자리로부터 가장 먼 '바깥'에 있을 하느님을 찾는다. '사이'와

'바깥'을 중요시하는 원칙은 〈카페 느와르〉의 상영 시간 내내 모든 화면의 구성에 마치 중력처럼 적용돼 있다. 심지어 인물 없이 풍경만이 화면에 담길 때에도 이 원리는 반복된다. 이를테면 수평으로 달리며 청계천의 풍경을 따라가던 카메라는 '할렐루야는 영원하리라'라는 간판을 단 합동총회신학교 건물 앞에서 멈춰 선다. 세속의 풍경에서 다시 영원으로. 그 '사이'와 '바깥'에서 이 도시는 몇 번이고 되풀이해 공명한다.

그리고 무엇보다도 관객의 자리와 스크린 '사이', 스크린의 '바깥'에 위치한 관객의 자리를 이 영화는 강박적일 정도로 반복해서 상기시킨다. 화면 안에는 언제나 관객의 위치가 투영되어 있다. 선화가 영수를 앞에 두고 사랑의 역사를 길게 읊조리던 장면을 예로 들어보자. 그녀의 이야기가 시작되기 전, 다른 테이블에 서너 명의 손님이 앉아 있는 장면이 슬그머니 끼어든다. 그리고 선화는 10분간 홀로 독백한다. 선화의 이야기가 끝났을 때, 예의 그 다른 손님들의 모습이 다시 끼어든다. 그들도 선화의 이야기를 10분 내내 듣고 있었을지 모른다. 어쩌면 이 장면이 무척 지루해서 깜빡 졸음에 빠졌을 어떤 관객들처럼 전혀 귀담아듣지 않았을 수 있다. 그들뿐만 아니라 선화의 독백이 고조되는 동안 화면에서 사라졌던 영수의 자리 역시 관객의 시선을 대리한다. 관객들의 가능한 반응이 투영된 이 모든 위치란, 그저 멀찌감치 떨어져 무슨 일이 벌어져도 별다른 일이 생기지 않는 자리가 아니다.

어떤 위치에서 또 다른 자리로 옮겨 갈 때, 한 인물에서 다른 인물로 사유와 감정을 재이입할 때마다, 관객 자신뿐만 아니라 영화

은폐된 폐허, 공공연히 드러난 폐허, 잠재적인 폐허. 오직 폐허만이 수십억 년의 시간을 겸허히 사유할 수 있는 풍경을 아주 간신히 드러내 보일 수 있다. 만삭 소녀가 케이블카를 타고 N서울타워를 향해 올라갈 때, 이 아이의 시선은 도시를 향하고 있다. 그 모습은 파울 클레의 '앙겔로스 노부스'(Angelus Novus)를 연상케 한다. 역사의 폭풍에 떠밀린 신(新)천사는 펼친 날개를 접을 수가 없다. 발아래로 참담한 폐허가 하늘을 찌를 듯 높아만 가지만, 천사는 결코 시선을 돌리지 않는다.

속 인물들도 점차 다른 존재로 변화하게 된다. 이것이 '사이'와 '바깥'에서 가능한 〈카페 느와르〉의 함수다. 만삭의 소녀가 끝내 깨닫게 되는 삶의 긍정도 이 함수를 이해할 수 있게 된 자의 능력이다. 그것은 범상한 사람이 쉬이 알아볼 수 없는 심오한 진리나 점쟁이의 신통력 같은 게 아니다. 오히려 '사이'와 '바깥'의 함수로부터 생성되는 사건들이란 때로 견딜 수 없이 우스꽝스럽다는 걸 알게 된 자의 여유다. 〈카페 느와르〉는 꼭 그런 의미에서 코미디 영화이기도 하다.

미연과 영수가 교사로 일하는 학교만 하더라도, 두 사람의 시선이 닿는 곳마다 엉뚱한 문장이 속출한다. 칠판에는 이런 격언이 적혀 있다. "우리는 나무의 헌신적인 사랑 방법을 본받아야 한다." 하지만 두 사람 누구도 이런 사랑을 경험하지 못했다. 칠판에 적힌 문장에는 그런 일쯤이야 논리적으로 얼마든지 가능하다는 듯이 설명되어 있다. 교실 뒤편의 게시판에도 "우리 서로 사랑하자."라는 문구가 적혀 있다. 이 가르침을 가장 철저히 위반하는 사람이 아이들의 교사라니! 조롱은 집요하게 이어진다. 복도에까지 이런 말이 적혀 있다. "그리스도께서 너희를 사랑하신 것같이 너희도 사랑 가운데서 행하라."(에베소서 5:2) 이 와중에도 미연과 영수는 굳은 표정으로 일관하지만, 그런 얼굴을 관객까지 따라할 필요는 없다. 웃긴 건 웃으면 된다. 실연의 메시지를 전달하는 전령 은하가 항상 미소를 잃지 않고 명랑한 까닭도, 깨져버린 사랑의 풍경이라는 게 당사자들이 고통스러워하는 것과는 달리 실상 그 모든 게 무척 우습게 보이기 때문이다. 그들도 다른 자리로 비껴져 나와 자신을 바라볼 수 있다면 폭소를 참기 어려울 것이다. 지배 계급의 논리를 짝사랑하는 이들의 소극^{笑劇}도 이와 다르지 않다. 그들의 기준에 미달했거나 기준을 위반했다고 해서 슬픔이나 미움, 증오, 자학 따위에 파묻혀 살 필요는 없다. 당신만 웃지 못하는 코미디 영화란 기실 별것이 아니다. 우리가 서로 다만 기쁘게 살아갈 방법을 찾아 어디에서든, 무엇을 가지고서든, 당장 뭐든 시작해보는 일이야말로 진짜 문젯거리임을 깨달아야 한다. 그게 목적이 아니라면 '사이'와 '바깥'이 무엇인들 무슨 소용인가?

핵 자본주의에 중독된 이 도시에도 그런 '낯설게 보기'가 필요하다. 그 일을 가능케 하는 '사이'와 '바깥'을 찾아야 한다. 그래서 견딜 수 없는 것의 한가운데서 폭소를 터뜨릴 수 있을 때, 급진적인 정치적 강렬함 또한 솟아나올 수 있다.

'우애의 미디올로지'를 위하여

그런데 과연 영화가 이런 제안을 세상에 내놓을 자격이 있는 걸까? 왜냐하면 영화야말로 자본주의의 자기중독증 그 자체일 수 있기 때문이다. 3·11 당시 엄청난 쓰나미가 센다이를 초토화하는 광경을 보도하면서 TV 아나운서가 이렇게 말했던 것이 기억난다. "꼭 영화의 한 장면 같습니다." 그의 말에 몇 편의 SF영화가 반사적으로 떠올랐다. 도대체 이 기시감은 뭐란 말인가? 그럼 무엇이 영화의 한 장면 같지 않을 수 있단 말인가. 오늘날 영화는 현실을 이해하는 적

"꼭 영화의 한 장면 같습니다." 이 기시감은 도대체 뭐란 말인가?

확한 참조점이 되기는커녕 리얼리티 자체를 왜곡하고, 마땅히 대중의 관심사로 초점이 맞춰져야 할 사태의 쟁점을 엉뚱한 방향으로 따돌리는 소실점 역할을 하고 있다.

다행히 〈카페 느와르〉는 영화를 맹신하지 않는 영화다. 정성일은 오직 영화만으로 우리 시대에 뭔가 도움을 줄 수 있다고 믿는 순진한 사람이 아니다. 영화가 의미 있는 매체일 수 있는 것은 다른 예술의 도움이 있을 때에만 겨우 가능하다. 그의 말을 여기에 옮긴다. "영화가 세상을 뒤집어 보는 것을 가까스로 다시 뒤집어준 것은 언제나 다른 예술들의 도움 때문이었다. 또는 적어도 한국에서는 문학의 덕분이었다."3 〈카페 느와르〉는 연극·음악·회화·문학 그리고 영화가 함께 이루는 다양체다. 레드원red one과 배리캠varicam으로 촬영한 디지털 화면과 손으로 쓴 편지와 『백야』의 한 페이지, 바흐와 샤오 허4가 서로 공명한다. 이 공명은 계획을 세워 연출될 수 있는 것이라기보다는 불확실성 사이로 우연처럼 뻗어 나가는 파선波線과도 같은 것이다. 그런데 이 다양체에 합류하는 구성 요소의 수가 아무리 늘어나더라도, 항들이나 항들의 집합 혹은 총체 속에 결정적인 존재 형식이 결정되는 것은 아니다. 다시 말해, 이 모든 요소가 한데 접속할 수 있는 매체가 결국 영화이더라는 식의 대책 없는 자족은 어디까지나 착각에 지나지 않는다. 함께 뒤섞이는 것은 매체 대 매체의 형식 논리가 아니라 각각의 매체를 한 점으로 방사되는 특유의 리듬, 속도, 정동 등의 강도의 흐름이기 때문이다. 예를 들어 영수와 정윤이 피아노에 나란히 앉아 같은 곡을 서로 다른 속도와 리듬으로 연주하는 장면이라던가, 영수의 메모와 독백의 소리가 반복적으로 서로 어긋나는 장면 등은 〈카페 느와르〉의 실험을 상징적으로 집약한다. 이런 다양체는 영화뿐만 아니라 연극이나 음악, 문학에서도 얼마든지 생성할 수 있다. 이런 현상을 두고 굳이 어떤 이름을 붙일 필요가 있다면, 형식화되고 관습화된 어느 특정 매체의 이름 대신에, 아직 종결되지 않는 생성의 과정에 주목해 '우애의 미디올로지'라 부를 것을 제안한다.

이와 관련해 〈카페 느와르〉의 대사에 브레히트의 시구가 인용되어 있음을 상기할 필요가 있다.5 표면적으론 미연의 남편이 아내의 정부情夫를 벌하기 위해 끌고 들어온 언어이지만, 또 한편으로 이 영화가 어떤 정신사에 선을 잇고 있는가를 드러낸 일종의 서명이기도 하다. 브레히트는 '우애의 미디올로지'에 있어 가장 성공적인 실험자의 한 사람이다. 소격효과와 서사극 이론이 적용된 그의 무대에선 이전 시대와는 다른 강도의 흐름이 만들어졌다. 그는 일방향적인 미디어인 라디오를 기술적으로 개선해 오늘날의 인터넷과 같은 쌍방향 방송 통신 장치로 만들 것을 제안한 미디어 이론가이기도 했다. 모두가 기계를 본래 매뉴얼대로만 작동하려 할 때, 브레히트는 그 매뉴얼을 성립시키는 조건을 근본적으로 부숴버릴 수 있는

'고장'breakdown을 궁리했던 사
람이었다.

'우애의 미디올로지'도 여
러 구성 요소들이 조화롭게 배
치되고 다툼 없이 평화롭게 매
개 되는 것을 의미하지 않는
다. 오히려 이 세계의 본디 혼
돈 상태에 격렬히 접속하는 그
모든 극한의 시도에 붙일 수
있는 격투의 슬로건이다. 이때
'우애'友愛는 다양체에 접속하
는 모든 요소를 꿰어 묶는 동

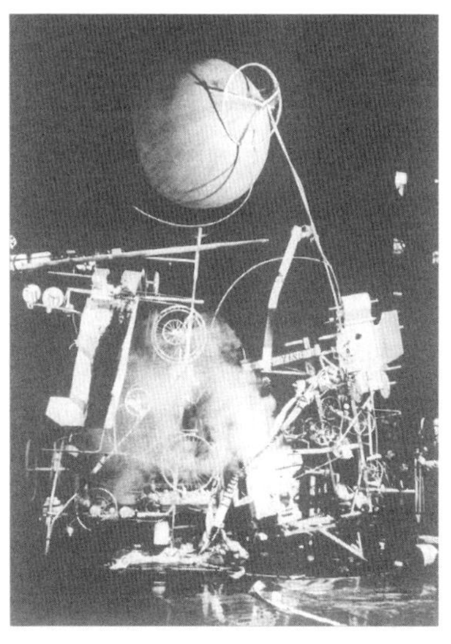

장 팅겔리(Jean Tinguley)와 로버트 라우센버그
(Robert Raushenberg)의 실험영화 〈Homage to
New York〉(1960)의 한 장면.

일성의 원리로 적용되는 것이 아니라, 이질적인 성질들이 카오스모
스를 이루며 얼마든지 한데 얽히고 서로 파괴할 수조차 있는 근본
적이고 철저한 포용의 조건을 의미한다.

그 역동적 아이러니를 절묘하게 포착한 이미지로 장 팅겔리Jean
Tinguley와 로버트 라우센버그Robert Raushenberg의 실험영화 〈Homage
to New York〉(1960)의 한 장면을 예로 들고 싶다. 이 영화에 등장
하는 기계는 뉴욕 현대 미술관에 전시됐던 팅겔리의 작품이다. 사
진에서 보듯 이 기계들은 함께 모여 있으나 각기 따로 움직이고 있
다. 서로 다른 속도와 운동 방향은 각각의 고유한 리듬에 끼어들고
교란한다. 불규칙한 리듬과 진동이 뒤섞이면서 기계들의 군무는 당
장에라도 무너져 내릴 듯 위태로운 상태로 치닫는다. 그런데 혼란

스럽게만 보이는 운동으로부터 무언가 새로운 힘이 솟아오르고 있다. 기계들 사이로 뿜어 오르는 하얀 증기는 예측할 수 없는 다음 사태의 전조다. 팅겔리의 키네틱 아트는 바로 이 순간을 포착하는 예술이라고 해도 과언이 아니다. 다음 장면이 결국 무엇이었는가는 중요치 않다. 그 무엇도 확실히 정해져 있지 않고 제대로 알지 못하게 되는 낯선 강렬함의 순간으로부터 삶을 시작하게 하는 실험이 팅겔리의 '우애의 미디올로지'였다.

어떤 의미에서 3·11 이후 이 시대 방사능의 대기야말로 '우애의 미디올로지'의 거대한 상징이자 실제적인 실험장이다. 앞으로 무엇이 파괴되고 신생할 것일까? 그리고 우리의 힘과 의지는 이 모든 변화에 어디까지 끼어들 수 있을까?

'우애의 미디올로지'로서 〈카페 느와르〉는 '사이'와 '바깥'을 산출하고 동시에 그것들을 탐식하고 있다. 그러나 이보다 더 격렬한 생성과 탐식이 영화 바깥 당신의 자리에서 가능하다. 영화보다 거대한 공명이 당신을 휘감고 있다.

2장

달러가 통용되는 평행 세계

세계 금융위기와『퀀텀 패밀리즈』

호모 에코노미쿠스의 평행 세계

세계는 자본의 영도 아래 촘촘히 연결되어 있고, 파국의 연쇄 또한 한층 철저히 지구화되었다. 한 도시, 한 나라의 전락은 화산 폭발이나 쓰나미, 전쟁만이 아니라, 금융시장 붕괴에 의해서도 얼마든지 벌어질 수 있다. 돈이 흐르지 않는 도시는 멈춰 무너져 내린다. 화폐의 흐름이 도시의 항상성恒常性을 보장한다.

한국 정부가 탈핵에 엄두를 내지 못하는 이유도 이해 못할 구석만 있는 건 아니다. '탈핵'脫核이란 원자력 발전소와 메갈로폴리스의

뉴타운과 재개발 사업으로 폐허가 된 서울 변두리. 쓰나미나 지진보다 훨씬 더 일상적이고 집요한 파괴의 현장. 돈의 흐름에 따라 부수고 다시 세우길 반복하는 악순환의 도가니. 이것이 우리가 살아가는 이 시대 도시의 실체다. 사람을 위한 장소가 아니다. 더 많은 돈의 흐름을 응집하고 증식하는 수단이다. 여기서 대체 어떤 삶이 가능할까. '호모 에코노미쿠스'는 돈의 질서에 저항하기는커녕 시장 원리를 내면화해 자기를 통제하는 인간형이다. 그들은 '자기 자신의 기업가'를 꿈꾸지만 실상은 폐허를 지키는 파블로프의 개에 불과하다. 영화 〈무산일기〉의 한 장면. ⓒ 세컨드윈드 필름

짝패에 얽힌 막대한 돈의 흐름을 해체하고 재구성하는 작업으로, 국가 만들기에 버금가는 총체적 기획이다. 게다가 핵에 의존적인 사회일수록 자본의 자기 중독 상태가 극심해서, 뭐가 문제인지 알면서도 부조리한 현실에 관성적으로 안주한다.

문제를 해결하기는커녕 자본은 이데올로기 장치를 총동원해 사람들의 '인지 활동'[1]을 왜곡한다. 그중 '시간'이 가장 집요한 왜곡의 대상이다. 현대 자본주의 사회에선 오직 자본의 시간만이 현실성을 인정받는다. 하지만 46억 년 지구사의 단위에서 본다면, 세계 자본주의가 성립될 수 있었던 환경 조건은 공간적 규모로 보나 시간상

으로 엷고 단기적인 단면에 지나지 않는다. '3·11'은 자본의 시간을 파괴적으로 압도하는 자연의 시간을, 미국발 금융위기는 달러를 기축통화로 하는 세계경제의 붕괴를 예고한 사태였다. 자본주의 붕괴의 순서에 늘어선 또 다른 도미노는 무엇일까.

미래를 장담할 수 없는 온갖 악재에도 자본의 질서가 지속 가능한 형태로 유지될 방법은 없는 걸까. '날씨'와 '기후', '자연재해'를 비롯해 숱한 불확실성의 요소로 우글거리는 실제 세계에서 자본은 수명을 제약당할 수밖에 없지만, 가상 세계에서라면 사정이 다를 수 있다. 물론 이건 새삼스러운 생각이 아니다. 세계 자본주의는 이미 가상화된 형태로 운영된 지 오래다. 통화는 전자화된 데이터베이스로 거래되고, 이 돈은 전 세계로 연결된 컴퓨터 네트워크를 따라 흐르며 수십억 명의 일상을 구조화한다.

그 구조란 화폐의 흐름에 연동하는 인간 실존과 행동 능력의 범위를 의미한다. 가령 '47,563,289'이라는 통화거래의 총액은 두 축의 가능치를 지시한다. "~ 할 수 있는" 또는 "~ 할 수 없는" 능력 범위를 따라 우리 신체의 좌표는 경제적으로 운영된다. 하루, 한 주, 한 달, 일 년, 심지어 생애 전체의 주된 동선動線이 화폐의 함수 아래 패턴화되는 것이다. 생의 선택 목록이 화폐의 입출 현황에 대응해 설정된다. 그렇기에 호모 에코노미쿠스[2]에게 모든 화폐는 평행 세계의 표지다. 그가 살아갈 미래의 선택지는 복수複數로 존재한다. 그러나 그 경우의 수는 어디까지나 화폐의 흐름과 동행한다. 무엇을 어디에서 소비할 것인가. 우리는 늘 이 질문 앞에서 선택을 반복하는 존재가 되어버렸다. 그러니 따지고 보면 카드 결제 기록만큼 세밀한 일기도 없다. 그 안에 적힌 상품명, 거래액, 결제시간과 결제일은 너와 나를 설명하는 가장 외설적인 기록이다. 일상의 동선뿐만 아니라, 우리의 생명, 지각, 지식, 감정, 마음, 소통, 욕망까지도 자본의 질서에 동원되고 제약당한다. 하지만 이런 현실은 영원할 수 없다. 정보자본주의의 가상 세계도 현실의 땅과 공기에 얽혀있다. 그리고 무엇보다도 '시간'은 자본의 편이 아니다. '3·11'과 세계 금융위기는 자본주의의 미몽에서 깨어날 때가 되었음을 알리는 알람 벨이었다.

돌이킬 수 없는 파국은 이미 시작되었는지도 모른다. 그러나 벨이 아무리 울려도 깨어나지 않으려는 사람이 있다. 후쿠시마의 대재앙을 보고도 핵발전 정책을 포기하지 않는 자들이 대표적인 유형이겠지만, 비단 그들뿐이겠는가. 자본주의가 붕괴한 세계는 상상조차 할 수 없기에 호모 에코노미쿠스의 더 깊은 꿈속으로 도망치려는 사람들. 그들의 초상을 아즈마 히로키의 『퀀텀 패밀리즈』(자음과 모음, 2011)에서 읽는다.

'2007년'이라는 기점

아즈마 히로키의 『퀀텀 패밀리즈』는 2007년에서 시작해 네 개의 평행 세계를 거쳐 다시 2007년으로 돌아오는 SF소설이다. 그런데 왜 하필 '2007년'이란 말인가. 그러고 보니 평행 세계 SF 중에 비슷한 예가 하나 더 있다.

꿈속에 들어와 있지 않음을 분간하는 도구로 영화 〈인셉션〉(Inception, 2010)에선 '토템'이 사용된다. 주사위나 팽이처럼 특정한 무게와 균형점을 지닌 작은 물건을 자신만의 '토템'으로 정해 쓰는데, 다른 사람이 만지지 못하도록 각별히 주의해야 한다. 자기 몸만이 알 수 있는 그 느낌은 현실보다 더 현실 같은 꿈에서 리얼리티를 가늠할 유일한 단서이기 때문이다. 자본주의의 외부가 없다고 단정하는 이 세계의 미몽도 〈인셉션〉의 줄거리처럼 수 겹의 꿈으로 이뤄졌는지 모른다. 이 꿈에서 깨어날 방법은 무엇일까. 꿈에서 깨어났음을 확인할 방법은 또 무엇일까. 파상력(破像力, 꿈에서 깨어나는 힘)의 도구를 찾아야 한다.

존 윈덤의 『랜덤 퀘스트』*Random Quest*(1969)도 '평행 세계'를 소재로 한 SF소설이다. 주인공 콜린 트래포드는 영국의 핵물리학자인데, 1954년에 핵 실험 폭발사고를 당하게 된다. 하지만 런던에서 멀리 떨어진 곳에서 상처 하나 없이 혼자 깨어난다. 그가 깨어난 곳은 또 다른 1954년의 세계였다. 주인공은 왜 '1954년'의 평행 세계를 여행해야 했던 걸까? 이 세계에서는 제2차 세계대전이 일어난 적 없고, 원자폭탄 또한 발명되지 않았다. 그는 이 세계의 콜린 트래포드가 유명한 베스트셀러 작가라는 걸 알게 되고, 자신이 몇 해 전 핵물리학자와 작가 사이에서 진로를 고민했던 일을 떠올린다. 『퀀텀 패밀리즈』의 '서른다섯 살 문제'와 비교해볼 대목이다.

아즈마 히로키는 무라카미 하루키의 단편 소설 「풀사이드」를 예로 들어 '서른다섯 살 문제'를 설명한다. 인생의 중간점인 35살을 지나면 미래의 가능성은 줄어들 뿐, '그랬을지도 모를 가능성'에 끌리게 된다는 것이 '서른다섯 살 문제'의 핵심이다. 아시후네 유키토가 태어나지 않은 딸에게서 메일을 받게 되는 것도 서른다섯 살에 일어난 사건이었다.

『랜덤 퀘스트』에서 주인공은 이 세계에 자신의 아내가 존재함을 알게 되고 그녀와 곧 사랑에 빠진다. 하지만 자신의 의지와 상관없이 원래 세계로 되돌아가게 된다. 그 후로 그는 원래 세계에 살고 있을 아내의 대응자를 찾아 나서게 된다.

기묘한 로맨스의 배경이 된 1954년에 미국은 비키니 섬에서 세계최초의 수소폭탄 실험을 감행했고, 같은 해 핵에 의한 인류의 절멸 가능성을 경고한 러셀-아인슈타인 선언이 있었다. 2007년은 또 어떤 해였던가. 서브프라임 모기지론 사태가 그 해에 터졌다. 주지하다시피 이때의 위기가 2008년 미국발 세계금융위기로 이어지게 된다.

핵과 금융 시스템은 평행 세계적이며 가정법의 망령에 근거한다. 핵무기는 대량 생존과 대량 살상의 틈바구니에 인류의 미래를 회수하고 압축한다. 이것은 0(죽음)과 1(생존) 가운데 하나를 선택할 수밖에 없는 기계식 컴퓨터의 세계관에 일치한다. 화폐도 평행 세계를 (화폐의 존재를 부정하지 않는) 특정한 패턴으로 증식한다. 화폐는 삶의 '그랬을지도 모를 가능성', '있을 수 있는 현재와 미래의

1882년부터 1933년까지 미국에서 지폐로 사용된 금 확인서. 베트남 전쟁 이후 미국 정부는 막대한 부채와 재정적자를 감당할 능력을 잃게 된다. 결국 1971년 8월 달러와 금을 교환하는 금태환 정지가 선언된다. 금본위제도가 폐지된 것이다. 기축통화 달러는 모든 자금의 흐름이 미국 달러화로 이루어질 수 있다는 지위 하나로 간신히 몰락을 연기하고 있다.

가능성'을 수량화한 역어라 할 수 있다. 그리고 그러한 역어일 때에만 화폐의 숫자는 유의미하다. 거래한 재화의 대가를 '앞으로' 지급할 수 있는 능력을 '신용'credit이라 부르며 소유 재산의 화폐적 기능을 대신할 수 있게 한 것도 화폐의 평행 세계적 성격의 방증이다. 노르베르트 볼츠도 "경제를 시간의 지평 속에서의 체계로 이해해야 한다"3고 했다. 선택과 결단이라는 일시적이고 금방 지나가는 사건들로 구성된 시스템을 따라 화폐의 평행 세계는 구축되고 분기한다.

그런데 '선택'과 '결단'의 권리는 상품화되어 거래된다. 예를 들어 옵션거래에서는 주가나 환어음을 일정한 수준으로 '팔 권리'를 매매한다. 2007년 이후 전 세계 금융 시스템을 파국으로 몰아넣은 '신용부도스와프'CDS : credit default swap 4를 비롯한 파생 상품 거래도 기본적인 원리는 동일하다. 오늘날 세계 경제가 직면한 파국의 도화선이 바로 '금융파생상품'derivative이었다. 금융파생상품은 '선물거래'를 응용해 개발된 금융상품으로, 생산량이나 가격 변동에 대비해 미래의 상품 매매를 미리 확약해두는 거래방식인 선물거래와 마찬가지로, 금융거래에서 발생할 수 있는 리스크를 다양한 방법으로 거래할 수 있도록 설계된다. 기업의 부도 확률, 환율급락의 가능성, 장기 부채의 위험성을 비롯해 어떤 금융 상황이라도 파생상품으로 뒤바꿀 수 있다. 실체가 없는 리스크의 확률이 금융시장의 잉여가치를 만들어내는 것이다.

이 상품들은 지불/비지불을 잇는 시간의 지평을 누구도 명확히 조감할 수 없게 만든다. 예측 가능할 줄 알았던 미래도 더욱 불확실해졌다. 파생상품 거래를 통해 어떤 리스크를 피할 수 있게 되더라도, 알지 못하는 사이에 또 다른 누군가가 떠넘긴 리스크 때문에 위험에 처할 수 있기 때문이다. 금융 감시 당국뿐만 아니라 파생 상품 거래의 당사자들조차 거시 경제의 총체적 단위에서 무슨 일이 어떻게 벌어지고 있는지 종잡을 수 없게 된다. 화폐의 평행 세계도 카오스로 치닫는다. 화폐가 매개한 수많은 사람의 과거와 현재 그리고 미래의 가정법이 서로 간섭하고 충돌한다. 세계의 불확실성이 확률의 경제학을 압도해버리는 상황이 닥친 것이다. 수리 경제학자 고지마 히로유키는 파생상품거래를 남용한 고도금융사회의 끝이 좋을 리 없는 건 당연한 일이라고 설명한다.

금융파생상품에 의한 리스크의 매매는 단지 리스크의 소유자를 바꿀 뿐이다. 사회의 리스크 총량은 금융파생상품 탓에 늘어나면 늘어났지 감소하는 일은 없다고 해도 무방하다. 자본주의사회란 돈만 많으면 누구라도 원하는 것을 손에 넣을 수 있다고 보증해준다. 마찬가지로 금융파생상품을 개발하여 보급하는 고도금융사회란 돈만 많으면 누구라도 리스크를 남에게 떠넘길 수 있는 사회라고 규정할 수 있다. 물론 이런 일이 편의를 제공하는 측면을 부정하지는 않지만, 문제점도 있다. '알지 못하는 사이에 리스크를 떠맡을 수 있다'는 위험성이 바로 그것이다.[5]

금융파생상품의 기만적 형식뿐만 아니라 전자화된 화폐의 존재 양식도 의뭉스럽긴 마찬가지다. 오늘날 화폐는 데이터의 흐름이자 응집 상태일 뿐 대부분 실체가 없다. 『퀀텀 패밀리즈』에 이런 구절이 있다. "평행 세계는 물리적인 존재가 아니라 논리적인 존재입니다."(27쪽) 금본위제[6]가 적용되지 않는 통화체제에서 화폐의 선결 조건은 시장이 신뢰할 수 있는 수학적·논리적 구조의 획득에 달렸다. 이 점이 보장되지 않는 화폐는 범용성을 지니기 어렵고 지역과 국경을 넘어 원활히 흐를 수 없다. 재화가 아니라 '흐름'이 화폐의 가치를 보장하는 게 우리 세계의 경제다. 세계 주식시장에 대한 금융 개입의 90%가 현실적인 상품의 흐름과는 아무 관계없이 이뤄진다. 이런 현상이 금융선물거래가 최초로 시작된 1972년 이후, 금융 시스템 전반에 컴퓨터 기술이 도입되면서 심화하였음을 기억해야 한다. 지금도 날마다 10조 달러 이상이 사이버스페이스를 회전하고 있다.

이 세계의 구성원들은 다음과 같은 룰을 (의식적으로 또는 무의식적으로) 내면화한다. 『퀀텀 패밀리즈』의 전언 가운데 하나를 다시 인용한다. "게임 플레이어는 그것이 게임이라는 사실을 잊어버렸을 때 가장 강해질 수 있다."(406쪽) 이에 맞춰 호모 에코노미쿠스는 나날이 세뇌되어야 한다. '이것은 데이터의 흐름이 아니다. 이것은 현실을 구성하는 전지전능한 힘이다. 사이버스페이스의 금융시스템도 우주처럼 자명하다.' 정보자본주의가 화폐의 신학을 전파하고 있다. 어쨌거나 이 믿음은 2007년까진 맹위를 떨쳤다. 그리고 지금은 뭐가 달라졌을까. 화폐의 신학을 더는 믿지 않게 되었다는 새로운 각성보다는, 예전처럼 믿고 싶어도 그럴 수 없게 되었다는 당혹스러움의 단계에 아직 우린 머물러 있는 듯싶다.

그도 그럴 것이 돈의 흐름은 우리 삶에 '형식'을 부여해왔다. 자본주의 사회에서 겪는 실존의 온갖 우연조차 자본의 형식(들)에 긴박하게 얽혀 있다. 시오코가 평행 세계를 넘나들며 부모 형제를 가족으로 묶는 것처럼, 화폐 또한 우리 삶을 자본주의에 속박한다. 시오코가 가족들을 불러들이는 세계가 달러를 기축통화로 하는 또 다른 평행 세계라는 점은 의미심장하다. 『퀀텀 패밀리즈』는 평행 세계 SF이면서, 정보자본주의의 질서가 반영된 '화폐 소설'7인 것이다. 이 소설에서 시오코는 전자화된 화폐의 형식을 인간의 형상으로 체현한다.

아시후네 유키토의 푸념도 SF적이기만 한 게 아니다. "어떤 때는 행복한, 어떤 때는 불행한 인생을 산다. 그것은 놀라울 정도로 풍요롭지만, 또한 놀라울 정도로 빈곤한 세계이며, 순열의 종류는 믿기 어려울 정도로 한정되어 있다."(168쪽) 서른다섯 살을 맞이한 아시후네 유키토의 일생이 시기적으로 1972년 이래의 국제 금융 시스템의 연대기에 겹쳐있다는 점 또한 숙고해야 한다. 그의 화두인 '서른다섯 살 문제'는 개인적인 상념에 지나지 않는 게 아니라, 지금까지와는 '다른 가능성의 세계', '다른 체제에서의 삶'을 지향하는 세대론적 계기를 일컫는 개념이 될 수 있기 때문이다.

정보자본주의의 종말

『퀀텀 패밀리즈』에선 양자 컴퓨터 혁명이 정보자본주의의 종말을 불러온다.[8] 아시후네 후코의 세계를 기준으로 2023년에 이르게 되면 1972년 이전 상황으로 자본주의는 후퇴하게 된다. 인간의 통제를 벗어나 팩트인지 픽션인지 구별할 수조차 없는 데이터를 무진장 쏟아내는 네트워크를 시장은 더 이상 신뢰할 수 없게 되었기 때문이다. "그것은 마치 네트워크 전체가 우리의 현실에 반기를 든 것처럼 느껴졌습니다. 이유도 모른 채, 전 세계 사람들의 생활은 30년 전, 아직 네트워크가 존재하지 않고 커뮤니케이션이 지리적인 한계를 안고 있던 시대로 급속하게 되돌아갔습니다. 현금 결제가 부활하고, 국제금융시장이 폐쇄되고, 공공 서비스가 네트워크에서 제외되고, 책과 라디오와 독립형 미디어가 재인식되고, 정보산업의 주가가 폭락하면서 전 세계 경기가 후퇴했습니다. 그리고 몇몇 정권이 붕괴하였습니다."(52~53쪽) 정보자본주의를 붕괴시킬 수 있는 급소를 지목한 대목이다.

Y2K 문제로 한창 떠들썩했던 지난 세기의 1990년대 말에도 비

슷한 전망이 나왔다. 1999년 12월 31일에서 2000년 1월 1일로 넘어갈 때 컴퓨터가 오류를 일으키게 되면, 전기 생산이 중단되고 계좌의 입출금이 불가능하게 되고 궁극에는 세계 경제만이 아니라 현대 문명 자체가 절체절명의 위기에 처할 수 있다는 괴담이었다. 물론 그런 재난은 일어나지 않았다. 하지만 우리 세계가 컴퓨터 네트워크에 지나치게 의존하고 있음을 되돌아보게 한 사건이었다. 비릴리오도 『정보과학의 폭탄』에서 이 세계의 취약성에 대해 엄중히 경고했다. 모든 삶의 원칙에 습윤濕潤된 네트워크의 기능은 누구도 적대하지 않으면서, 단지 제대로 작동하지 않는 것만으로 인류에게 아마겟돈 급 피해를 줄 수 있다. 예를 들어 후쿠시마 원전 사고는 쓰나미에 의해서 뿐만 아니라 컴퓨터 네트워크에 연결된 전자 장비의 통제 불능 상황에서도 일어날 수 있다.

유전자 폭탄과 정보과학의 폭탄은 단일 "무기 체계"만을 구성하기 때문에 예전에 핵폭탄이 그랬던 것처럼 어떤 주민이나 인류가 아니라 개별화된 모든 삶의 원칙 자체를 위협하는 과학적 극단화에 근거를 둘 것이다. …… 핵 에너지 전쟁이 국지적 방사능에 근거하였듯이, "정보 전쟁"은 따라서 세계적 상호 작용에 근거할 것이다. 그리고 이는 자발적 행위와, 반사적 반응이나 "사건"을 구별할 수 없다는 점에서 그러하며, 또한 (버밍햄의 정상 회담과 거의 동시에 이루어진) 1998년 5월 19일의 사건처럼 공격과 단순한 기술적 사고를 구별할 수 없을 것이라는 점에서 그러하다. 당시 원거리 통신 위성 갤럭시Galaxy 4호는 자체의 컴퓨터가 위성의 위치를 약간 빗나가게 한 후, 약 4천만의 미국인들의 메시지를 갑자기 중단시켜 버렸다. 이는 예상치 못한 사건인가? 아니면 정보전에 대한 전면적인 시험인가?[9]

2007년 이후, 정보자본주의의 위기는 해가 갈수록 악화하고 있다. 2008년 4월 국제통화기금IMF은 서브프라임 위기와 관련된 총 손실이 9,450억 달러에 이를 것으로 추정했다.[10] 하지만 9,450억 달러쯤은 앞으로 다가올 재난에 비하면 빙산의 일각에 불과하다. 유로존은 붕괴를 눈앞에 두고 있고, 아시아 시장의 사정도 살얼음판이다. 전 세계는 사실상의 대공황이라는 분석마저 나오고 있다.

지난 30년간 유지된 금융 시스템을 이제는 어느 나라도 신뢰하지 않는다. 지금 그들은 뾰족한 다른 수가 없어서 정보자본주의의 게임을 게임이 아니라고 믿는 척한다. 지금과 같은 기만적인 데이터 플레이는 언제까지 계속될 수 있을까. 그리고 또 한편에선 '서른다섯 살 문제', 즉 '지금 여기'와 다른 어떤 세계에 살기를 욕망 하느냐는 질문이 모든 이에게 피할 수 없는 화두로 제기되고 있다.

새로운 평행 세계가 우리 세계의 바로 옆에서 움트고 있다. 아시후네 유키토는 자신의 블로그에 이렇게 적었다. "우리에게는 지금 그 어느 것에도 분류되지 않는 새로운 선택지가 주어져 있기 때문이다. 철저한 제국화, 철저한 시장화, 그 종국에 도래할 모든 원리의 반전이라는 가능성이."(23쪽), "우리는 글로벌화, 신자유주의화, 감시사회화를 저지할 게 아니라 오히려 그 흐름을 더욱더 철저히 해서 임계臨界까지 적극 밀고 나가야만 한다. 맑스가 일찍이 부르주아 자본주의에 관해 서술했듯이."(26쪽)

악화가 양화를 구축한다는 오랜 격언을 떠올리게 하는 말이지만, 『퀀텀 패밀리즈』는 아시후네 유키토의 의지가 굴복당하고 시오코[11]의 명령어가 승리를 거듭하는 세계의 이야기다. 시오코의 권능이 네트워크에서 무궁무진한 탓에 이 싸움의 승패가 일방적으로 결정된 것은 아니다. 아시후네 유키토와 그의 기질을 닮은 가족들은 하나같이 '지금 여기'의 세계에 뿌리박고 있는 신체를 무시하고 혐오했다. 이들은 세계를 겨냥해 육체에 육박해 들어가는 혁명의 실천 대신 네트워크 속에 웅크려 지내는 편을 택했다. 시오코는 이런 인간에게 지는 법이 없다. 이런 사람들이 꿈꾸는 혁명을 두려워할 세계도 없다. 이들은 그저 자본주의의 미몽에서 깨지 않으려는 것뿐이기 때문이다. 얼핏 혁명의 구호처럼 들떠있는 말을 하지만 실은 아무 일도 벌어질 리 없는 잠꼬대다. 컴퓨터라면 모를까 혁명은 이진법을 따르지 않는다.

신체는 무엇을 할 수 있는가

전자 테크놀로지가 인간을 육체에서 자유롭게 할 수 있다는 발상은, 윌리엄 깁슨의 『뉴로맨서』(1984)[12]에서 시작된 사이버펑크 SF소설에서 반복적으로 나타나는 주제다. 『뉴로맨서』의 등장인물들은 실제 세계에서 생활하는 인간 육체의 '고기'를 경멸하고, 사이버스페이스의 네트워크 환경에서 거주하는 것을 더 선호한다. 하지만 허버트 L. 드레퓌스는 사이버스페이스에서도 결국 중요한 것은

'신체'일 수밖에 없다고 말한다.

　　신체는 중요한 것에 초점을 맞춤으로써 배경을 일깨워서 이해하도
록 해주며, 우리가 더 세밀한 상황을 인지할 수 있도록 보다 기술적
으로 반응할 수 있게 해준다. 분위기에 대한 신체의 민감성은 우리의
공유된 상황을 열어 주고, 사람들과 사물이 우리에게 중요한 것이 되
도록 해준다. 그리고 다른 사람의 신체와 직접 관련을 맺고 긍정적으
로 반응하는 신체의 성향은 신뢰감의 토대가 되며, 대인관계를 지탱
한다. 신체의 모든 일은 노력이 드는 것도 아니고 성공적이며 광범위
한 것이어서 그것은 거의 인식되지 않는다. 즉 이것이 사이버스페이
스에서 우리가 신체 없이 잘 지낼 수 있다고 너무나 쉽게 생각하는 이
유이며, 또 사실상 그렇게 되기란 아주 불가능한 이유이기도 하다.[13]

　　『퀀텀 패밀리즈』에도 신체의 중요성을 강조하는 그룹이 등장한
다. 오시마 유리카가 설립한 '숲과 친숙한 섬'이 그들인데, 이곳에선
시대의 대세와 달리 양자뇌계산기 과학을 가르치지 않는다. 그뿐만
아니라 네트워크에 접근하는 것도 엄격히 금지하고 있어서 외부로
연락을 취하려면 구식전화나 오프라인 우편을 이용해야 한다. 본래
이곳은 표준 교육에 적응하기 어려운 아이들을 대상으로 한 흔하디
흔한 대안학교를 기초로 시작했다. 하지만 점차 컬트 교단으로 변
질하여 오시마 유리카는 성녀로까지 추앙받게 된다. '숲과 친숙한
섬'은 정보자본주의의 붕괴 이후 새로운 삶의 방식을 모색하는 공동
체로 성장할 수 있었다. 하지만 창립자 오시마 유리카는 검색성 정

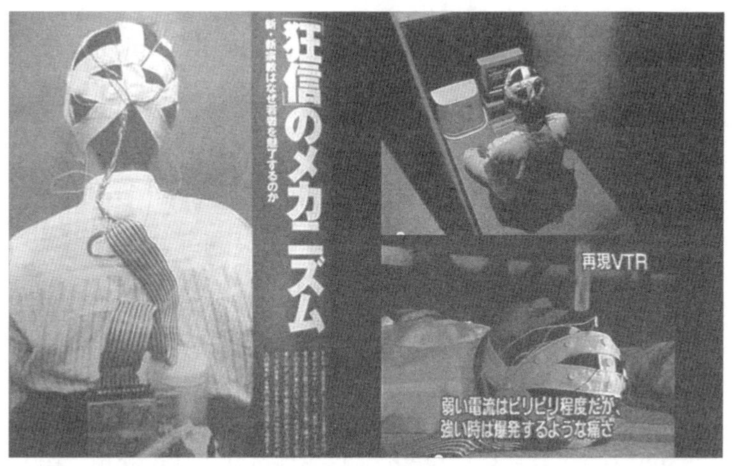

오움 진리교도들은 기묘한 헤드기어를 쓰고 다녔다. 'PSI'라 불린 이 헤드기어는 전자적인 방법으로 교주의 신체 파동을 제자의 신체에 전달하고, 제자의 신체 파동을 교주 신체에 동조(同調)시키는 장치였다.

체장애 환자인데다 네트워크의 유령이 된 가족을 위해 타인의 신체를 강탈하는 일도 서슴지 않는다. 『퀀텀 패밀리즈』의 줄거리 역시 '숲과 친숙한 섬'의 사회적 가능성보다는 오시마 유리카의 아이러니에 초점을 맞추고 있다.

'숲과 친숙한 섬'은 1995년 전대미문의 무차별 테러로 세상을 떠들썩하게 만든 오움 진리교의 대척점에 위치한다. '숲과 친숙한 섬'이 『월든』(1845)[14]이라면 오움 진리교는 『뉴로맨서』인 것이다. 오움 진리교도들은 기묘한 헤드기어를 쓰고 다녔다고 한다. 'PSI'라 불린 이 헤드기어는 전자적인 방법으로 교주의 신체 파동을 제자의 신체에 전달하고, 제자의 신체 파동을 교주 신체에 동조(同調)시키는 장치였다.[15] 오움 진리교도들은 "타자(교주)의 신체가 직접 자기에게 내재하고 자기가 자기인 궁극적인 근거가 그대로 타자에게 소속하는 것으로 감각됨으로써 가능하게 되는 커뮤니케이션"16이 PSI를 통해 실현될 수 있다고 믿었다. 『퀀텀 패밀리즈』의 양자 컴퓨터 네트워크를 이용한 관세계 통신은 PSI의 미래 형태에 대응한다.

저명한 해부학자이자 뇌과학자인 요로 다케시養老孟司는 오움 진리교와 같은 어처구니없는 종교에 수많은 일본인이 빠져들게 된 원인을 분석했다. 그는 오움 진리교 사건이야말로 극단적인 뇌화사회의 길을 걷고 있는 일본의 노골적인 자기폭로였다고 평가한다.17 그렇다면 '뇌화사회'腦化社會란 무엇인가. 『유뇌론』(1998)에서 이에 대한 설명을 옮겨 적는다.

진화과정에서 척추동물은 '뇌화'腦化라고 불리는 방향으로 나아갔다. …… 이 진화 경향의 결과가 현대의 도시다. 도시에는 뇌의 산물밖에 존재하지 않는다. 건축물, 도로, 가로수, 다양한 실내 설비도 모두 사람의 뇌가 만들어 내거나 배치한 것이다. 인공물이 아닌 것은 거기에서 배제된다. 뇌는 오로지 뇌의 산물에 둘러싸여 동화 나라에 산다. 거기에 위화감은 없다. 있다면 그것을 배제한다. 위화감은 뇌에 생겨나는 것이기 때문이다. 사회는 뇌의 산물이다. 기시다 슈는 유환론唯幻論을 말한다. 사람은 본능이 망가진 동물이다. 그런 상태로 살아가기 위해서는 본능을 대신할 것으로 환상이 필요하다. 환상은 각 개인속에 있고, 사회는 그 공통 부분을 '공동 환상'으로 빨아올려 성립한다. 이것은 물론 유뇌론의 일종이라 해도 좋다. 본능은 뇌에 기록된것이고, 환상도 역시 뇌의 산물이기 때문이다. …… **사회는 암묵리에**

뇌화를 지향한다. 거기에서는 무슨 일이 일어나는가. '신체성'의 억압이다. …… 뇌화=사회가 신체를 싫어하는 것은 당연하다. 뇌는 반드시 자신의 신체성에 배신당하기 때문이다. 뇌는 그 발생 모체인 신체 때문에 마지막에는 반드시 망가진다. 그것이 죽음이다. …… 뇌화=사회에서 최종적으로 억압되어야 할 것은 신체다. …… 그것은 지배와 통제 너머에 있기 때문이다. 자기 언급성에서 뇌의 근본적인 모순은 논리가 아니라 그 신체성에 있다. 뇌에 관한 자기 언급성의 모순이 실제의 논리적 표현보다 강하게 의식되는 것은 배후에 뇌의 신체성이 숨어 있기 때문이다. 개인으로서의 사람은 죽어야 하고, 그 사실을 아는 것은 뇌다. 그래서 뇌는 통제 가능성을 집약하여 사회를 만들어낸다. 개인은 죽어도 뇌화=사회는 죽지 않기 때문이다.[18]

『퀀텀 패밀리즈』의 아시후네 유키토와 그의 가족들은 네트워크의 평행 세계를 떠돈다. 그들의 뇌는 신체로부터 해방되었다. 달리 말하면 그들의 신체는 죽음을 맞이했다. 그들이 아무것도 몰랐기 때문에 벌어진 일이 아니었다. 이 가족은 이런 결과를 알면서도 자초했다. 그들이 도달한 네트워크의 지평은 뇌화사회의 궁극을 실현한다. 요로 다케시의 설명에서 '뇌'를 '자본'으로 바꿔 읽어보기 바란다. '뇌화사회'란 우리가 살아가고 있는 정보자본주의의 또 다른 이름이다.

우리 시대의 몸은 자기 경영의 자산이자 자기착취의 대상이다. 최상의 경영과 착취에 유리하지 않은 몸은 자신에게조차 잔인하게 경멸당한다. 피해자이자 가해자인 채로 살아가는 악순환의 일상에 우리를 옭아매고 있는 것은 다름 아닌 자본주의에 세뇌된 우리 자신의 뇌다. 제도 교육과 자본의 질서에 길든 뇌, 계량화 수량화할 수 있는 목표를 향해 질주하느라 지쳐버린 사지四肢 그리고 자기 파괴적인 성과주체로 살아갈 것을 쉼 없이 부추기는 유해한 정동에 에워싸인 몸. 조정환의 용어를 빌리면 인지자본주의의 극한이 우리 몸에 맞닿아 있는 것이다. 이런 세계에선 누구라도 불안, 우울, 공포로부터 자유로울 수 없다. "경직, 권태, 무기력과 같은 슬픔의 정동들이 일상화되고 보편화되면, 이것들은, 사람들을 인지자본주의의 수레바퀴 아래에 복종시키는 인지적 지배의 장치로 기능"[19]하게 된다. 요로 다케시가 말하는 뇌화 사회의 억압된 신체도 인지자본주의의 관점에서 재해석될 수 있다.

어느 기준에서 보나 『퀀텀 패밀리즈』의 가족은 억압된 신체의 전형이다. 『퀀텀 패밀리즈』에는 자신의 '신체'를 저주하는 사람들이 가득하다. 그리고 바로 이 점이 『퀀텀 패밀리즈』의 치명적인 한계다. 아즈마 히로키는 '서른다섯 살 문제'를 설명하기 위해 「풀 사이드」를 소설 속에 인용했지만, 정작 이 작품의 핵심적인 미덕을 간과했다. 「풀 사이드」에서 서른다섯 살을 맞이한 수영 선수는 점차 늙어가는 자신의 몸을 자괴하기보다 더욱 더 전력을 기울여 연마하고 관리한다. 「풀 사이드」는 신체의 긍정에 관한 드라마였다.

70킬로그램이나 나갔던 체중은 8개월 후에 64킬로그램까지 줄었다. 제법 나왔던 뱃살도 빠져 배꼽 모양이 또렷이 보이게 되었다. 볼이 홀쭉해지고, 어깨 폭이 넓어졌으며 고환의 위치가 전보다 조금 낮아

졌다. 다리가 굵어지고, 입 냄새가 덜해졌다.[20]

「풀 사이드」의 수영선수와 달리 『퀀텀 패밀리즈』의 소설가 아
시후네 유키토는 어린 소녀를 강간한 자신을 몹시 혐오한다. 평행
세계의 아들인 오시마 리키는 아버지를 어머니의 강간범으로 여긴
다. 그리고 사랑 없이 태어난 자신은 애당초 태어나지 말았어야 할
존재라 탄식한다. 정신병을 앓는 오시마 유리카도 자학을 반복한다.
이들이 미련 없이 평행 세계를 넘나들 수 있었던 비결이 무엇이었
겠는가. 이 여정은 '지금 여기'의 세계에 붙박인 신체를 증오하며 시
작됐다. 요로 다케시의 유뇌론에 따르면 이들이야말로 뇌화사회의
충량한 돌격대다. 그들의 모험은 신체성의 억압으로 점철되어 있다.
그리고 끝내 네트워크의 유령이 되고 만다. 아시후네 유키토에게
이런 변신은 신념이기까지 했다. 그는 자신의 주장을 합리화하기
위해 『지하 생활자의 수기』를 인용한다.

도스토예프스키는 이 작품에서 지하 생활자의 목소리를 빌어
현대의 계몽 이론가들이 주장하는 유토피아를 맹렬히 비난했다. 계
몽주의자들은 응용 사회 과학을 통해 모든 인간의 욕망을 도표로
정리하고 규제하고 만족하게 할 수 있다고 믿었다. 하지만 지하 생
활자는 사회를 그렇게 '합리적으로' 재구성하는 데 대한 반항의 표
시로 지저분한 지하 독방에서의 삶을 선택한다. 그에겐 '2×2=4'라는
공식이 결핍과 죽음의 승리이며, 궁극의 미래에 이성의 승리가 있
으리라 믿는 자는, 인간을 미리 매장해버리는 괴물이나 마찬가지다.

아시후네 유키토도 유토피아를 믿지 않는다. 하지만 '지금 여기'

의 세계에 체념하는 일에도 반대한다. 그는 스스로를 지하생활자라 부르며 새로운 사회를 만들 방법을 제안한다. 하지만 그의 논리는 세계 자본주의가 정보화의 길을 걷게 된 과정의 변주에 불과하다. 아시후네 유키토가 말하는 '지하생활자'는 전자화를 지향하는 '자본'의 은유이고, 그 궁극의 롤 모델은 네트워크 세계의 신이자 정보자본주의 자체의 은유인 시오코로 귀결될 수밖에 없다.

> 그 구상은 지하생활자 세계에 대한 '공헌'을, 그 현실적 가능성/ 현실적 소비뿐만 아니라 그들이 지하생활자로 빠져들지 않았을 때의 반현실적 가능성/ 반현실적 소비를 포함한 바탕에서 산정하고 계량해서 자원을 할당하는 양상후생 경제학의 가능성, 지하생활자를 지하실에 방치하면서도 그 숙명으로부터 가상적으로 해방하는 가능성, 바꿔 말하면 부는 그대로 두고 존엄만을 무한한 가능 세계로부터 조달함으로써 그 총량을 폭발적으로 늘릴 가능성을 시사하고 있다. 그리고 그 가능성을 정말로 움켜쥘 수 있다면, 우리는 지하생활자를 지하실에 방치하고, 그들에게 아무것도 요구하지 않고, 존엄을 훼손하지 않고, 세계의 풍요로움을 거부하게 그냥 놔두고, 그러면서도 세계 전체는 보편적 합리성에 의거해 운영되는 것 같은 그러한 세계를 만들 수 있다. …… 미래의 지하생활자는 종교적으로가 아니라 공학적으로 구제되어야 마땅하다고 생각한다.(8쪽)

인터넷 중독자의 궤변은 정보자본주의의 망상을 카피하는 데 그쳤다. 그의 제안에 대한 반론은 『지하 생활자의 수기』에 이미 나와 있다. "의식의 과잉은 고사하고, 어떤 종류의 의식이건 의식은 모두 병"[21]이다. 아시후네 유키토는 사회를 탓하기에 앞서 자신의 뇌, 다시 말해 신체에 각인된 자본의 질서를 의심해봐야 했다. 그가 몸을 숨긴 지하실이야말로 뇌화사회의 속살이었다. 네트워크로 향해 가자는 선동의 이면에 신체에 대한 경멸이 도사리고 있다. 니체의 차라투스트라라면 그에게 이렇게 말하지 않았을까.

나는 신체의 경멸자들에게 말을 걸기를 원한다. 이것은 내가 그들을 다른 방식으로 배우고 가르치게 하려고 함이 아니라, 단지 그들 자신의 신체에 안녕을 고하라고 말하기 위해서다. 그러면 그들은 영원히 침묵할 것이다.[22]

『퀀텀 패밀리즈』에서 최악의 가상 공동체가 몰락하는 과정을 확인했다면 우리는 이 이야기의 반대방향으로 걸어 나가야 한다. 『가상 공동체 : 전자 개척지에 집짓기』(2000)를 쓴 하워드 레인골드는 가상 공동체가 시민적 연대를 가짜로 대체하는 위험에 직면할 수 있다고 경고한 바 있다. 건실한 공동체의 구성을 위해 그가 각별히 강조하는 것은 '신체'다.

수행해야 할 필요가 있는 대부분 것들은 면 대 면으로 직접 수행해야 한다. 시민 연대의 의미는 당신의 신체가 사는 세계 속에서 이웃을 대해야 한다는 것을 의미한다. 정보를 가지고 있는 시민 간의 담론은 어느 정도의 영향력을 지니고서 개선되고 부활하며 복구될 수 있다.

그러나 이것은 오로지 충분한 수의 사람들이 통신 수단의 적절한 사용법을 배워서 실세계의 정치 문제를 해결하기 위해 이를 적용할 때에만 해당하는 것이다.[23]

네트워크를 진정 유용한 도구로 이용하는 법을 배우기 위해서라도 우리는 신체가 무엇을 할 수 있는지 알아야 한다. 네트워크의 정보자본주의에 대항해야 할 때 신체는 저항의 중추이자, 점차 현실로 다가오고 있는 자본주의 붕괴의 지구적 파국에서 헤어 나올 출발점이 된다. 무엇을 어디에서 소비할 것인가, 화폐는 무엇을 할 수 있는가의 질문 대신에, 신체는 무엇을 할 수 있는가를 사유해야 할 때다.

경제동물로 길들지 않은 당신의 몸은 어디에 있는가. '우애의 미디올로지'는 그 숨겨진 몸을 찾는 놀이의 제안이다. 이 놀이를 위해선 새로운 정동을 전염시켜줄 뜻밖의 친구가 필요하다. 다음 장에서 이 문제를 고민해보도록 하자. 다음에 향해갈 놀이터의 이름은 '촛불'이다.

2부

촛불, 속물과 잡놈의 전선

미적지근한 시민들의 촛불을 위하여

우리는 아직 '촛불'을 모른다

'촛불'[1]로부터 어느새 4년이 흘렀다. '촛불'에 대한 열정은 미적지근해진 지 오래다. 그 사실이 부끄럽지도 않고 아쉽지도 않다. 오히려 이 '미적지근함'의 태도야말로 '촛불'을 좀 더 자세히 들여다볼 수 있는 또 하나의 스탠스가 될 수 있다고 믿는다.

촛불의 파도가 펼쳐 보인 가슴 뭉클한 스펙터클이나 꼴같잖던 명박산성 등에 대해서는 더는 생각하고 싶지 않다. 그것들에 대해선 다른 논자들의 훌륭한 분석이 이미 있거니와, '촛불' 동안에 그런

촛불을 든 시민이 연일 광장을 가득 메웠을 때, 시청역 1번 출구 GS25 덕수점은 엄청난 호황을 누렸다. 그때 편의점 알바는 어떤 생각을 했을까? 그에게 '촛불'의 시간은 도대체 무엇이었을까? 촛불을 든 시민들의 모습이 어떻게 보였을까? 밤새워 먹을 것을 찾아 거리를 헤매다가 편의점의 불빛을 향해 몰아닥치는 좀비 떼는 아니었을까.

거물, 명물들만 있었던 게 아니지 않은가. 안타깝게도 이제야 진실로 궁금한 것은, 그때의 사람들에 관해서다. 그들을 '대중지성'으로 부르건 '다중'으로 부르건, 그런 문제는 부차적인 쟁점에 불과하다. 명명命名의 논리를 따지기에 앞서, 그들을 자세히 바라보고 이해하고 싶다.

가령 이런 사람들이 못 견디게 궁금하다.

촛불을 든 시민이 연일 광장을 가득 메웠을 때, 시청역 1번 출구 GS25 덕수점은 엄청난 호황을 누렸다. 하지만 이곳 알바생은 밤낮으로 가혹한 격무에 시달려야 했다. 편의점 알바 시급이라야 뻔하지 않은가. 그 돈을 받고 감수하기엔 과한 노동이었다. 초코파이, 생수, 컵라면, 맥주, 캔 커피, 삼각 김밥, 손말이 김밥, 아이스크림, 각종 냉동식품 등등이 알바생의 손을 거쳐 바코드 계산기를 통과했다. 그래도 손님들은 밀어닥치고 또 밀어닥쳤다. 밤새도록.

편의점 알바는 어떤 생각을 했을까? 그에게 '촛불'의 시간은 도대체 무엇이었을까? 촛불을 든 시민들의 모습이 어떻게 보였을까? 밤새워 먹을 것을 찾아 거리를 헤매다가 편의점의 불빛을 향해 몰아닥치는 좀비 떼는 아니었을까.

'촛불'은 수많은 연인에게도 오붓한 시간이었다. 실명을 밝히는 건 대단히 실례이기 때문에 A, B, C, D로 각각을 구별하겠다. 일단 이들 젊은이의 연애사를 간략히 요약해야 한다. A와 C는 수년간 연인이었으나 '촛불'이 있던 즈음에 헤어졌다. 그 후로 꽤 쿨한 친구 사이로 지냈다. 얼마 지나지 않아 A는 B와, C는 D와 새롭게 연인이 되었다. 다들 잘 알고 지내던 사이였다. '촛불'은 이 시기 연인들에게 꽤 근사한 데이트 코스였다. 촛불이 한창 뜨겁던 어느 날, A, B, C 세 명이 한 무리가 되어 광장으로 산책을 나가게 되었다. 도대체 어쩌다가 그렇게 됐는지 나로선 짐작도 안 된다. A는 전 애인 C의 시선을 의식하지 않고 (어쩌면 의식했기 때문에) B와 백 허그를 하고 노래를 따라 불렀다. 그 모습을 못마땅하게 지켜보던 C는 D에게 급히 전화해서 이곳으로 불러냈다. 이 십여 분 뒤 AB 커플, CD 커플은 서로 경쟁이라도 하듯 꼭 달라붙어서 '촛불'을 즐겼다. 이들 커플에게 그날 밤 '촛불'의 의미는 무엇이었을까?

그러고 보니 이런 이야기도 접했다. 친親 촛불이었던 택시 기사와 반反 촛불이었던 남자 승객이 한바탕 말다툼을 벌였다. 택시 기사가 '명박 퇴진, 촛불 승리' 라는 문구가 적힌 팸플릿을 남자에게 주자, 남자는 보란 듯이 박박 찢어서 차창 밖으로 던져버렸다. 이 남자는 자신의 블로그에도 이날의 못마땅한 기분을 잔뜩 토로했다. 그가 촛불을 싫어한 이유는 뜻밖에 단순하다. 자기가 학부생 때부터 죽으라고 싫어했던 재수 없는 어떤 선배가 '촛불'을 열렬히 찬미했기 때문이었다. 그와는 한때 연적戀敵 비슷한 관계이기도 했던 모양이다. 온 세상이 그런 놈이랑 한 패거리인 것 같아서 기분이 퀭했던 것이다. '촛불'에 대한 호불호는 그런 이유로도 엇갈리는 모양이다. 이런 남자에게 2008년의 '촛불'은 무엇이었을까?

그리고 또 한 사람이 있다. 2008년 이후로 몹시도 불운했던 정선희 씨에 대하여. 그는 라디오 프로그램에서 "나라 물건을 챙겨 파는 사람들이 있는데 아무리 광우병이다 뭐다 해서 애국심을 불태우면서 촛불집회에 참석하더라도 환경오염을 시키거나 맨홀 뚜껑을 가져가는 사소한 일들이 사실은 양심의 가책을 느껴야 하는 범죄다. 큰일 있으면 흥분하고 집회에 참석하는 사람 중에 이런 사람이 없을 것이라고 어떻게 알겠느냐"2고 말했고 곧이어 엄청난 설화舌禍를 겪었다.

이 일로부터 4년이 흐른 지금, 그때의 발언을 찬찬히 따져보니 생각해 볼 게 한둘이 아니다. 설화가 아니라 차라리 화두인 듯싶다.

우선 '촛불 시민'의 성격과 범주는 어떻게 규정될 수 있는 걸까? 촛불들 틈에서 분위기 파악 못 하고 술 먹고 주정질하는 아저씨는 '촛불 시민'에 낄 수 없는 걸까. 맨홀 뚜껑을 훔치는 도둑은 '촛불 시민'과 과연 일말의 공통점도 없는 걸까. 만약 그 사람 역시 광우병 소를 수입하는 것에 대해 분노한 일이 있으며, 어느 날인가 한 번쯤은 촛불을 들고 '촛불 시민'들과 함께 청계천을 걸은 적이 있었다면, 그는 대체 어느 편에 끼는 걸까. '촛불 시민'은 여느 운동권 시위대와 달리 지휘부가 없었다. 남녀노소 온갖 사람들이 자발적으로 광장으로 몰려들었다. 그래서 '촛불'의 거리와 광장은 거대하고 복잡한 혼효混淆의 공간이 되었다. 이곳에 감히 함께 뒤섞일 수 없는 것은 무엇이었던 건가. 무엇이 그런 면역력을 가능케 한단 말인가. 정선희의 발언은 '촛불 시민'의 드높은 긍지를 헐뜯은 괘씸한 발언에 불과한 게 아니다. 오히려 '촛불 시민'이라 불리는 사람들에 대하여, 심지어 '맨홀 뚜껑 도둑'에 대해서까지, 좀 더 자세히 바라볼 것을 지적한 문제 제기로 평가할 만하다.[3]

그렇다면 '촛불'로부터 수년이 지나도록 이런 작업은 제대로 이뤄진 적이 없었던 걸까. 우선 촛불 1주년을 기점으로 주목할 만한 촛불 연구서 두 권이 출간됐다. 조정환의 『미네르바의 촛불』(갈무리, 2009, 이하 『미네르바』로 표기), 그리고 당대비평 기획위원회가 엮은 『그대는 왜 촛불을 *끄셨나요*』(당대비평, 2009, 이하 『*끄셨나요*』로 표기)가 그 책이다.[4] 두 책의 대립적 성격은 조정환과 이택광 사이의 이른바 '촛불성격논쟁'을 통해 뚜렷하게 부각되었다.[5]

『미네르바』의 핵심적인 주장은 '촛불은 다중이다'라는 명제다. 그리고 '촛불'은 주권 권력의 한계를 구성하는 현상학 그 자체를 보여주는 '혁명'이었다는 게 이 책의 주조를 이루는 내용이다. 반면에 『*끄셨나요*』에서의 '촛불'은 중간계급의 욕망(쾌락의 평등주의)에서 생겨난 환등상phantasmagoria에 불과한 것이어서, '촛불'의 판타지에 함몰된 주체는 그 너머의 실재를 응시하지 못한다고 비판하고 있다. 이를 김보경은 다음과 같은 질문으로 바꿔 묻는다. "촛불을 들었던 그 수많은 숫자에도 불구하고 왜 2009년 용산의 망루 안에는 단 아홉 명 밖에 없었던 것일까?"(『*끄셨나요*』, 240쪽)

『미네르바』와 『*끄셨나요*』는 각각 촛불비판론 / 촛불옹호론의 대립각을 드러내고 있음에도, '촛불 이후'의 투쟁을 어떻게 사유하고, 기획해나갈 것인가의 문제를 고민하며 '촛불'을 공유하고 있다.

'촛불' 그 자체에 대한 사유에 그쳤던 게 아니라 '촛불 너머'에 대한
탐구이면서 동시에 투쟁의 공개 제안서라는 의미에서 두 책은 동류
라고도 할 수 있다. 그리고 실천에 앞서 숙고에 오랜 시간이 걸리고
그에 대한 검증과 논쟁에 에너지를 더 소모하는 (다분히 지리멸렬
하기까지 한) 지식인 담론의 전형으로부터 그다지 멀리 떨어져 있
는 책도 아니라는 점에서 같은 과다.

이에 비하면 '촛불'은 거리로 뛰쳐나간 신체들의 일대 도발이었
다는 점에서 그 위대성이 각별하다. '촛불'은 한편으로 인터넷 공간
의 '촛불'이면서, 걷고 뛰고 모이고 노래하고 웃고 춤추고 고함치는
몸뚱이들의 '촛불'이었다. '촛불'이 전자의 것이기만 했다면 그 의미
를 헤아리려는 작업이 지금까지 계속 이어지기는 어려웠을 것이다.
그때 '촛불'의 광장에서 만났던 몸들은 뜨겁거나 차갑거나 혹은 미
지근하든 간에 그 자체로 독립적인 '촛불(들)'의 평행 우주였다. 『미
네르바』와 『끄셨나요』는 이 '우주들'의 어떤 국면과 성질을 재현하
고 분석한 작업이었으나, 두 책이 풀어볼 생각조차 하지 않은 '촛불'
의 미스터리는 훨씬 더 많이 남아있다. '촛불'은 그때의 신체들로부
터 다시 기억되고 발언되어야 한다. 그러므로 '촛불'의 몸들, 움직임
들, 감각과 감정 가운데 그 어느 것도 '사소한 것', '가치 없는 것', '천
박하고 경박한 것', '반동적인 것', '관심이 가지 않는 것'으로 (의식적
으로든 무의식적으로든) 여긴 데 대한 분명한 자기반성이 있어야
한다.

'촛불'의 사람들을 '다중'이라거나 '중간계급'이라는 개념으로 일
별一瞥하려는 시도는, '촛불'의 패치워크일 따름이다. 물론 이런 패치

워크는 '촛불'의 시간을 향해 겨냥할 수 있는 의미의 초점이자 투쟁의 동지를 불러 모으는 공명 지대라는 점에서 쉽게 깎아내릴 성격의 것이 아니다. 싸움은 이렇게 준비되기 마련이니까. 실재를 인식하고 표현하려는 어떤 시도도 운명적으로 실재에 미달한 결과물을 만들어낼 수밖에 없는 노릇이겠지만, 그렇더라도 어떤 유효한 선택과 또 다른 실천을 가능케 하는 도정으로 뻗어 나가기 위해서 사유는 때로 무모하리만큼 모험적일 필요마저 있다. 따라서 패치워크가 틀린 방법론이라고 단정 짓고 싶진 않다. 그렇더라도 이 패치워크가 결코 '촛불'의 전부일 수 없다는 낭패감 앞에선 솔직해져야 한다. 우리는 아직 '촛불'을 모른다. 무엇보다도 이 점이 중요하다고 말하고 싶다. 여기도 우리의 로두스이기 때문이다.

'미적지근함'의 디테일

그럼 『미네르바』와 『끄셨나요』가 이야기하지 않은 것은 무엇일까?

이 책들에서 느낀 제일 큰 불만은 사람들에 관한 디테일을 찾아볼 수 없다는 점이었다. 물론 그들의 면면에 대한 미시적인 접근은 두 책의 방법론이 아니긴 하다. 우물가에서 숭늉을 찾을 순 없는 노릇이다. 그렇기에 두 책의 공백 지대에서 느끼는 궁금증은 여러 가지로 다가왔다.

○○○이라는 이름을 가진 이의 '촛불'은 대체 무엇이었는가? 두

책의 패치워크에 포함되지 못한 예외 아닌 예외들. 이를테면 '촛불' 앞에서 너무 뜨겁지도 차갑지도 않고 미적지근했던 사람들. 하지만 그 '미적지근함'의 디테일이 대체 어떤 모습이었는지를 제대로 지켜봤던 일이나 있었던가. 그 '미적지근함' 탓에 '촛불'은 제대로 이뤄낸 게 아무것도 없지 않으냐고 비판하는 목소리도 분분하다. 그러나 정말로 뭔가를 이뤄낼 수 있는 또 다른 '촛불'을 기획하기 위해선 바로 그들의 '미적지근함'부터 이해하는 일이 꼭 필요하다. 혁명은 그들마저 움직일 수 있을 때 비로소 성공할 수 있다.

이제 '촛불'에 대해 아직 도착하지 않은 책이 무엇인지 구상해봐야 할 차례다. 『미네르바』와 『끄셨나요』와 같은 책에 못지않게, 그리고 이런 책들보다 늦지 않게, '촛불'에 관한 훨씬 더 많은 르포르타주가 생산됐어야 했다. 또한 르포르타주의 형식 자체도 여러 가지 방식으로 다채롭게 시도될 필요가 있다. 그런 책들이 그동안 없었던 건 아니었다. 대표적으로 경향신문사에서 펴낸 『촛불 그 65일의 기록』(경향신문사, 2008, 이하 『촛불』로 표기)과 참여연대와 참여사회연구소가 함께 펴낸 『어둠은 빛을 이길 수 없습니다』(한겨레출판, 2008, 이하 『어둠은』으로 표기)를 첫손에 꼽을 만하다. 이중 『어둠은』의 서문에서 박영선은 다음과 같이 쓰고 있다.

2008년의 촛불도 곧 '망각에 대한 기억의 투쟁'을 벌여야 할 대상이 될 것입니다. 기억은 객관적일 수 없으니 누구나 자기 나름의 기억을 재구성하겠지요. 또한 기억은 본래 의지의 산물이라고 할 수도 있으니, 재구성된 기억은 어쩌면 각자의 시각에서만 이해가 될지도 모르겠습니다. 우리는 한 시각에 촛불을 들었으되 모두 다른 곳에 있었으며, 설령 한 곳에 있었다 하더라도 우리의 오감이 뻗쳤던 곳은 모두 달랐습니다. 그래서 한 사람 한 사람이 보고 느낀 것, 관찰하고 경험한 것은 작은 조각에 불과할 것입니다. 그러나 그 개인적 편린들이 언젠가 역사의 연흔이 되겠지요. 이미 촛불에 대한 개인들의 기억은 수많은 사회적 창작물을 생산하였고, 일종의 '사회적 기억'을 형성하기 시작했습니다. 이제 촛불에 대한 사회적 기억은 한 철학자의 말대로 한국사회의 '정체성의 토대'로 작용할 것입니다. …… 기록 작업의 또 다른 목적은 '기억의 낭만화'를 피하는 것입니다. (『어둠은』, 10쪽)

'촛불'에 대한 기록 작업이 '망각에 대한 기억의 투쟁'이며 '기억의 낭만화'를 피하는 일이 되어야 한다는 데 깊이 동감한다. 그런데 『어둠은』에 기록된 '촛불'의 기억들을 따라 읽다가 의아한 기분이 들었다. 『촛불』을 읽으면서도 같은 느낌을 받았다. 이 책들은 이를테면 '촛불 기억 매뉴얼'인가?

두 책은 한·미 쇠고기 협상 타결이 있었던 4월 18일부터 그해 7월까지의 '촛불'을 시간 순으로, 그리고 화제의 중심이 되었던 사건과 이미지들을 중심으로 나열하고 있다. 이것들은 당시 신문과 방송, 각종 인터넷 사이트에서 널리 회자하였던 언설들의 목록이기도 하다. 위의 서문에서도 등장하는 용어인 '사회적 기억'도 온갖 미디어의 매개가 있어야 한다. 『어둠은』과 『촛불』이란 '책'도 그런 미디어의 일종이다. '촛불'은 두뇌 바깥으로 옮기거나 재입력할 수 있는 정보로 재유통되고 있다. 그런데 기억이란 언제나 붕괴하고 재생되고 교란되며 재편성 될 수밖에 없다. 바로 그 이유 때문에 기억을 정보화하고 두뇌 밖으로 옮겨 미디어의 매개를 거쳐 머릿속에 재입력하는 과정이 필요하다. 하지만 재입력의 과정에서조차 기억은 변화한다.

『어둠은』과 『촛불』에 기록된 '촛불'은 하나같이 뜨겁고 감동적이며 아름답다. 반면에 촛불의 적들은 추악하고 한심하며 폭력적으로 등장한다. 이러한 구도가 사실이냐 아니었느냐의 문제를 따지자는 게 아니다. 이렇게 '다시' 기억되는 '촛불'이 과연 '나의 촛불'이었던가를 자문해봐야 하지 않을까. 위의 서문에서는 "한 사람 한 사람이 보고 느낀 것, 관찰하고 경험한 것은 작은 조각에 불과"하다고 평가하고 있다. 그러나 한 사람 한 사람의 기억은 '작은 조각'이 아니다. 오히려 '촛불'을 (예의 경우에서처럼) 시간이나 장소들의 순서에 의해서가 아니라, 비선형적이고 중층적인 차원에서 이해할 수 있게 하는 관문이 한 사람 한 사람에게 깃들어 있다. 그런 의미에서 위에 사용된 '작은'이라는 형용사는 그 폐해를 따져봐야 할 주呪다.

무라카미 하루키가 1997년에 내놓은 르포집 『언더그라운드』(열림원, 1998)에서는 '기억'이 좀 더 조심스럽게 다뤄지고 있어 주목을 요한다. 이 책은 오움 진리교의 사린가스 지하철 테러가 있었던 1995년 3월 20일을 다각도로 파헤치고 있다.

사건이 있었던 지하철 다섯 개 노선에 타고 있던 피해자들을 작가가 직접 인터뷰하고 그들의 목소리를 문장으로 옮겼다. 그런데 피해자들이 들려주는 얘기에는 그날의 사건이 단순히 사건 그 자체로서만이 아니라 피해자 자신이 어떤 사람인가에 대한 문제와 긴박하게 맞물린다. 평소 즐겨듣던 음악, 좋아하는 음식, 사소한 생활의 습관이 파국의 순간을 향하여 미리부터 소용돌이치고 있었던 것처럼 기억되며, 일본 사회의 이상한 시스템이 순간순간 정체를 드러낸다.

하루키는 각종 매스컴이 떠들어대는 지하철 사린 사건과 오움 진리교 뉴스에서는 이 사건에 대해 자신이 알고 싶은 것을 찾아볼 수가 없었다고 한다. 그는 "1995년 3월 20일 아침에, 도쿄의 지하철에서 무슨 일이 벌어졌는가?"(593쪽)를 알고자 했다. 그것은 매스미디어가 이 사건을 전달하는 원리의 근거로 삼은 정의와 악, 건전함과 광기, 정상과 기형의 명백한 대립에 대한 근본적인 의문이기도 했다.

'촛불'에 대해서도 비슷한 질문을 던질 수 있지 않을까. '촛불'은 과연 촛불 시민 대 부도덕하고 무책임한 정권, 민주주의 대 반민주주의, 경찰권력 대 시민의 대립이라는 구도로만 이야기되어야 하는 걸까. 어째서 '촛불'은 이런 대립의 내러티브 속에서 흔히 기억되고, 열정 없이 점점 식어가고 있는 걸까? 하지만 이런 대립항을 모조리 발라내어 버린 뒤에 '촛불'을 이야기하기는 더 어렵다. 무엇보다도 이러한 대립의 구도는 상대주의적 관점에 휘둘려 해체하기엔 너무나 위급하고 중요한 '지금 여기'의 현실이기 때문이다. 그렇더라도 대립항 사이의 모호한 주름들에 시선을 가까이할 필요가 있다. '미적지근함'의 디테일도 여기서 읽어낼 수 있다.

한 인간의 기억 속에서 '촛불'은 그의 삶에 가로놓여 있는 현실적 한계와 미래의 가능성 사이를 굽이치며 시간이 흐를수록 점점 달리 기억될 것이다. 그 차이를 하나씩 발견해나가는 일도 '촛불'의 새로운 갱신이자 발견이 될 수 있다고 믿는다. 그러나 '촛불'을 지식인 담론의 토담에 가둬놓은 채로는 될 일도 안 될 게 분명하다. 촛불을 다시 '광장'으로 풀어놓아야 한다. 저들이 '대신하여' 촛불을 분석해 놓은 것에 대해, 당당히 '나의 촛불'을 비교하자. 너와 나의 '미적 지근함'은 흉이 아니다. 다만 너와 나의 이야기가 서로에게 별 관심이 없어진 상황에 대해서만큼은 아파해야 한다. '촛불'을 이야기하는 데 반드시 필요한 구성요소나 논리 따위가 있다고 믿는 인간에게서 되도록 멀리 떨어지자. 그것은 사라진 광장의 행방을 찾는 한 요령이기도 하다. 그리고 (뒤늦게 운을 떼는 것이지만) 문학에 바라는 것이기도 하다.

촛불과 문학

비단 2008년의 '촛불'만이 아니라 4·19혁명이나 멀리는 3·1 운동에 대해서도 마찬가지인데, 당시의 현실과 징후가 동시대에 신속히 반영된 작품을 찾아보기가 거의 어렵다.

김선우의 『캔들플라워』(위즈덤하우스, 2010)를 두고 "기동타격대"(377쪽)처럼 빨리 등장한 작품이라고 놀라워하는 이유도, 중요 사건 이후 4~5년에서 십 수 년쯤 흐른 뒤에 발표된 작품에도 '최초'라는 수식어가 붙는 경우가 허다했던 선례 탓이다. 도대체 이 '느림'

을 어떻게 봐야 할까. 반대로『캔들플라워』의 '속도'는 어떻게 평가할 수 있는 걸까.

혹자는 '촛불'과 같은 역사적인 대형 사건일수록 속도에 연연하지 말고 철저히 연구하고 웅숭깊게 주제를 내면화한 뒤에 작품화하는 것이, '촛불'에 대한 '문학'의 진정성을 증명하는 정도正道이며 작품 자체의 완성도를 확보하는 방법이라고 생각할 것이다. 하지만 이런 문학적 태도는 '촛불'을 작품화하는 수없이 많은 방법과 태도 가운데 하나일 뿐이며, 자신의 위계나 권위를 내세워 다른 글쓰기를 억압하지 않는다는 한에서 존중받을 수 있을 것이다. '촛불과 문학'이라는 주제는 문단과 문인들 앞에만 던져진 과제가 아니기 때문이다. 이것은 '촛불'의 기억을 매개로 너와 내가 그때의 광장에서처럼 어떻게 다시 공명할 수 있을 것인가의 문제를 함축한다.

그런 의미에서『캔들플라워』의 속도는 '촛불'이라는 소재를 재빨리 소설화시켰다는 데 의의가 있는 것이 아니라, '촛불'을 기억하는 사람들과의 교감에 이 작품이 망설임 없이 달려들었다는 점에서 중요하다.『캔들플라워』는 4개월여의 연재기간 동안 웹진 '나비'와 '광장 카페'라는 인터넷 공간에서 독자와 작가, 독자와 독자들을 잇는 네트워크를 형성하는 데 성공했다. 2008년으로부터 불과 2년밖에 흐르지 않았던 탓에 그들 모두는 '촛불'의 동시대인들이었다. 이 네트워크의 성원에 여성이 압도적으로 많다는 점과『캔들플라워』가 촛불과 여성에 관한 이야기라는 상동성도 흥미롭다. 아울러 '촛불' 당시 여성들의 적극적인 참여가 연일 화제가 되었다는 것도 새삼 상기하게 된다.

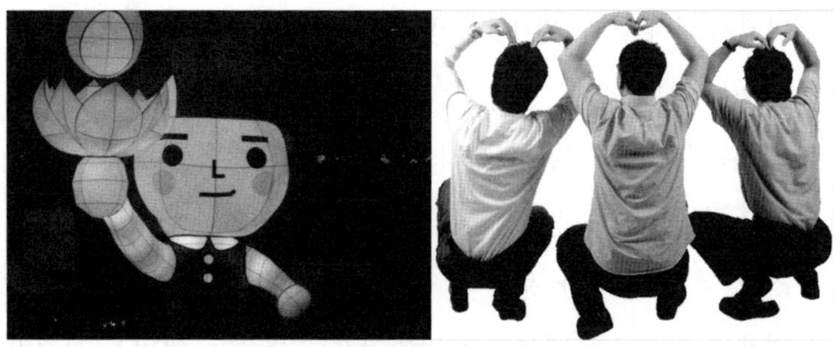

'촛불'에 정격(正格)의 기억이란 없다. '촛불'의 지향점을 공유하는 것도 다음 순서다. 그보다 우선되어야 할 것은 너와 나의 '촛불'을 궁금해 하는 새로운 질문 목록을 마련하는 일이다. 그것은 필시 '지금 여기'의 한국에서 살아가야 한다는 것의 의미를 묻는 질문 목록이기도 할 것이다. 이를테면 그때의 '촛불 소녀' 뿐만 아니라 '촛불 삼촌'들은 또 어떠했는지 궁금하지 않은가.

그러나 '촛불'이 과연 『캔들플라워』에서 이야기하는 것처럼 여성들의 우애와 연대의 사건이기만 했던가. '촛불'의 남성들은 어디서 무얼 하고 있었던가. 좀 더 구체적으로 질문해보자. '촛불'을 기억하려는 자들의 네트워크는 어떤 이와 연결되려 하고, 또 어떤 이와는 연결되려하지 않는 걸까? '촛불 시민'의 우애와 연대만이 아니라 불화와 균열에 관해서도 이야기할 순 없는 걸까? '촛불'을 다룬 작품은 아니지만 이 질문에 아프게 대답한 작품이 있다. '6월 항쟁'을 다룬 이창동의 「진짜 사나이」(1992)라는 단편 소설이다.

「진짜 사나이」의 '나'는 87년 6월 항쟁 중에 장병만이라는 사람을 알게 된다. 그는 본래 이농離農 도시빈민에 불과했으나 여러 시위 현장을 거치며 과격한 '운동꾼'으로 변모하게 된다. 소설의 제목이 된 '진짜 사나이'는 장병만이 시위 현장에서 엉뚱하게 불러 젖힌 그 노래이기도 하다.

사람들은 끊임없이 노래 부르고 구호를 외쳐댔다. 하나의 노래가 끝나면 누군가 새로운 노래와 구호를 시작하고, 그러면 사람들은 망설임 없이 따라 부르는 것이었다. 이런 식으로 막힘없이 진행되던 흐름이 잠깐 어긋나버리게 되는 작은 사건이 있었다. 「우리 승리하리라」인가 하는 노래가 막 끝났을 때, 누군가 새로운 노래를 선창하기 시작했던 것이다.

사나이로 태어나서 할 일도 많다만…….

그것은 누구에게나 몹시 귀에 익은 노래 가사였고, 너무나 귀에 익었으므로 사람들은 거의 무의식중에 따라 부를 뻔했다. 그러나 사람들은 곧 그 노래가 다름 아닌, 웬만한 한국의 성인 남자라면 입에 신물이 나도록 불러본 경험이 있는 「진짜 사나이」라는 군가이며, 따라서 이런 자리에서는 결코 어울리는 노래가 아니라는 사실을 깨달아야만 했다. 군부 독재를 타도하자는 시위 현장에서 군가를 불러내는 것만큼 우스꽝스러운 일이 어디 있겠는가. 그런데 딱하게도 그 사실을 깨닫지 못한 것은 그 노래를 부르고 있는 당사자 한 사람뿐인 것 같았다.

너으와의 나으 나라 지키는 영광에 살았다으…….

대단히 씩씩하고 우렁차게, 또한 나름대로 엄숙함과 진지함을 다해 노래를 부르던 그 목소리는, 그러나 더는 계속되지 못하고 사방에서 터져 나온 "집어치워라!"는 야유와 웃음 소리에 파묻히고 말았다.

"살인고문 자행하는 군사독재 끝장내자!"

누군가 어색해진 분위기를 걷어차듯 쨍쨍한 목소리로 외쳐댔고 군중들의 함성이 파도처럼 뒤를 이어 퍼져나갔다.

"끝장내자, 끝장내자, 끝장내자……"

내가 뭔가 이상스런 예감이 든 것은 바로 그때였다. 고개를 돌려 예의 그 '진짜 사나이'의 주인공을 찾았더니, 사람들의 야유에 당황해서 아직도 얼굴을 벌겋게 붉히고 있는 사내는 과연 장병만씨 바로 그 사람이었다.[6]

'촛불'에서 비슷한 상황이 벌어졌다면 장면은 과연 얼마나 달랐을까.[7] 저런 사람은 한 번도 못 봤다고? 오히려 그편이 더 이상하다고 생각되진 않는가. '촛불'에 대한 기억이 우리 머릿속에서 어떻게 편집되고 있는지 의심해봐야 한다. 우린 그때 ('촛불'의 일원임에도) 어떤 사람을 불편해했던가? 왜 그들은 기억조차 나지 않게 되었을까?

『캔들플라워』의 주인공인 지오Geo도 불편한 촛불이 아니었을까. 이 아이는 '빨갱이'라는 말의 의미도 모르는 외국인 소녀다. 이런 주인공은 좀 뜻밖이다. '촛불'에 관한 소설을 쓰면서, 열다섯 나이에 삼 개국어를 구사하고 캐나다의 히피 공동체에서 자란 비범한 소녀를 주인공으로 내세우는 것은 과연 어떤 의미가 있는 것일까? 아마도 작가는 지오를 통해 '촛불 소녀'들의 탈 국가성, 문화적 선진성의 징표를 의미화하고자 했던 것으로 보인다. 그러나 바로 그 점이 불만스럽다. '촛불 소녀'라는 강력한 소실점으로 기억에서조차 흐릿하게 되어버린 사람들은 누구일까. '촛불'을 '촛불 소녀'의 표상과 내러티브를 통해 기억하는 일이 동시에 어떤 성질의 망각을 동반하는가를 따져봐야 한다. 어떤 기억도 망각을 이면으로 하지 않는 경우는 없으니까. 이런 불만은 좀 더 올바른 질문으로 제기되어야 한다. 그렇다면 '촛불'에 대한 어떤 질문을 체현할 수 있는 주인공이어야 한단 말인가?

「진짜 사나이」의 장병만에 대해 좀 더 생각해보자. 그는 결국 처자식까지 다 내팽개칠 정도로 운동에 헌신하게 된다. 소설가인 '나'는 그에게 가족과 생활을 좀 돌보라는 조언을 했다가 뺨을 얻어맞는다. 장병만을 격분하게 한 '나'의 말은 "한낱 막벌이꾼에 불과한 장형 같은 양반이 민주주의 외치다 감방에 들어갔다 나왔다고 누구하나 알아주는 사람 있을 줄 아세요?"(30쪽)였다. 지식인 '나'와 진짜 민중 장병만은 이렇게 결별하게 된다. 2008년으로부터 '지금 여기'의 시점이 그러한 것처럼 "그해 6월로부터 2년여의 세월이 지난 명동거리는 이미 열정이 사라져버린 거리, 그 빛나던 신화가 퇴색한 거리"(33쪽)가 되었는데, 바로 이곳에서 '나'는 장병만을 다시 만나게 된다.

그런데 놀라운 것은 그 노점상들 중 한 사내의 모습이었다. 그는 쇠사슬로 자신의 몸을 친친 동여매고 그것을 다시 자신의 리어카와 연결해두고 있었던 것이다. 그의 리어카엔 사과 · 귤 등의 과일이 빈약하게 늘어져 있었을 뿐이지만, 아무도 그의 사지를 잘라내지 않는 한 리어카를 그의 몸에서 떼어놓을 수는 없었다. 그런데 그의 얼굴을 본 순간 나는 숨이 막히는 것 같았다. 그는 장병만씨 바로 그 사람이었던 것이다.

"어머나, 끔찍해라. 사람이 어쩌면 저럴 수가 있나!"

어느 젊은 여자가 혀를 차며 탄식했다. 정말이지 그것은 인간의 모습이라곤 할 수 없었다. 땅바닥에 드러누운 채 질질 끌려가고 있는 그의 모습은 마치 땅을 기면서 리어카를 끌고 있는 무슨 짐승의 모습을 연상시켜주는 것이었다. 이상한 것은 다른 노점상과 달리 그는 한마디도 입을 열지 않고 있다는 사실이었다. 그는 단지 눈을 부릅뜬 채 마치 무서운 고통을 감수하고 있는 수도자처럼 아무런 저항도 없이 끌려가고 있을 뿐이었다. 나는 온몸으로 흐르는 전율을 느꼈다. 그는 지금 끌려가는 것이 아니었다. 오히려 그는 스스로 끌어가고 있는 것이었다. 온몸을 맨바닥에 던져 이 세상의 무게를 혼자 힘으로 떠밀어가고 있는 것이었다. (「진짜 사나이」, 33~34쪽)

'촛불 이후'의 장병만은 누구였을까. 2009년 용산의 망루 안에서 불타 죽은 사람들을 떠올리지 않을 수 없다. 그들이야말로 장병만처럼 "온몸을 맨바닥에 던져 이 세상의 무게를 혼자 힘으로 떠밀어"야만 했던 사람들이었다. 하지만 그들은 '나'와 장병만 사이의 거리만큼이나 촛불로부터 뚝 떨어진 채 고독하게 싸워야 했다. '촛불' 당시 부당한 해고에 저항하던 노동자들은 또 어떠했던가. '촛불'로 떠들썩한 분위기 탓에 그들의 애끓는 절규는 세상에 닿기가 더 어려웠다. 이제는 그들이 느꼈던 '촛불'의 싸늘한 의미를 궁금해 해야 한다.

이를 두고 또다시 '촛불'에 대한 옹호냐 비판이냐의 문제로 치환하는 것은 지양해야 한다. 오히려 '촛불'을 이 모든 목소리가 다시 울려나오게 할 수 있는 계기로 만들어야 한다. 이것이야말로 수많은 사람의 기억이 한 데 연결된 우리 시대의 공통체共通體인 '촛불'의 진정한 효용이라고 생각한다.

마지막으로 이 글이 유독 '촛불'의 미적지근함에 대해 주목한 까닭에 대해서도 한 번 더 밝혀둔다. 지금의 '촛불'은 사람들에게 너무 익숙해졌기 때문에 더는 예전만큼의 위력을 뿜어내지 못하게 되었다. '촛불'은 열정과 냉소 그 어느 쪽도 아닌 침묵과 망각 사이에서 사그라지고 있다고 해도 과언이 아니다. 이런 '촛불'을 어떻게 하면 낮설게 볼 수 있을까? 특별나게 투사답지도 않고 대단한 속물이라고도 할 수 없는 평범하고 미적지근한 사람들의 기억에서 어떻게 하면 새로운 '촛불'이 이야기될 수 있을까. 그 방법은 너와 나의 '촛불'을 자세히 되묻고 이야기해보는 수밖에 없다. '촛불'에 정격正格의 기억이란 없다. '촛불'의 지향점을 공유하는 것도 다음 순서다. 그보다 우선되어야 할 것은 너와 나의 '촛불'을 궁금해 하는 새로운 질문 목록을 마련하는 일이다. 그것은 필시 '지금 여기'의 한국에서 살아가야 한다는 것의 의미를 묻는 질문 목록이기도 할 것이다.

정치적으로 미적지근한 시민이야말로 혁명의 걸림돌이라고 말하는 이들이 있다. 그러나 저들의 미적지근함이야말로 지금 이 시대의 현실이다. 게다가 이런 현실은 날로 견고해지고 있다. 그러니 무엇으로 변화를 비등케 할 것인가. 저들을 계몽하고 비판하고 때로 냉소하는 것으로? 그보다는 저들의 '미적지근함'이 무엇인지 똑바로 바라보자. 그들에 대해 무엇을 모르고 있는지 확인해야 한다. 그들을 제대로 모른다면 우리가 요구하는 변화가 무엇으로부터의 변화인지 모르는 셈이기 때문이다.

4장

소문자 k들의 '소송'

촛불의 독법으로 『소송』을 읽다

촛불 이후 '소송'의 대전표對戰表

　"누군가가 요제프 K를 중상한 것이 분명했다."[1] 『소송』의 첫 문장이다. 여기서 좀 더 눈여겨봐야 할 단어는 '중상'中傷이 아니라 '누군가'이다. 그러고 보니 검찰과 700일 넘게 법정에서 다퉈야 했던 H(한명숙)도 무고를 주장하며 비슷한 말을 반복했다. 닮은 점은 또 있다. K의 하숙방은 K 자신과 '누군가들'의 시선이 복잡하게 얽혀 있는 장소다. H 재판의 현장검증이 수차례 이뤄진 총리 공관도 마찬가지 장소다. 한편은 상상했던 걸 억지로 보려 하고, 다른 한편은

보일 리 없는 게 눈앞에 나타
날까 조마조마하다.[2]

"진실과 정의의 승리" 같
은 말을 당당히 입에 올리는
H와 달리, 『소송』의 K는 결
백을 주장할 수 없는 처지다.
그는 평소 죄 없이 살지 않았
다. K의 곤경은 어떤 죄가 특
별히 문제가 된 건지 정확히

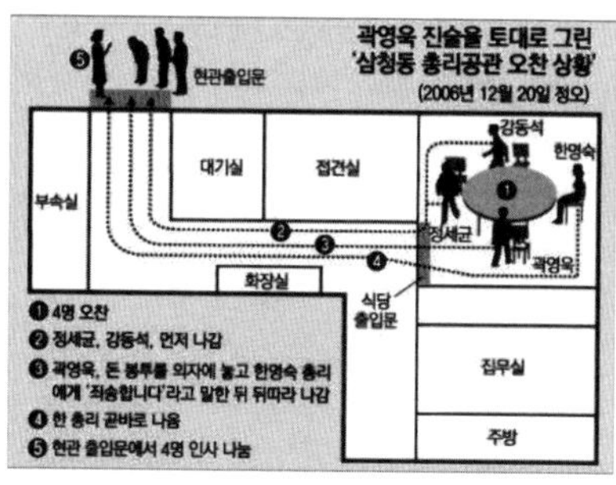

한명숙 재판의 현장검증이 이뤄진 총리공관. 검찰이
보려 했던 것은 사건의 감춰진 진실이 아니라 자기 권
력의 확인이었다. 총리공관은 현장검증이 아니라 검찰
권력의 수음(masturbation)에 동원된 장소였다. ⓒ『경
향신문』

알 수가 없다는 사실로부터 시작된다. 뒤에서 자세히 설명하겠지만,
그는 음란한 스토커였다. 더구나 뻔뻔하기까지 해서 그 사실을 부
끄러워할 줄도 모른다. K가 맞서 싸워야 하는 '재판소'도 K의 너절
함에 못잖게 형편없는 집단이다. 『소송』에서 '재판소'란 어떤 색정色
情의 무리를 뜻하는 은어다. 현실에 군림하는 재판소조차 이들 패거
리와 밀접히 관계하고 있으며, 종종 그 일원으로서 K를 농락한다.
이 싸움의 대전표對戰表는 '개인 속물' 대 '집단 속물'이다. 한편은 자
기 특유의 욕망에 충실한 삶을 지키려 하고, 다른 한편은 타인의 삶
을 억압하고 통제하려는 집단이다. 양쪽 모두 윤리 의식 같은 게 문
제시되지 않는다.

H는 윤리성을 담보로 소송에 임했다. 적어도 한번은 해볼 만한
싸움이었을지 모른다. 왕년의 민주투사가 진정성을 공개적으로 인
정받고, 이를 정치적 자산으로 전환하는 기회다. 부도덕한 권력을
상대로 무죄를 받는 것만큼 효과적인 방법이 또 있을까. 이 싸움의

대전표는 '존경받는 투사' 대 '집단 속물'이다. 1심 재판의 결과는 무죄였다. 그 직후 H는 서울시장 후보로 나선다. 다들 기억하겠지만, 결과는 낙선이었다. 2012년 1월의 2심 재판에서도 결과는 무죄였다. 여세를 몰아 같은 해 민주통합당 당 대표가 된다. 이쯤 되면 H와 검찰은 적대적 공생 관계처럼 보일 지경이다. 선거로 소진된 H의 정치 생명을 아이러니하게도 재판소가 재충전시켜주기 때문이다. 그러나 악순환이 되풀이됐다. H는 4·11 총선을 지휘하면서 원내 1당이 될 수 있는 천재일우의 기회를 어이없이 탕진했고, 민주통합당은 127석을 얻는 데 그쳤다. 얼마 뒤 H는 총선 패배의 책임을 지고 당대표직에서 사퇴한다. 이 와중에 검찰은 H의 측근들을 또다시 수사하고 있다고 한다. 수사대상에 H가 포함될지는 아직까지 미지수다.

H를 연거푸 소송에 몰아넣을수록 그는 더 높은 수준의 윤리성을 시험받게 될 것이다. 그때마다 기소된 혐의에 대해 유무죄를 선고받는 것과는 별도로 여론 재판을 동시에 감내해야 한다. 재판에서 계속 지더라도 검찰은 차차 원하는 결과를 얻게 된다. 검찰청 앞 포토라인 앞에서 플래시 세례를 받게 하는 것만으로 정치적 중상重傷을 입힐 수 있기 때문이다. 그가 실제로 법 앞에 한 점 부끄러울 게 없는 사람이라 하더라도, 뭔가 의심스럽고 미덥지 못한 이미지로 가공된 정보가 각종 미디어를 통해 대중에게 대량 발신된다. 이런 세계에서 대타자는 있을 수 없다.[3] 우리가 의지할 수 있는 행위 주체는 포토라인 위에서 깡그리 멸종되어 버린다. 소송Der Prozeβ이라는 '과정'Process에 오래 붙잡혀 있을수록 이 시대 존경받는 민주투사

누구라도 이 싸움에서 온전히 살아남기는 어려울 것이다.

물론 평범한 사람들이라고 예외일 순 없다. 이번 정권 들어 반대자를 억압하는 수단으로 소송이 남발되고 있다. 이 소송은 이기고 지는 게 목적이 아니다. 반대자들을 소송 과정에 옭아 묶어 삶을 고갈시키려는 게 저들의 의도다. 이 과정에서 대형 법무법인이 사정기관 노릇까지 맡고 있다. 여기에 별의별 관변 단체들이 (정권을 대신해 혹은 자신들의 이익에 들어맞게) 반대자를 상대로 고소 고발을 수행한다. 2008년 촛불 이후 눈에 띄게 심화한 현상이다. 이 정권은 2008년 촛불로 최악의 위기에 몰렸지만, 이를 돌파하는 과정에서 이른바 MB식 통제 사회의 대개大槪를 구축했다. 훗날 정권이 어느 편으로 바뀌든 이 모델은 쉽게 해체되지 않고 악용될 여지가 크다.

온갖 속물 집단이 그림자 정부 노릇을 하고 있다. 이런 유형의 통제 사회에선 재판 건수가 기하급수적으로 늘어난다. 뭐든 시비를 걸 수 있다. 가령 '모욕죄', '명예훼손죄' 같은 건 기준조차 모호해서 어떤 맥락에든 적용하기 좋다. 그뿐인가. 이 나라엔 여전히 국가보안법이 존재한다. 누구라도 소송의 당사자가 될 수 있다.『소송』의 한 대목을 옮겨 본다. "문제는 재판소가 많은 자질구레한 일에 몰두하고 있다는 점에 있습니다. 그러나 그들은 결국 그렇게 하고 있는 사이에 본래 아무 일도 없는 어디에선가 큰 죄를 끌어내옵니다."(146쪽) 느닷없이 맞닥뜨린 소송으로 돈과 시간, 명예를 잃고 싶지 않은 사람이라면 자기 검열에 치우치게 마련이다. 댓글 하나 다는 일에도 저어하며 살게 된다.

　물론 우리의 생활이 조지 오웰의 1984 같은 **빡빡한** 감시와 통제에 지배받고 있는 것은 아니다. 어느 정도 수준까진 사회 비판도 가능하다. SNS를 분노의 배설구로 쓰는 일도 어느 정도 수준까진 보장받을 수 있다. 하지만 문제는 그 '어느 정도 수준'이다. 촛불은 들었으나 명박산성은 결코 넘지 못하는 우리 시대 인민들의 행동 능력엔 한계가 있다. SNS에서 대통령 욕은 실컷 해도 정작 광장에 나와 고함지를 용기는 없는 사람들의 일상은 사회적 부조리를 해결하기는커녕 언제까지라도 부조리와 동행한다. 이런 상태로 시간은 흐르고 흘러 MB정권 말기에 이르렀다. 지나온 시간이 우리 몸뚱이에 새겨 넣은 억압의 관성을 대통령 하나 바꾸는 것으로 고칠 수 있을까. 그런데 이 질문이 특별히 문제 될 게 없다고 여기는 사람도 부지기수다. 그들은 이전 시대에도 세상 돌아가는 꼴은 그다지 훌륭하지 않았다고 생각한다. 틀린 말도 아니다. 우린 너무 오랫동안 기대 이하의 사회에서 살아왔다. 앞으로도 크게 달라지지 않을지 모른다. 이제 와 새삼스럽게 뭘 어쩌란 말인가. 그러나 이렇게 생각하는 이들마저 정치적으로 급진화시키는 상황이 무언가 있지 않을까.

　그것은 아마도 K의 경우처럼 자신의 내밀한 욕망을 권력에 침해당했을 때가 아닐까. 대의를 위해 권력과 싸울 마음은 생기지 않아도 오르가슴을 유지하기 위한 싸움은 그에게 훨씬 절박할 수 있다. 이를테면 성감대가 육체적 쾌락만이 아니라 정치적 각성도 불러일으킬 수 있다.

　성기, 엉덩이, 눈, 코, 입, 혀가 저항과 전복의 시발점이 될 수 있다. 2008년 촛불은 안전한 쇠고기를 먹을 수 있느냐의 문제에서 확전되었다. 그러니 장차 이런 일도 가능하지 않을까. 3·11 이후 바다로 대량 유입된 방사능 물질 탓에 수산물이 날로 오염되고 있는 것에 격분한 식도락가들이 탈원전 시위에 나서게 될지도. 혀를 위한 정치가 핵 자본주의의 구조적 모순과 맞짱을 뜨는 것이다.

트위터 아이디가 대통령 욕설처럼 들린다는 이유로 '모욕죄'로 고소당한 회사원(@2MB18noma)을 비롯해, 2008년 뜨거웠던 광장의 열기에 매혹돼 별다른 정치의식 없이 그저 구경나왔다가 '촛불 사범'으로 곤욕을 치른 시민, 미네르바와 쥐 그라피티 박정수, 국보법 고무 찬양죄 위반 박정근, 청와대 수석실의 민간인 사찰······ 비루하기 짝이 없는 권력과 싸워야 할 다음 차례는 당신일 수 있다.

우리에게 '소송'은 대체 어떤 싸움터일까. 재판에서 승소하는 게 진정 이기는 일일까. '소송'을 삶을 소진하는 과정이 아니라, 도리어 특유의 욕망을 강렬하게 만드는 과정으로 전유하는 전략이 필요하다. 검사와 판사가 따르는 규율과는 다르게, 그리고 H의 경우와도 다르게, 재판장을 '사용'하는 것이다. 그 한 예를 프랑스 가수 미셸 뽈나레프Michel Polnareff 4의 재판에서 생각해 본다.

파리 최대의 뮤직홀이었던 올랭삐아에서 가질 예정이었던 1972년 리사이틀의 홍보 포스터에 뽈나레프는 (레이스 달린 속치마에 여자용 모자를 쓰고) 엉덩이를 드러낸 사진을 썼다. 이 포스터가 파리 전역에 6천 장 이상 붙었다고 한다. 그리고 스캔들이 터졌다. 애당초 기획된 상황이긴 했으나 반응은 예상보다 훨씬 강렬했다. 보수적인 사람들은 뽈나레프의 포스터가 포르노나 다름없다며 비난을 퍼부었다. 급기야 이 가수는 법정에서 공공질서를 문란케 한 외

파리 최대의 뮤직홀이었던 올랭삐아에서 가질 예정이었던 1972년 리사이틀의 홍보 포스터에 뽈나레프는 (레이스 달린 속치마에 여자용 모자를 쓰고) 엉덩이를 드러낸 사진을 썼다. 이 포스터가 파리 전역에 6천 장 이상 붙었다고 한다. 그리고 스캔들이 터졌다.

설죄를 재판받아야 했다. 법정에서도 뽈나레프 특유의 불편한 기운은 거침없이 뿜어 나왔다. 법정의 뽈나레프는 그의 포스터만큼이나 외설적이었다. 그는 엉덩이의 외설성에 대해 공박을 주고받으며, 자신의 엉덩이를 판사와 함께 극한으로 탐닉할 수 있었다. 재판은 음란범의 호사였다. 살덩이는 그게 어느 부위의 살덩이이든 그 자체로 문제 될 게 없다. 설마 엉덩이를 달고 사는 것부터 죄악일 리는 없지 않은가. 외설도 미풍양속을 저해하는 부적절한 수위로 남녀의 몸뚱이를 노출하는 것만을 의미하지 않는다. 오히려 규율과 훈육에 어긋나는 표현을 규제하고 심판하려는 힘이 출현할 때에야, 진짜 외설이 펼쳐질 수 있다. 법전 위에 올려진 '엉덩이'는 판사와 검찰의 고매한 언어로 재현^{再現}된다. 그저 통통한 살덩이일 뿐인 것에 외설의 화장이 덧씌워지는 것도 권력으로부터 파생한 현상이다. 뽈나레프는 판사의 추궁을 받을 때마다 논점을 처음으로 되돌린다. 이를테면 이런 질문. 그러니까 엉덩이가 왜 문제가 된다는 겁니까? 그러면 판사는 몇 번이고 엉덩이를 욕되게 설명하고 외설을 다시 실현한다. 그렇게 음란범은 재판장을 유곽으로 재발명한다.

판사 : 즉 당신은 선량한 부르주아들을 놀라게 함으로써 특수한 선전 효과를 노렸지요?

뽈나레프 : 천만에요. 그건 농담이었습니다. 나는 그저 웃기고 싶었을 따름이었어요. 너무도 우울한 세상이어서 말이요.

판사 : 결국 당신은 모든 잘못 돌아가는 일들에 대한 치료방법을 발견했다고 생각했군.

뽈나레프 : 그럼 안 됩니까? 우리나라의 이미지가 베르사유 궁의 분수와 카망베르 치즈에 국한돼야 할 건 없겠죠.

판사 : 당신은 자신이 역사적 기념물이라고 생각하시오?

뽈나레프 : 프랑스의 영광은 과거 속에만 있는 게 아닙니다.

판사 : 당신의 벽보는 음란했소.

뽈나레프 : 난 그렇게 생각지 않습니다.

판사 : 그건 당신이 자신의 엉덩이를 볼 수 없었기 때문이요.[5]

소송이 과잉된 시대에 '소송'의 다른 사용법을 만들자. 그것은 소송에서 이기기 위한 사용법이 아니라, 소송 이외의 삶을 더욱 만발하게 하려는 분투다.

소송에서의 싸움을 도덕성에만 매달려 버틸 수 없다. 무엇보다도 그만큼 자신만만할 수 있는 윤리적 삶의 실천 가능성 자체를 믿지 않는 게 요즘 세태다. 애당초 그다지 (혹은 조금도) 윤리적이지 않은데다가, 너무나 세속적이기까지 해서, 1970~80년대식 민주투

쥐 그라피티로 재판을 받은 박정수의 〈남자의 부푼 꿈〉. 작품 해설을 요구하는 검사에게 그는 이렇게 말했다고 한다. 황진미의 공판기에서 당시 발언을 읽을 수 있다.
' "저것은 남자청바지에 흙을 채워 고추를 심고 '남자의 부푼 꿈'이라고 제목을 붙여 … 저것과 한 쌍이 되는 작품으로 … 여자 청바지에 토마토를 심고 '여자의 열매'라고 제목을 … 그러니까 남자의 꿈이 열매를 맺어서 … " 이거 뭥미. 웬 아기자기 음담패설 돋는 작품 설명회인가. 그런데 또 듣고 있자니, 묘하게 몰입되네.'
ⓒ 황진미, 「쥐 그래피티3차 공판기—와우 개콘 돋는 밤!」, 웹진 『수유너머weekly』

사와는 생활 방식이며 정신 구조부터 다른 자에게, 부정한 권력과 맞서 싸우는 모습을 기대할 수 있을까. 그가 서 있는 역설과 아이러니의 자리에서 비루한 정치의 계절이 지난 뒤의 발랄한 미래를 꿈꿔볼 순 없을까. 이 글은 『소송』의 K를 통해 그 가능성을 생각해보고자 한다.

도착자들의 은어隱語

K가 체포되는 『소송』의 첫 번째 장면은 밑도 끝도 없이 '갑작스럽게' 벌어진 사건이 아니라, 이미 벌어진 어떤 행위들로부터의 절단면이다. 감시원들이 체포의 이유를 말해주지 않았다고 해서 K가 무구한 희생자이기만 한 것도 아니었다.

K는 체포의 이유를 자신이 평소 해왔던 일을 근거로 추측한다. 우선 그는 하숙집 주인 그루바흐 부인을 의심한다. "매일 아침 여덟 시경이면 식사를 가져왔는데, 이날만은 오지 않았다. 여태껏 한 번도 없었던 일이다."(3쪽) 그루바흐 부인의 방과 K의 방은 문 하나를 사이에 두고 맞붙어 있다. 이 하숙집은 그다지 고급스러운 곳은 아

니다. 하지만 주인 여자의 방과 하숙하는 남자의 방을 굳이 맞붙여 놓아야 할 만큼 궁색한 형편으로는 보이지 않는다. K는 사생활 보호가 될 리 없는 이 집에서 왜 하숙을 하는 걸까? 이것은 『소송』의 전사前事를 구성해보려는 질문이다. 그루바흐 부인 역시 하숙인들 틈에서 사생활 보호가 됐을 리 없다. 하지만 바로 그 점 때문에 이들이 이 집에서 사는 것이라면? 서로에게 감시의 대상이 되는 것에 매혹된 때문이라면? 체포 심리를 마친 뒤 K는 현관문 앞에서 그루바흐 부인을 만난다. 이 와중에도 K의 시선은 야릇하다. "K는 평소와 같이, 그녀의 큰 몸을 불필요하게 깊숙이 동여맨 앞치마 끈을 내려다보았다."(18쪽)

K에게는 건너편 집 노파도 의심스럽다. K는 그동안 베개를 베고 누운 자리에서 건넛집 노파를 지켜볼 수 있었다. 노파도 체포당하는 K를 "평소와는", "전혀 다른 호심에 찬 눈으로"(3쪽) 관찰한다. K와 건넛집 노파는 오랫동안 서로 훔쳐보는 사이였을 것이다. K가 베개에 누워 잠이 들어 있을 때면, 그는 건넛집 노파의 시선에 무방비 상태로 노출되었을 테니까.

그리고 이곳에 또 다른 치한이 침범한다. 그들은 K를 체포하러 온 감시원들이다. K는 그들의 복장을 유심히 관찰한다.

날씬하기는 하나 튼튼하게 생긴 체격으로서 몸에 착 붙는 검은 옷을 입고 있었는데, 그것은 여행복 비슷하였고, 접은 자리와 호주머니와 버클과 단추가 많이 붙어 있었으며 혁대까지 달려 있어서, 어떤 필요에서 그렇게 만들었는지는 확실히 알 수 없었지만, 매우 실용적으로

보였다. (「체포」, 3쪽)

들뢰즈의 식견을 빌리지 않더라도[6], 이들의 옷이 사도마조히트의 복장이라는 걸 알아보기란 어려운 일이 아니다. 게다가 이들은 관료처럼 행동하고 있다. 하지만 이들을 사법 시스템의 일원이라고 간단히 단정할 순 없다. 아울러 소설에서 반복해서 등장하는 '소송', '법', '재판', '변호사', '죄' 와 같은 단어도 사전 그대로의 의미로 이해하기보다는 특수한 공동체에서 통용되는 일종의 은어隱語로 이해하는 센스가 필요하다.

감시원의 복장은 이들 집단의 사회적 피부다. 감시원들은 K를 감독에게 데려가면서 검은 옷을 입을 것을 강요한다.

두 사람은 고개를 흔들었다. "검은 상의가 아니면 안돼요."라고 그들은 말했다. K는 곧 상의를 방바닥에다 집어던지면서 말했다 - 그 자신도 어떤 생각에서 이렇게 말했는지 몰랐다. "그렇지만 아직 본심리가 아니지 않습니까." 감시인들은 빙그레 웃었으나 주장은 굽히지 않았다. "검은 상의가 아니면 안 됩니다."(11쪽)

K가 침대에서 나와 제일 먼저 하는 행동도 옷을 갈아입는 것이다. 가장 사적인 순간을 낯선 방문자들 앞에 드러내 보인다. 감시원 프란츠는 K가 입던 잠옷을 탐하고, K 또한 감시원의 뱃살이 몸에 부딪힐 때마다 "매우 친절한 느낌"(6쪽)을 받는다. 그렇게 K와 감시원은 동성애적 페티시즘과 관음증의 대상 또는 주체로 번갈아 역할놀

이를 한다. 이것은 『소송』의 시작과 끝을 관통하는 구성의 리듬이
기도 하다.

침대에서 빠져나온 K는 옆방에 있는 그루바흐 부인의 거실로
들어간다. 이곳에서 그의 시선은 또다시 건너편 집 노파에게로 향
한다. "그녀는 정말 노인다운 호기심을 가지고 이제는 마주 보이는
창가로 걸어와서는 그 후의 결과를 모두 지켜보려고 했다."(5쪽) 감
시원의 일원인 프란츠는 K에게 자기 방으로 돌아가라고 명령한다.
K가 움직일수록 타인의 시선은 점점 더 복잡하게 얽히고, 프란츠는
견딜 수 없어 한다. 그는 K와 뇌물 거래를 할 만한 은밀한 순간을 기
대하고 있지만 K는 결코 협조적이지 않다. K가 체포 심리를 받은 장
소는 그의 방에서 멀지 않은 곳이었다. 감독관은 한 방 건너에 있는
뷔르스트너 양의 방에서 기다리고 있었다. 이들은 심리 절차를 명
분으로 여자의 방을 침범한다. 건너편 노인의 시선도 이곳으로 따
라 들어온다. 뷔르스트너 양의 입장에서 이들은 모두 공범이다.

방 한구석에는 세 명의 젊은이들이 서서, 벽에 걸린 매트에다 붙여
놓은 뷔르스트너 양의 각가지 사진을 바라보고 있었다. 열린 창문의
손잡이에는 흰 블라우스가 걸려 있었다. 맞은 편 창에는 아직도 그
두 노인이 있었는데 사람이 늘어나 있었다. 노인들의 등 뒤에 훨씬
키가 큰 사나이가 가슴이 벌어진 셔츠 차림으로 서 있으면서, 붉은
기가 도는 수염을 손가락으로 눌렀다 비틀었다 하고 있었다. (12쪽)

K는 이 모든 일이 은행 동료의 짓궂은 장난일 거라고 생각한다.

이런 유의 '장난'을 K는 전에도 겪었던 걸까? 다시 『소송』의 전사가 궁금하다. K로서도 짐작되는 바가 전혀 없는 게 아니었다. "전혀 대수롭지 않은 두세 개의 사건을 두고 기억을 더듬고 있었다. 그런 경우에 의식적인 친구와는 달라서, 있을 수 있는 결과를 예상하지 못했기 때문에 신중하지 못한 태도를 취하였고, 그로 인하여 그 결과에 의해서 벌을 받았던 것이다."(7쪽) 하지만 K가 찜찜해하는 '두세 개의 사건'에 관해선 『소송』 어디에서도 자세한 설명을 찾아볼 수 없다. 심리 중에도 K는 아파트 입주자 전체가 자신을 곤경에 몰아넣기 위해 협력하고 있다고 의심한다. 이런 생각은 체포 소동 탓에 갑자기 떠올린 게 아니다. 그가 오랫동안 두려워했던 일이 그날 아침 실제로 벌어졌기 때문이다.

K는 이 상황을 모면할 방법이 '웃음'이라고 생각한다. 숨어서 자신을 '보고' 있을 술래를 찾아내기만 하면 놀이가 끝날 거라는 순진한 발상이었다. "어떤 방법으로든 감시인들을 향해 웃어 주기만 하면 끝나게 될 것이고 그러면 그들도 함께 웃음을 터뜨릴 것이다."(6쪽) 『소송』의 첫 문장은 자신을 훔쳐보고 있었을 '누군가'를 의심하며 시작됐다. K는 체포의 와중에도 또 다른 '누군가'의 시선을 끊임없이 의식한다. K는 "어떻게 해서든지 감시인들의 생각 속으로 들어가서 그것을 자기에게 유리한 방향으로 돌리든가 아니면 거기에 동화되려고"(9쪽) 애를 쓴다. 하지만 자신을 지켜보고 있던 것은 감시인만이 아니었다. 게다가 또 다른 시선의 존재를 의식조차 못 했다는 사실에 K는 섬뜩함을 느낀다.

K는 시선視線의 도착자다. 『소송』에 유독 '보다', '관찰', '응시', '훔

쳐보다' 등의 단어가 반복되는 까닭도 이 때문이다. K의 도착증은 한 개인의 특수한 일탈이라기보다는, 통제 공간에 대한 지배와 소유욕에 탐닉하는 근대 주체의 시각 우월주의를 가장 순도 높게 생활에 실천한 경우다. 『소송』의 세계에 득실거리는 다른 인물들도 시선의 역학에 하나같이 예민하다. 대상을 통제하려는 시각주체의 자율성을 유지하기 위해선 대상과의 거리 두기가 잘 유지되어야 한다. 다시 말해 K의 행복과 평안은 관음증과 노출증 사이에서 자신의 주체성이 충분히 확보될 때 유지될 수 있다.

H 재판에 임하는 검찰의 태도도 이러했다. 그들에게 현장검증이 이뤄진 총리공관은 보고 싶은 걸 끝내 봐야만 하는 장소였다. 그들이 보려 했던 것은 사건의 감춰진 진실이 아니라 자기 권력의 확인이었기에, 총리공관은 현장검증이 아니라 검찰 권력의 수음 masturbation에 동원된 장소였다. 「체포」의 마지막 장면에서 K는 다음과 같은 다짐을 한다. H에게 재판에서 질 때마다 검찰도 비슷한 넋두리를 하지 않았을까. 인용문의 강조된 부분을 눈여겨봐 주길 바란다.

그때 K는 감독과 감시인들이 돌아가는 것을 전혀 깨닫지 못했던 것이 생각났다. 감독에게 정신을 **빼앗겨** 세 사람의 행원을 **못 보았고**, 이번에는 또 행원들에게 정신을 **빼앗겨** 감독을 **못 본 것이다.** 결국 이것은 K의 마음이 아직 완전한 침착성을 찾지 못했다는 반증이었으므로, 이러한 점에 좀 더 주의 깊은 관찰을 하리라고 K는 다짐했다. (19쪽)

그는 자신을 둘러싼 시선의 배치를 완전히 파악하지 못했다. 이 사실을 K는 유독 분하게 여긴다. 그러나 그의 불쾌함은 기실 주제 넘은 일이다. 왜냐하면 『소송』의 진짜 주인공은 '응시' 혹은 '시선' 그 자체이기 때문이다. 하지만 「체포」에서 K는 이 주인공과 경쟁하려 하고 있다.

「체포」에 등장한 인물들은 하나같이 K의 동류이다. 그들은 특유의 게걸스러움에도 불구하고 원하는 대상을 만족할 만큼 '적나라하게' 그리고 '제때' 볼 수 없다. 인간 시야의 화각畵角 범위는 고작 46°밖에 되지 않으며 시야에 들어와 있는 것들조차 지각의 여과를 거치게 된다. 도착자의 신체는 늘 욕구불만 상태일 수밖에 없다. K는 인내심을 발휘하기도 어려운 상황에 직면했다. 자신을 중상한 '누군가'를 알지 못한다는 것에 못지않게 아무리 해도 그를 볼 수 없다는 사실이 K를 불쾌하게 한다.

이러한 굴욕을 보상받기라도 하듯 K는 뷔르스트너 양을 스토킹한다. 이 일에는 그루바흐 부인도 오랫동안 공모하고 있었던 것으로 보인다. 어쩌면 하숙인들 모두가 그녀를 스토킹하고 있었을는지도 모른다. K가 소송당한 죄목이 무엇인지는 확실치 않지만 K가 어떤 죄를 짓고 있는지 알아보지 못할 만큼 『소송』은 몽롱하기만 한 소설이 아니다.

"그 아가씬 곧잘 밤늦게 돌아오는군요." K는 말하고, 그 책임이 그녀에게 있다는 듯 그루바흐 부인을 바라보았다. "아무래도 젊은 사람들은 그래요!" 그루바흐 부인은 변명을 하듯 말했다. "확실히 그래요.

그렇지만 너무 지나치군요."하고 K는 말했다. "그래요." 하며 그루바흐 부인은 맞장구쳤다. (「그루바흐 부인과의 대화, 그리고 뷔르스트너 양」, 25~26쪽.)

K는 열한 시 반이 넘도록 응접실 소파에 앉아 뷔르스트너 양의 귀가를 기다린다. 심리위원회 때문에 그녀의 방이 어지럽혀진 것에 대해 사과를 하기 위해서라고 운을 떼지만, 그는 결국 뷔르스트너 양을 강제로 추행한다. "그녀를 붙들고 입을 맞추고, 그리고는 온 얼굴에다 입을 맞추었는데, 마치 목마른 짐승이 마침내 찾아낸 샘물에다 혀를 휘둘러대는 듯한 모습이었다. 결국에는 그녀의 목젖이 있는 부분에다 입을 맞추었으며, 그곳에다 입술을 오랫동안 꼭 누르고 있었다."(35쪽) 그래도 K는 충분히 만족하지 못한다. 훔쳐 듣고 있던 "대위가 있기 때문에", "뷔르스트너 양을 진심으로 염려"(35쪽)해야 했던 탓이라고만 생각하긴 어렵다. 뷔르스트너 양을 추행하기 전, K는 이미 그의 존재를 의식하고 있었다. 대위는 차라리 K의 만족감을 고양하는 데 도움을 준 도구였다.

"돌아가 주세요. 제발 돌아가 주세요. 어떻게 할 작정이세요. 그 사람은 문 옆에서 엿듣고 있어요. 똑똑히 들릴 거예요. 무엇 때문에 내 입장을 난처하게 만드는 거예요!" "나는 돌아가지 않겠습니다."하며 K는 말했다.(「그루바흐 부인과의 대화, 그리고 뷔르스트너 양」, 33쪽.)

K는 뷔르스트너 양을 충분히 모욕주지 못했기 때문에 충분한

만족감을 얻을 수 없었다. 뷔르스트너 양도 그의 의도가 무엇인지 알고 있었다. "당신의 제안 속에 나에 대한 어떤 모욕이 포함되어 있다는 것을 깨닫지 못하시다니, 참으로 이상스럽습니다."(34쪽) K는 뷔르스트너 양에게 자신이 아침에 겪은 일을 집요하게 재현한다. 뷔르스트너 양은 K의 도착적 시선에 사로잡힌 대상이자, 그의 환상이 투사되는 은막screen이 된다. 훔쳐 듣고 있는 대위의 귓속으로도 K의 환상은 스며들어 간다. 모두 이런 도락을 즐기려고 이 집에 모여 사는 걸지도 모른다. 이 환상 속에서 K는 감독도 되고, 그 자신도 될 수 있다. 시선의 주체이자 대상이며, '시선' 그 자체이기도 하다.

인물의 배치를 올바르게 파악해 주십시오. 그것은 아주 재미있습니다. 내가 감독이 되겠습니다. 그곳 트렁크 위에서 두 사람의 감시인이 걸터앉아 있고, 사진이 있는 곳에는 세 사람의 젊은 사나이들이 서 있습니다. 창의 손잡이에는, 나는 단지 이 기회에 말해 두는 것입니다만, 한 장의 흰 블라우스가 걸려 있습니다. 그리고 이제 막 심리가 시작됩니다. 아아, 나는 나 자신에 대한 것은 잊고 있었군요. 가장 중요한 인물, 즉 나는 이곳 책상 앞에 서 있습니다. 감독은 다리를 포개고, 팔을 의자 등에 이렇게 축 늘어뜨리고 아주 여유 있게 앉아 있습니다. 비길 데 없는 무례한 자입니다. 그리고 이제 막 정말로 심리가 시작됩니다. 감독은 마치 내 눈을 뜨게 하지 않으면 안 되겠다는 듯이 큰소리를 질러, 정면으로 호통을 칩니다. 당신이 이해할 수 있게 하려면, 미안하지만 나도 여기서 소리쳐 보아야만 되겠습니다. 그런데 그가 이런 식으로 소리치는 것은 오직 내 이름뿐입니다.(「그루바흐 부인과의 대화, 그리고 뷔르스트너 양」, 32쪽.)

K가 뷔르스트너 양을 추행한 것은 그녀의 육체가 K의 환상을 뒤집어쓰고 있기 때문이었다. 특히 그의 입맞춤이 뷔르스트너 양의 얼굴에 집중되어 있다는 게 중요하다. K에게는 시각기관이 자리한 인간의 얼굴을 핥는 일이야말로 가장 농밀한 애무다. 이 장면은 정말이지 『소송』에서 가장 기괴한 장면으로 손꼽힐 만하다. K는 '여성'의 얼굴 위에, '시선'視線 그 자체를 전이시키려 하고 있다. 하지만 이 환상은 불안정하여 깨어지기 쉽다. K가 '소송' 중에 있기 때문이다. 그는 자신을 농락하고 있는 자들의 정체가 정확히 무엇인지 모른다. 그들은 K의 시선이 닿을 수 없는 위치에서 그를 지켜보고 있다. K의 육체 역시 (뷔르스트너 양에게 K가 그랬던 것처럼) 도착자들의 환상을 뒤집어쓴 채 끝내 남김없이 소모될 것이다.

K는 누구와 싸우는가?

그렇다면 K를 체포하고 감시하는 자들은 누구일까? 이들은 비밀 재판을 규정하고 있는 조직으로, 일반적인 사법 시스템의 일원도 상당수 속해있는 것으로 보인다. 어쨌거나 이들 조직은 변태들의 도당徒黨으로 심리 재판장의 면면은 기괴하고 추잡하기 짝이 없다. 그렇더라도 표면적으로는 관료주의적 사법 제도의 형식과 절차를 따르려 애쓰고 있다. 하지만 이 조직에 의해 모사模寫된 사법 제도는 다분히 외설적이다. 변태들이 모사했기 때문에 그 모습이 외설적으로 굴절되었다기보다는, 그들이 변태이기 때문에 실제의 외설성이 여실히 드러날 수 있었던 것으로 보인다. K가 소송에 절대 굴복하지 않으려는 까닭도, 개인의 (혹은 K의 하숙집과 같은 작은 공동체의) 도착증을 거대한 집단적 도착증이 압도하고 통제하려 드는 것을 용납할 수 없기 때문이다. 『소송』은 개인의 도착증 대^對 집단적 도착증(=파시즘)의 대결을 다룬 소설이다.

이 싸움에서 K는 변호사의 도움을 기대할 수 없다. 변호사는 그를 "마침내 세상일을 모두 잊고 오직 소송이 끝날 때까지 이러한 미로에서 끌려다니기를 원하도록"(195쪽) 만들 뿐이다. K는 너무 늦지 않게 변호사 훌트와 결별할 수 있었지만, 상인 블로크는 훨씬 더 이전에 그의 피학적 노예로 훈육 당한 상태다. 표면상 '체포', '심리', '소송', '재판'의 형식을 따르고 있지만, K의 싸움은 변호사를 내세워야 할 법률싸움이 아니다. 자신의 욕망에 책임져야 할 사람은 자기 자신뿐이라는 사실을 K는 블로크의 피학성을 통해 깨닫는다. 하지만 재판 조직의 집단적 도착증은 점점 영향력을 넓혀간다. 장래는 더욱 암담하다. 재판장 주위를 뛰놀던 아이들, 그리고 티토렐리의 화실을 들락거리는 계집아이들까지 이미 "모두가 다 재판소에 속해"(148쪽) 있다.

K가 점점 이상해지는 이상한 세계에서 살고 있다는 건 그다지 새삼스러울 게 없는 일이다. 정상인들의 세계는 카프카의 원더랜드에서만 종적을 감춘 게 아니라, 실제 세계에서도 이데올로기적으로만 가정될 수 있을 뿐 도달할 수 없는 허상이다. 세계의 카오스모스

chaosmos 속에서 ‘정상의 삶’이란 수없이 많은 도착증 가운데 한 양태에 불과하다. 하지만 법률은 카오스를 용납하지 못한다.

아주 단순한 사건에 대해서는 특히 어려운 사건을 대한 것과 똑같이 종종 난처해져서, 낮이나 밤이나 계속 법률에 구속당해 있기 때문에 인간적인 유대라는 것에 대한 올바른 감각을 갖지 못하고, 이러한 경우에는 그 일에 크게 곤욕을 치르게 된다. (「변호사, 공장주, 화가」, 116쪽.)

사도마조히트들의 놀이도 융통성이라곤 없는 경직된 준법정신을 닮아있다. 노예(인간)는 주인(법)에 굴종함으로써 피학적인 쾌락을 얻는다. 이들 사이에 역할교환이란 있을 수 없다. 상인 블로크는 이런 노예의 전형이다. 이 소설에서 ‘소송’이란 도착자들의 은어로, 권력의 힘이 신체에 각인되는 과정Process을 일컫는 의미로 이해할 수 있다. 여기에 맞서는 K의 무기는 ‘관찰’이다. K는 자신의 증상을 한층 강렬히 함으로써 파시스트들의 조직에 맞선다. 재판장에서 K는 판사와 군중을 똑바로 응시한다.

그러나 재판 조직의 힘은 만만치가 않다. K의 첫 번째 심리가 진행된 재판장도 예심판사의 눈짓으로 군중의 반응이 일사불란하게 연출된다. K는 이곳에 모인 사람들의 도착증을 이번에도 복장을 통해 알아본다. “겉으로 꾸민 좌우 양 그룹은 모두가 한패였고, 그가 갑자기 돌아보니 두 손을 무릎에다 놓고 조용히 내려다보고 있는 예심판사의 깃에서도 똑같은 휘장이 발견되었다.”(53쪽) K의 첫 번째 심리는 재판이 아니었다. 그가 겪은 것은 조지 오웰식으로 말하자면 공개증오대회였다. K라는 적대와 부정의 대상이 있기 때문에 이들은 단합할 수 있었다. 나치에게 유대인이 그랬고, KKK에게 흑인이, 이승만 정권에 빨갱이가 그랬던 것처럼.

그런데 「최초의 심리」에서 한 여성이 의심쩍은 역할을 수행한다. 문제의 사건은 K가 열정적인 연설로 재판장의 분위기를 한창 압도하고 있던 순간에 벌어진다. 갑자기 비명이 들리고 K에게 쏠린 군중의 시선은 분산된다.

K는 홀 한쪽 구석에서 일어난 날카로운 비명에 이야기를 중단하고, 그쪽을 잘 보기 위해 눈 위에다 손을 펴서 댔다. 흐린 햇빛이 먼지와 연기를 뿌옇게 만들어 눈이 부셨기 때문이었다. 그쪽에는 그 세탁부가 있었는데, 그 여자가 나타났을 때 K는 곧 이것이야말로 진짜 방해자라는 생각이 들었다. 방금 소리를 지른 것이 이 여자인지 아닌지는 알 수 없었다. K는 단지 한 사나이가 그 여자를 문이 있는 구석으로 끌고 가서 거기서 꼭 껴안고 있는 것을 보았을 뿐이었다. 그러나 날카로운 소리를 지른 것은 그 여자가 아니라 남자 쪽이었는데, 그는 입을 크게 벌리고 천정을 바라보고 있었다. 두 사람 주위에는 조그마한 원이 만들어지고, 바로 가까이에 있는 회랑의 참가자들은 K에 의해서 조성된 이 집회의 진지한 분위기가 잃게 해서 중단된 것을 기뻐하는 모습이었다. 곧장 그곳의 질서를 회복하고 아니 적어도 그 두 사람을 홀에서 내쫓는 것이 모든 사람들의 관심사임이 분명하다고 그는 생각했으나, 바로 앞의 맨 앞줄은 떡 버티고 앉아서 누구 한 사

람 동요되지 않았으며, 아무도 K를 통과시키지 않았다. (「최초의 심
리」, 52쪽)

정리하면 여자의 몸뚱이가 K로부터 군중의 시선을 변류變流시켰
던 것이다. K에게 뷔르스트너 양의 얼굴이 스크린이었다면, 재판장
에서 이 여자는 시선의 변환기converter 구실을 했다.

K는 재판이 열리지 않는 날 그 여자를 다시 만나게 된다. 여자는
유부녀였고 남편은 법정 정리였다. 재판장에서 함께 소란을 일으켰
던 남자는 그녀의 정부인 법대생이었다. 예심판사도 그녀와 은밀한
관계에 있다. 여자는 K도 노골적으로 유혹한다. 자신의 음란한 행적
을 자랑하며 K의 눈앞에 다리를 드러내 보인다. 그리고 이 모든 상
황을 여자의 정부인 법대생 베르톨트는 훔쳐보고 있다. 익숙한 장
면이지 않은가? K의 하숙집에서도 이런 게임은 성행했다. K는 이
여자를 자기 것으로 만들고 싶은 충동을 느낀다. 또 그는 여자의 부
재不在를 보게 될 자들의 낭패감을 상상한다. 재판장에서 있었던 일
과는 정반대로 컨버터를 작동시킬 수도 있는 것도 이 여자의 유용
함임을 깨닫게 된 것이다.

예심판사와 그 패거리들에 대한 복수로, 이 여자를 놈들에게서 빼앗
아서 자신의 것으로 만들어 버리는 것보다 좋은 복수는 없으리라. 그
렇게 되면, 예심판사가 K에 관한 거짓 보고서를 고심참담해서 날조
한 끝에 한밤중에 찾아와 보면 여인의 침대가 비어 있는 장면도 언젠
가는 생길 수 있는 일이다. 그리고 여인의 침대가 비어 있는 것은, 여

인이 K의 것이고, 창가의 그 여인, 조잡하고 무거운 천으로 만든 새
까만 옷을 입은 그 풍만하고 부드럽고 따뜻한 육체가 완전히 K의 것
이기 때문이다. (「최초의 심리」, 63쪽.)

K의 책략은 상상에 그쳤지만 실천에 옮겼더라도 재판 조직에
큰 타격을 입히진 못했을 것이다. 이 조직의 결속을 유지하는 것은
부분적으로는 이성애적인 성격을 띠고 있을지 모르나 그보다 뚜렷
한 대세는 사도마조히트적인 동성애이기 때문이다.

방 안에는 세 명의 남자가 서 있었다. 그들은 이 천정이 낮은 방 안에
서 허리를 구부리고 있었다. 선반 위에 켜놓은 촛불이 그들을 비추고
있었다. "여기서 뭣들을 하고 있소?" K는 흥분한 나머지 숨을 헐떡이
며 물었으나, 그다지 높은 소리는 아니었다. 분명히 다른 두 사람을
지배하고 있는 듯한 한 남자가 먼저 그의 시선을 끌었는데, 그는 일
종의 짙은 색 가죽옷을 입고 목에서 가슴 그리고 두 팔 전체를 드러내
놓고 있었다. …… "매가 그처럼 아픕니까?" K는 물으며, 태형리가
그의 앞에서 휘두르고 있는 매를 잘 살펴보았다. "완전히 벌거벗어
알몸이 되지 않으면 안 되니까요." 하고 빌렘이 말했다. …… "옷을
벗어라" 그는 감시인들에게 명령했다. …… "어때요, 저 살찐 꼴, 매
를 때린다 해도 처음에는 그 매가 기름기 속으로 들어가는 것 같습니
다." (「태형리」, 83쪽)

이들 세계의 동성애란 남성끼리의 혹은 여성끼리의 성관계를

의미하는 것만이 아니다. 법의 힘에 각인된 신체라는 관점에서 이들은 (생식기의 차이 따위와는 별개로) 이형동질異形同質의 형제들이다. 변호사 홀트와 비서 레니 그리고 상인 블로크의 관계에서 노예와 주인 사이의 경계가 분명해질수록 성차性差는 불분명해진다. 하지만 K는 (감시원과 티토렐리와의 대면에서) 동성애적 성향이 없지 않아 있지만, 언제나 여성의 육체를 더 탐한다. 그의 도착증적 시선도 다분히 남근주의적男根主義的이다. 뷔르스트너 양의 늦은 귀가를 지적할 때의 K의 태도는 자애로운 아버지나 남편을 흉내 내고 있다. 그뿐만이 아니다. K는 소송 과정에서 법정 정리의 부인, 레니, 야릇한 간호사, 술집 여급 엘사, 심지어 그루바흐 부인까지 많은 여자와 친밀한 관계를 형성한다. K는 이런 능력을 꽤 과신하고 있기까지 하다. 법정 정리의 부인을 자기 것으로 만들어 재판 조직에 타격을 입히겠다는 발상도 그런 자신감의 반영이다.[7] 그동안 살아오면서 K가 여성들과의 관계에서 낭패감을 반복해왔다면『소송』의 줄거리는 어떻게 바뀌었을까? 그런 가정에서 가능한 또 다른 K의 모습이 상인 블로크다.

이쯤에서 결국 당혹스러운 사실과 마주할 수밖에 없다. 누가 그들과 맞서 싸울 것이냐는 질문에『소송』이 내세운 인물은 도착증적 스토커이기 때문이다. 이 사실을 어떻게 받아들여야 하는 걸까? K는 권력과 집단에 맞서 싸울 수 있는 역능을 자신의 도착적 욕망으로부터 길러 올린다. 이 싸움은 궁극에 어느 한 편이 더 높은 윤리성을 인정받는다는 차원에선 종결되지 못한다. 양편은 애당초 모두 (윤리적으로, 신체적으로) 뒤틀려 있었다. 누군들 아니겠는가? 변호사를 해임한 후 K는 더는 재판장에서 싸움을 계속하지 않으리라 다짐한다. 소송은 지연되고 한편 지속한다. '소송'은 삶의 형식으로 K에게 전유된다.

고립된 자의 결말

K는 어디까지 버틸 수 있을까? 이런 의미의 질문이다. '소송'에 함몰되지 않는 삶의 여러 가능태를 K는 지켜낼 수 있는가?

K는 성당의 사제에게 그간의 고통을 호소한다. "소송에 관계하고 있는 사람들은 모두 내게 편견을 갖고 있습니다. 그들은 또 그것을 관계가 없는 사람들에게도 불어넣습니다. 내 입장은 점점 어려워질 뿐입니다."(212쪽) K와 동고동락했던 하숙집의 변태들도 그를 도와주려 하지 않고, K 역시 그들을 불신한다. K의 소송은 누구와의 연대 없이 재판 조직에 맞서 홀로 전개된다. 만약 『소송』이 하숙집의 변태 공동체와 재판 조직의 대결로 구성되었다면, K가 맞이하게 될 결말은 달리 풀렸을지 모른다.

소송이 시작된 지 수개월이 흘렀지만 K가 생각할 수 있는 저항의 방법은 여자를 이용하는 것뿐이다. 여전히 도착증을 저항의 추진력으로 삼고 있지만 그 이상의 진전은 없다. 게다가 K는 언제까지고 가능성만을 궁리해볼 뿐 계획을 실천에 옮기려고도 하지 않는다.

K로선 그럴 수밖에 없다. 여성에 대한 망상은 그의 리비도의 중

추에 자리하고 있다. 이런 망상은 실현이 지연되고 어긋날수록 리비도를 증폭시킨다. 훔쳐보기도 대상과의 거리를 둔 상태에서 가능한 도락이다. 거리가 쾌락을 매개한다. 성직자도 여자를 이용하겠다는 K의 계획이 소송에 도움이 되지 않을 거라고 단정한다. K가 실제로 할 수 있는 일이 아니라는 걸 알아본 것이다. 이대로라면 시간은 재판소의 편이다. "판결은 일시에 내려지는 것이 아니고, 수속이 점진적으로 판결로 변해"(212~213쪽) 갈 것이다.

성직자는 K에게 법률 입문서를 들려준다. 이른바 「법 앞에서」라는 우화다. 『소송』 전체를 통틀어 '법'은 여러 가지 알레고리를 품고 의미를 확산시키고 있는데, 이 글에선 K의 리비도로 해석한다. 앞서 설명했던 것과 같은 맥락에서 법(리비도) 앞을 지키는 문지기는 도착자의 쾌락을 매개하는 '거리'의 은유다. 법의 문 안으로 들어가려는 남자는 단 한 번도 그를 돌파할 수 없었다. 평생을 자신 앞에서 어슬렁거리는 남자에게 문지기는 이렇게 말한다. "당신은 싫증을 내지 않는군."(216쪽) 우화 속 남자는 끝까지 리비도의 섭리에 순응한다.

K와 재판 조직은 쾌락의 공모자가 된다. 저항의 가능성이 망상화한 이상, 다시 말해 저항해야 할 적수가 망상의 대상이 되어버렸기 때문이다. K는 재판조직 안에서 성취할 수 있는 최상의 쾌락을 끌어내려 한다. 「종말」에서 처형자를 맞이하는 K의 모습을 살펴보자. 그는 이제 재판 조직의 옷을 입고 있다.

K는 똑같이 검은 복장을 하고 문 옆의 의자에 앉아서 손가락에 꼭 맞

는 새 장갑을 천천히 끼고 있었는데, 마치 손님을 기다리고 있는 듯
한 태도였다. 그는 곧 일어서서 그 신사들을 신기하게 쳐다보았다.
"내게 오기로 되어 있던 분들이 바로 당신들이었습니까?"라고 그는
물었다. 신사들은 고개를 끄덕이고, 한 사람은 손에 든 실크햇으로
도 한 사람을 가리켰다. (「종말」, 225쪽)

K는 언제까지라도 대치 상태로 살아가는 일이야말로, 소송의
굴레에 갇히는 일임을 알고 있다. K는 재판 조직에 속한 어느 누구
도 할 수 없는 일을 감행함으로써 그들 모두를 능가해버리고자 한
다. 그들은 못하고 K는 할 수 있는 일. 그것은 '죽음의 선택'이다.

길에서 경찰관을 만났을 때 K는 도움을 청할 수 있었다. 그랬더
라면 처형은 최소한 연기될 수도 있었을 것이다. 하지만 그는 처형
자들을 "힘차게 끌어당겨"(228쪽) 경찰을 지나쳐 버린다. 처형자들
은 K의 움직임을 따라갈 뿐이다. K는 마치 양 손에 신참을 한 명씩
잡고 위험한 근무지로 이동하는 선배처럼 보일 지경이다. 그도 그
럴 것이 재판 조직 누구도 이런 상황은 경험한 적 없을 것이다. 그들
은 K가 하자는 대로 하는 수밖에 없다. 처형자들은 채석장 공터에 K
를 눕히는 것부터 누가 칼로 찌를 것인가에 이르기까지 엉성한 행
동으로 일관한다. 이 바보들은 될 수 있으면 K가 알아서 죽어주길
바란다.

어쩌면 K가 진정 원하는 건 죽음이 아니라, (우화 속 법의 문 앞
을 어슬렁거리는 남자처럼) 처형 직전의 지연 상황을 끝없이 늘어뜨
리는 것이었을지 모른다. 죽음충동은 쾌락의 최전선이지 않은가. 어

떤 종류의 망상을 품었건 모든 과정은 흠결 없이 진행됐어야 했다.

다음에 한 사나이가 프록코트를 벌리고 조끼 둘레에 맨 띠에 매달려 있는 칼집에서, 길고 얇은, 양쪽에 날이 선, 고기 베는 칼을 빼서 높이 쳐들어 달빛으로 칼날을 조사했다. 그리고 그 불쾌하고 은근한 행동이 시작되었는데, 한쪽이 K의 머리 너머로 칼을 다른 쪽으로 건네주면, 그는 다시 그것을 K의 머리 너머로 돌려주는 것이었다. K는 그때에야 분명히, 그 칼이 이 손에서 저 손으로 자신의 머리 위에서 왔다 갔다 하고 있을 때 스스로 그것을 붙잡아 자신의 몸을 찌르는 것이 자신의 의무임을 알았다. (「종말」, 229~230쪽)

여느 도착자들과 마찬가지로 그의 리비도도 쾌락의 형식에 민감하다. 이와는 반대로 리비도의 고갈을 두려워하지 않고 맘껏 낭비할 수 있는 사람은 다른 생을 얼마든지 자유롭게 욕망할 수 있는 사람이다. 하지만 K는 그런 사람이 아니었다.

K는 채석장에 접한 어떤 집 창문에서 이 광경을 내려다보는 사내를 보게 된다. 그 순간 K는 급격하게 마음이 흔들린다. "도대체 누구일까? 친구일까? 좋은 사람일까? 관계가 있는 사람일까? 도와주려고 하는 사람일까? 한 사람뿐일까? 혹은 모든 이가 함께 있는 것일까?"(230쪽) 그 사내는 K의 망상을 방해했다. K를 재판 조직에 맞서 싸우게 했고, 아이러니하게도 그를 이 조직에 동화시키게도 했던 도착증이 다시 그를 각성시킨 것이다. K는 자신을 지켜보고 있는 그 남자가 되길 원한다. 어쩌면 그 남자가 재판 조직과 맞서 싸울

동지가 되어 줄지도 모른다. '소송'에만 중독된 삶이 아니라 '소송' 따윈 따돌려 버릴 수 있는 생의 계열을 그로부터 다시 이어나갈 수 있을지 모른다. 그런데 바로 그때 처형이 실행되어 버린다.

> …… 그는 두 손을 들고 손가락을 모조리 펼쳤다.
>
> 그러나 K의 목에는 한 사나이의 두 손이 놓이고, 또 한 사나이는 칼을 그의 심장 깊숙이 찔러 두 번 그곳을 휘저었다. 흐려지는 눈으로 K는 아직도 두 사나이가 볼과 볼을 마주 대고 자신의 얼굴 앞에서 결말을 주시하고 있는 모습을 보았다. "개와 같구나!"라고 그는 말했으나, 그는 죽어도 치욕은 남는 것 같았다. (「종말」, 230쪽.)

이 장면은 K가 손을 뻗어 처형자에게 반항하려고 했고, 처형자는 당황하여 황급히 칼로 찔러 그를 죽인 것으로 봐야 한다. 처형자는 K를 지켜본다. 그들은 일을 망쳐버린 바보의 표정을 짓고 있다. 이런 죽음은 망상의 실현이나 중단 모두 아니다. 그저 느닷없이 벌어진 사고일 뿐이다. K가 치욕감에 괴로워하며 "개와 같구나"라고 욕설을 뱉은 까닭도, 자신의 도착증이 결국 미완으로 끝났기 때문이었다.

소문자 k들의 공통되기

K의 죽음은 '소송'의 이중적인 성질을 보여준다. 여기에 접속해

있는 온갖 권력과 욕망의 한 축은 파시즘의 대오^{隊伍}를 갖췄다. 그러나 그들에 압도당하지 않으려는 k들의 도발이 맞부딪힌다. 그들은 필시 소문자 k로 불려야 마땅하다. 그들은 투사도 아니고 존경스럽지도 않으며 순진무구하지도 않다.

장난삼아 리트윗한 불온문구로 국보법 수사를 받게 된 이름 모를 트위터리안들을 주목하자. 공안 당국의 눈을 거슬리게 한 그들의 '장난기'는 매혹적이다. 우선은 이 글로나마 그들과 한편이 되고 싶다. 시대착오적인 법률에 쫄지 않고 더한 농담, 더 유쾌한 장난을 칠 수 있는 현실을 쟁취해야 한다. 이를테면 필살의 음담패설을 위해서라도 국가보안법은 폐지되어야 한다. 하지만 그 일이 누구 홀로 몸부림친다고 될 일이 아님을 잘 알고 있다.

『소송』의 마지막 장면은 K가 하지 못했던 일이 무엇인지 보여준다. 그는 채석장에 버려져 혼자 죽는다. 죽음에 이르는 길을 누군가 방해해줬더라면, K가 사로잡힌 대상이 재판 조직이 아니라 재판 조직 바깥의 다른 존재들이었다면, 조롱하는 말이라도 좋으니 K의 선택을 타인의 눈으로 다시 이해할 수 있는 기회를 잡았더라면, 끝내 실패하게 되었더라도 K는 좀 더 잘 실패하지 않았을까? 어떤 의미에서 K의 사인^{死因}은 아무도 믿지 않고 홀로 모든 걸 결정하려는 자기중독의 결과였다. 그의 전철을 밟지 않으려면 적에 대해서 만큼이나 고립을 두려워해야 한다.

'소송'의 대전표를 능가할 예측 불가능한 삶을 살자. 그 가장 흥미진진한 방법은 '공통되기'^{becoming common}다. 굳이 거창한 대의를 내세우지 않더라도 '공통되기'는 얼마든지 가능하다. 우리 시대엔 함께 재밌게 놀아봤던 사람들끼리, 서로 다른 욕망을 지녔으나 서로의 욕망을 더욱 강렬하게 만들 수 있는 사람들이 정치적으로도 더 잘 연대할 수 있다. 2008년 촛불의 광장이 꼭 그런 순간이었지 않던가. 식도락 동호회와 코스프레 동호회, 아이돌 팬클럽, 유모차를 끌고 나온 엄마들과 광장의 보기 드문 볼거리를 구경나온 연인들이 정권퇴진구호와 민주주의를 함께 외쳤다. 일일이 열거할 수 없을 만큼 이질적이고 다양한 사람들이 아무 사전 계획 없이 자발적으로 모여, 위계 없이 수평적으로 만났다. 이것이 우리가 몇 해 전 실제로 체험했던 공통되기였다. 그때의 촛불을 두고 무엇 하나 제대로 이룬 게 없다고 비판하는 사람들이 있다. 그러나 그때의 사건은 우리 삶과 사회의 또 하나의 가능태가 되었다. 촛불은 '소송'을 압도할 수 있는 우리 시대 공통체共通體의 역능이다. 이 힘은 헌법에서 나오지 않는다. 오히려 헌법을 만들어낼 힘이다. 이 힘은 상식에서 나오지 않는다. 새로운 상식이 이 힘과 함께 세상에 퍼져 나간다. 이 힘은 돈에서 나오지 않는다. 오히려 이 힘이 돈보다 소중한 가치를 공유하게 한다. '소송'이 먹어 삼킨 삶보다 더욱 거대한 삶이 촛불 이후의 우리이기에 가능하다.

3부

역행하는 미디어 격변기

웹·문학·신체

5장

웹 3.0의 '명제 공간'과 '문학'의 좌표

컴맹이 '웹'을 다시 발명한다면?

강지영의 『신문물검역소』(2009)를 보면, 조선의 검역 관리들이 용처를 알 수 없는 신문물을 두고 고민하는 장면이 있다. 그 물건들은 지금 우리의 감각으로는 흔하디흔한 생활용품에 지나지 않지만, 생전 처음 본 사람 처지에선 이만저만한 미스터리가 아니다. 그들은 이 물건의 정체를 밝혀 조정에 보고서를 올려야 하는 처지인지라, 쓸모가 무엇인지 지어내기라도 해야 했다. 그런데 관리들의 센스가 만만치 않다. 브래지어는 고급 관리일수록 봉의 개수가 늘어나는 벼슬아치의 관모官帽 '불아자'不我者라 이해하고, 칫솔은 치질 치료에 효과가 좋은 가정 상비용품 '치설'痔碟이라 고한다. 이쯤 되면 우습다기보다는 기발한 재발견, 재발명의 수준이다.

소설에는 없는 내용이지만 상상을 좀 더 보태보겠다.

독일 코미디 프로그램 〈폭탄녀〉(Knaller Frauen)에서 방영된 콩트. 유튜브에서만 이 동영상을 1,700만 명이 봤다. 젊은 여자가 선물로 준 아이패드를 노인은 도마로 사용한다. 부엌을 깔끔하게 사용하는 사람이라면 누구나 그렇듯, 그는 이걸 깨끗하게 물로 씻고 식기 건조기에 넣어 말린다. 이 얼마나 위생적인 아이패드 사용법인가!

만약 그때의 신문물검역소에 '인터넷'이 뚝 떨어진다면 어떤 일이 벌어질까? 신문물검역소의 관리들은 이번에도 '인터넷'의 용처를 생각해낼 수 있을까? 이번에도 그동안 해왔던 방식대로, 갓 쓴 그들 특유의 '무지', '편견', '착각', '오해'를 총동원해 '인터넷'을 뜻밖의 낯선 발명품으로 뒤바꿔 놓을지도 모른다.

지금도 그렇게 할 수 있을까? 오늘날 우리는 컴퓨터와 '웹'에 둘러싸인 환경을 공기처럼 당연하게 여기고 있어서, 그것들을 낯설게 바라보기가 매우 어려운 시대에 살고 있다. 자본의 영令을 따라 구조화된 사물의 질서, 관성화된 소비의 매뉴얼이 우리 신체에 기입되고 있다. 신문물과의 조우보다 무시무시한 건 이런 익숙함이다.

우리의 감각을 깨울 수 있는 비책을 찾아야 한다. '웹'과 관련된 분야의 엔지니어나 프로그래머들이라고 그 방법을 특별히 더 알고 있는 건 아니다. 오히려 그들이야말로 잃어버린 감각을 가장 늦게 회복할지 모른다. 다행히도 낯설게 보기의 비책을 알려줄 운명의 스승은 그리 멀리 있는 게 아니었다.

컴퓨터라곤 전원도 켤 줄 모르고, 당연히 이메일은 써본 적도 없으며, 어쩌다 아이패드가 생긴다 해도 부엌에서 도마로 쓸 뿐인 구제불능의 컴맹, 어떤 기계든 때리면 말을 듣는다고 믿는 무적의 무식쟁이, 또는 내친김에 오지 정글의 야만인에게서 '웹'을 다시 배울 것을 제안한다. 어느 대기업 최첨단 연구소에서 발표하는 다음 세대 웹의 전망과는 비교할 수 없는 새로운 상상의 계열이 그들로부터 펼쳐질 것이다.

신자유주의 시장경제 체제의 총애를 받는 최첨단 기술은 최신화될 때마다 특정한 유형의 인간 능력, 정동의 계발을 함께 견인한다. 그것은 더더욱 자본주의적인 인간이 되라는 강제나 다름없다. 이 과정에서 우리는 이 세상으로부터 쓸모없는 것으로 낙인찍히기에 십상인 자기 특유의 온갖 무능력을 웹 진화의 거대한 도정에 투입할 기회를 어이없이 박탈당하고 있다. 체제의 외곽선 덧그리기에 일조하는 '웹'만이 이 시대엔 창성하고 있다. 다른 세계의 가능성을 향해 파선을 분출하는 이종異種의 '웹'은 시작조차 요원한 현실이다.

현재 우리 세대의 인터넷은 웹 2.0 단계에 해당한다고 한다. 그렇다면 언젠가 도달할 웹 3.0은 과연 어떤 형태가 될까? 다소 뜬금없이 들리겠지만, 앞서 인용한 신문물검역소의 비화는 '타진요(타블로에게 진실을 요구합니다)'를 이해하는 강력한 은유이기도 했다. '타진요'는 내가 찾던 뜻밖의 야만인들이었다. 그들이야말로 이종의 '웹'을 예기하는 징후로 읽어볼 만하다. 이제 본격적인 이야기를 시작하려 한다. 지금부터 나는 '타진요' 사태가 2010년대의 출발점에

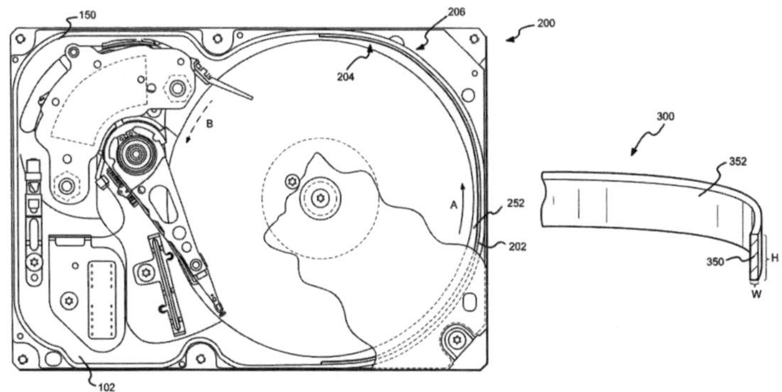

하드 디스크(HDD)에서는 자성 물질로 덮여 있는 접시('플래터platter'라고 부른다)가 회전하고, 그 위에 레코드 바늘을 닮은 헤드가 접근하면서 자기 배열을 변경하는 방식으로 데이터를 읽거나 쓴다. 헤드는 플래터에 가까울수록 좋지만 직접 닿아선 안 된다. 그래서 헤드의 높이는 담배 연기보다 얇은 0.4μm에 불과하다. 그 얇은 틈으로 오가는 전자적인 에너지 플로우가 우리 시대의 글쓰기다. HDD를 빠르게 대체하고 있는 SDD(Solid State Drive)는 헤드 없이 반도체에 직접 기록하고 읽어낸다. HDD의 헤드는 타자기 활자(typebar)와 펜촉에 이어진 글쓰기 역사의 진화론적 흔적이다.

서 '웹'의 불확실성과 웹 3.0의 진로를 근본적으로 다시 생각해볼 수 있는 계기가 된 사건임을 이야기할 것이다. 어쩌면 웹 3.0이란 치르치르의 파랑새처럼 우리 가까이에 이미 존재하고 있던 무엇인가를 다시 발견하는 것으로 성취할 수 있는 목표일지 모른다. 가령 '문학'이 실은 웹 3.0의 선취는 아니었을까.

'웹'의 불확실성을 위하여

기억을 되돌려보자. 좀 더 성의가 동한다면 검색창에 '타진요'와 관련된 키워드를 입력해보길 바란다. 지난 사건의 퇴적층을 확인할 수 있을 것이다. '타진요' 사건을 통해 우리는 어떤 현상을 관전할 수 있었던가? 온갖 정보로 짜깁기된 '가상의 타블로'(편의상 '가블로'라 줄여 부르기로 한다)가 생성되는 과정이 있었다. '타진요'의 가블로, 아고라의 가블로, 댓글의 가블로, 블로그의 가블로, 타임라인의 가블로, TV방송의 가블로, 입소문의 가블로 …… 이 과정이 극단으로까지 전개될 수 있었다면, 그 전체상은 마치 만델브로 집합의 그래프 사상寫像 1에 비할 만한 모습이 되었을 것이다. 이것은 뜻밖에 매우 문학적인 현상이 아닐 수 없다.

웹 3.0 시대에도, 그보다 더 미래에 컴퓨터 기술이 훨씬 발전된 시대가 된다 해도, '문학'은 이른바 '책' 모양의 사각 프레임과 선형적인 배치에 의존한 문장과 문단 위에서 존재를 증명 받게 될 것이다. 하지만 장차 그게 전부일 리 없을 거라는 점도 확신할 수 있다. '문학'은 페이지의 평면 위에서뿐만 아니라 전자적인 에너지 플로우energy Flow의 상태 자체로 '문학'일 수 있게 될 것이다. '읽기'와 '쓰기' 또는 '작가'와 '독자'의 영역으로 수렴될 때에만 현상될 수 있는 '문학'이 아니라, '가블로'의 경우처럼 넷net에 대칭된 우리의 디지털 도플갱어를 쫓는 모험을 '문학'이라 부르게 될 시대가 도래할 것이다. '타진요' 사태가 그 전조다. 그런데도 모두 이 사태의 중요성을 과소평가하는 경향이 있다.

'가블로'의 증식과 확산. 이것들은 서로 비슷하지만 또 서로 다르다. 타블로에 대한 '진실'을 자처하고 '거짓'을 고발하는 온갖 '명제'들이 '타진요'라는 노드node를 경유하면서 연쇄하고 쉼 없이 와동渦動했다. 그리하여 '가블로'의 리얼리티가 '타블로'를 압도하는 상황으로까지 치달았다. 사람들은 '가블로'가 '진짜 타블로'의 감춰진 정체라고 믿기 시작했다. 수사당국과 TV방송국이 사태의 수습에 나섰고 결말은 익히 알려진 것처럼 '타진요' 운영진의 패가망신이었다.

'타진요'는 운영자였던 '왓비컴즈'를 비롯해 6명이 수배된 상태고, 총 12명이 불구속 기소됐다. 트위터와 페이스북의 타임라인과 포털의 각종 게시판, 그리고 댓글에는 타블로에게 사과하는 네티즌들의 글이 줄을 이었다. '가블로'의 또 다른 가능성 같은 건 입 밖에도 꺼낼 수 없는 분위기였다. 타진요 사태가 윤리 문제의 프레임에 폐색된 것이다.

그 후로 '타진요'는 생사람 잡는 유언비어나 퍼뜨리는 지질한 루저의 대명사가 되었다. 잉여력과 지질함에 관한 한 우주 최강임을 자부하는 DC인사이드의 코갤러들조차 타진요의 명성을 시기할 정도였다.[2] 그러나 '타진요'는 한때 회원 수가 20만 명이 넘는 거대 인터넷 결사였다. 그들 모두가 열성분자로 활동한 것은 아니었지만, 상당수는 '타진요'의 주장을 일리가 있는 것으로 믿었다. 운영자가 수배되면서 네이버에 개설되어 있던 타진요 카페가 강제 폐쇄되었지만, 잔당들은 재빨리 새로운 버전의 타진요 카페를 만들었고 3만 9천 명이 넘는 회원이 또다시 이곳에 가입했다. 그들은 여기서도 자신들이 '틀리지 않았다'는 주장을 계속했다.

나는 예나 지금이나 '타진요'와 '타진요'의 비판자들 모두 시시하기는 마찬가지라고 생각한다. 그들 모두는 '팩트'Fact와 '픽션'Fiction 사이에서 어느 한 편을 결정하는 일에 강박 된 이진법의 포로라는 점에서 동류다. '타진요'가 속칭 (웹 서칭과 편집의) '능력자'들을 동원해 만든 반박 자료에도 '종결자'라는 문구가 자주 등장한다.[3] 2F의 이진법이 지배하는 인터넷에서 진실을 말하는 자가 되기를 욕망하는 이의 별칭이다. 진위眞僞의 결론에 강박 된 자의 사고방식은 1회 계산 스텝에서 0과 1 사이에 하나만 취급할 수밖에 없는 컴퓨터 기술의 한계에 구조적으로 일치한다. 하지만 만약 0과 1 사이의 임의의 값을, 게다가 복수로 동시에 취급할 수 있는 컴퓨터를 이용한다면 '종결자'는 히드라의 머리를 내밀고 서로 다른 값을 연신 중얼거리게 될 것이다. '가블로'의 면면에 낱낱이 대칭된 관찰자의 반응을 나로선 이런 식으로밖에 표현하지 못하겠다. 어쨌거나 애플이나 삼성의 신제품을 목 빠지게 기다릴 필요는 없다. 우린 이미 끝내주는 생체 디바이스를 장착하고 있기 때문이다. 바로 인간의 뇌다. '팩트'Fact와 '픽션'Fiction 사이에서 어느 한 편을 결정하는 것과 그런 결정 자체가 필요하지 않는 것 사이에 무수한 임의의 값을 뇌에서는 계산할 수 있다. 나는 이런 연산을 '문학'이라 불러 마땅하다고 믿는다.

디지털 도플갱어를 쫓는 모험은 그들을 페이지 위에 사로잡아 시나 소설, 희곡, 시나리오로 재현하는 것을 목표로 하지 않는다. '가블로'의 경우처럼 윤리나 진위의 대상으로 존재의미를 한정하려는 것도 아니다. 오히려 그것들을 웹에 생기生起하는 복잡한 상태 그대로 대면하려는 노력이 필요하다. 그런데 왜 그렇게 해야 한다는 건가? 불확실한 정보는 정보화시대에 공해나 마찬가지 아닌가. '가블로' 역시 이러니저러니 해도 결국 '가짜 타블로'에 지나지 않는가 말이다.

  '타진요' 사태뿐만 아니라 인터넷에서 불확실한 정보나 루머가 확산할 때마다, 웹에서는 신기할 정도로 자율적인 자정작용이 이뤄진다. 소셜 네트워크가 활성화되면서부터는 의심쩍은 정보는 서로 묻고 확인해서 빠르게 교정하고 도태시킨다. 기업과 정부, 개인 모두 웹이 신뢰할 만한 공기公器로 유지되어야 한다는 대전제에는 원칙적으로 입장을 같이 하고 있다. 그도 그럴 것이 만약 인터넷에서 불확실성이 안전하고 기민하게 관리되지 않는다면, 컴퓨터 기술에 절대적으로 의존하고 있는 현대의 정보자본주의는 일대 혼란에 처하게 될 것이기 때문이다.[4] 하지만 세상이 원래부터 이 모양이었던 것은 아니었다. 금융시스템 전반에 컴퓨터 기술이 도입된 1972년 이래로[5], 그리고 퍼스널 컴퓨터의 보급이 본격화된 1980년대를 거치면서 세계는 돌이킬 수 없을 정도로 정보화되었다. 인간도 이러한 환경 변화에 지속적으로 길들었는데, 지난 삼십여 년 동안 우리는 '웹의 불확실성'에 질색하는 알레르기를 정도의 차이는 있을지언정 체질화하게 되었다고 해도 과언이 아니다. 그런 의미에서 웹의 불확실성에 대처하는 네티즌들의 자발적인 자정 활동을 미풍이라고만 보기엔 어딘가 섬뜩한 구석이 있다. 흔히 국가가 인터넷의 자율성을 위협하고 훼손하는 주체로 지목되곤 하지만, 웹에서 일상적으로 유지되는 평형상태는 평범한 개인들의 집단적이고 편집증적인 필터링의 결과물이다.

  그리고 대부분의 사람은 웹을 각자에게 익숙하고 필요한 북마크에 한정해 이용하는 경향이 강하고, 전방위적으로 미지의 웹을 서핑하는 사람들의 숫자는 뜻밖에 극소수에 지나지 않는다. 전자의 상황에 해당하는 사람들에게 인위적인 통제로부터 자유로운 웹의 영역은 없다. 많은 사람이 일상적으로 접속하는 대형포털이나 인기 소셜 네트워크일수록 만인에 의한 만인의 통제와 검열은 훨씬 더 상시적이고 집요하다. 따라서 정보에 대한 네티즌의 화각畵角 역시 다분히 자기 기만적이다. 하지만 그들이 느낄 수 있는 것보다 웹은 더 괴물스럽다. 지금 이 순간에도 웹에는 기하급수적으로 정보가 유입되고 있고, 정보 간의 반응 역시 일일이 추적이 불가능할 정도로 복잡하다. 정부, 기업, 개인이 이러한 반응을 매개하는 봇bot 역할을 수행하고 있는 것은 사실이지만, 그 관계의 역학이 특정 주체의 영향력 아래 수렴되진 않는다. 이들 가운데 어떤 주체도 관계망에 간섭하는 온갖 변수를 완벽히 통제할 힘을 갖지 못하기 때문이다. 만약 그런 힘을 가진 주체가 단 하나라도 있었더라면 2007년에서 2008년 사이 전 세계를 휩쓴 미국발 금융위기는 벌어지지 않았을 것이다. 오직 '정보의 흐름' 그 자체만이 이 세계에서 진정한 주체의 왕좌에 오를 자격을 갖췄다. 웹의 전체상은 인간이 온전히 이해할 수 없는, 불가해하고 광막한 거물로 돌변한 지 이미 오래다. 하지만 상당수 네티즌은 불확실성이 잘 관리되고 있는 북마크만을 이리저리 오가며 무심히 살아간다. 비록 그곳이 불확실성의 바다에 포위된 정보자본주의의 섬일지언정, 섬사람(호모 에코노미쿠스)다운 체질에 충실한 삶을 사는 한 별반 불편할 게 없기 때문이다.

다시 묻는다. 왜 우리는 웹의 불확실성을 있는 그대로 내버려두지 못하고, 그 쓸모를 진중히 생각해보려고도 하지 않는 걸까. 가령 어떤 루머가 비록 사실은 아닐지 몰라도 우리 세계에서 일어날 수 있는 '가능한 사태'의 예기豫期로 받아들일 수 있지 않을까. 이때 인터넷은 마녀의 수정 구슬일 수 있다. 당신이 무심히 끼적거리는 '댓글'과 '포스팅'에도 어떤 수준에서든 당신이 바라거나 꺼리는 '가능한 세계'의 상像이 반영되어 있다. 웹이 정보자본주의의 최적화된 기계답지 않은 '거짓말'을 쏟아내기 시작할 때, 그런 사

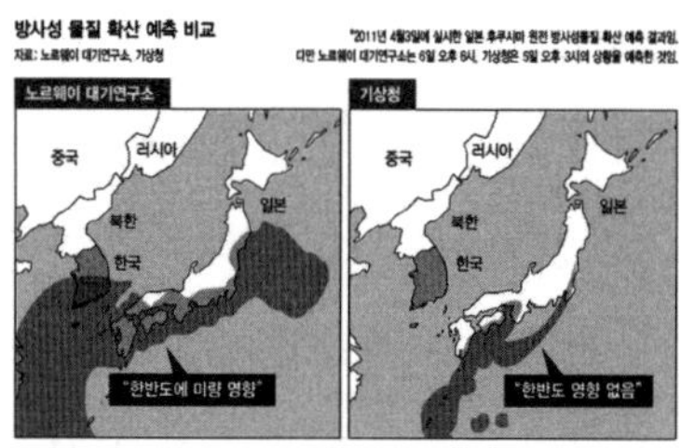

북반구 중위도 3~12㎞ 상공에서 시속 100~300㎞의 서풍이 불기 때문에 방사성 물질은 한반도로 날아오지 않는다는 이른바 '편서풍론'을 주장했던 기상청. 하지만 한 달 만인 2011년 4월 4일에서야 편서풍론이 사실이 아님을 공식적으로 인정했다. 2012년 3월 8일 한겨레 보도에 의하면, 이명박 대통령이 치적으로 내세운 원전 수출·확대 정책에 대한 비판을 차단하고자 정부에서 편서풍론을 정략적으로 이용했고, 이 과정에 국정원이 개입한 정황이 있다고 한다. ⓒ 『한겨레』

태는 어쩌다가 저절로 생겨나는 게 아니라 이 세계의 비루한 관성에 반대하는 이들의 파상력破像力(꿈에서 깨어나는 힘)에 계기한다. 당신이 겉멋이 아니라 진심으로 자본주의에 반대할 자신이 있다면, 인터넷을 대하는 태도부터 근본적으로 회의해야 할 것이다.

그새 다들 잊어버렸는지? 후쿠시마 원전 사태 직후 한국의 SNS에선 이른바 '방사능 괴담'이 확산됐다. 정부에선 편서풍을 근거로 방사능으로부터 우리나라는 절대 안전하다고 발표했고, 경찰청과 금융 감독 당국이 '괴담' 유포자 단속에 나섰다. 몇몇이 수사망에 걸려 입건됐다는 소식이 알려지면서 네티즌들도 일시적으로 자숙하긴 했다. 하지만 입을 틀어막을수록 소문은 더욱 고약해지는 법이다. 아이러니하게도 단속은 '방사능 괴담'을 한층 강렬하게 만들었고, 당국을 대신해 '괴담'을 제압한 건 진위의 이분법적 결론에 강박

된 대중들이었다.

　사실 여부가 확실히 밝혀지기 전까지 '방사능 괴담'은 여러 버전으로 말을 바꾸며 타임라인에 빈번히 출몰했다. 시기는 3월 11일 이후 대략 보름 내외의 기간이었다. 그중에는 신뢰할 만한 내용도 있고, 웃자고 썼으나 별로 웃기지도 못한 낙서도 상당수였다. 단속하는 입장에서도 지질한 낙서와 진지한 뻥을 통틀어 일관성 있게 적용할 수 있는 기준을 세우기가 난감했을 것이다. SNS의 입소문을 둘러싼 소동이란 대개 이런 양상이다. 어쨌거나 앞서 말한 것처럼 '방사능 괴담(들)'의 이러저러한 내용이나 정보의 사실 여부를 둘러싼 갑론을박은 보름 이상을 못 버티고 타임 라인에서 휘발되어 버렸다. 그때의 말들을 굳이 여기서 다시 새겨들어야 할 필요는 없을 것 같다. 그렇더라도 3·11 이후의 세계에 대한 네티즌들의 온갖 예감을 '방사능 괴담'이 가장 기민하게 실어 날랐다는 건 예사로 치부할 일이 아니다. '방사능 괴담'은 그 내용이 사실이냐 거짓이냐를 놓고 요약 정리될 사건이라기보다는, 3·11 직후의 사회적 상상력의 네트워킹을 웹에서 확인할 수 있었던 문제적 사례로 주목받아 마땅하다. 아직 현실에 도래하지 않았으나 가능한 세계, 또는 가능성 자체를 말살 당한 우리 세계의 어떤 미래를 내다보는 상상력이, 괴담의 에너지 플로우를 따라 이미지와 이야기를 생성해냈다. 이 상상력은 '거짓말'이 '사실'의 짝패로 묶이기 전 스스로 거짓말인 줄도 모르고 마구 창궐할 때 제일 강렬하다.

　앞서 예로 든 '가블로'는 타블로의 삶을 파국으로 몰아붙였지만, 그가 겪은 곤경은 평범한 사람들에게서도 빈번히 일어나게 될 것이

다. 우리는 데이터베이스화된 자신의 반영과 실제의 자신이 엄청나
게 복잡한 관계로 뒤엉켜 있으며, 현실에서 육체를 가진 타인과 맺
는 관계 이상으로 최선의 배려와 기술을 필요로 하게 될 것이라는
걸 차차 배우게 될 것이다. '타진요' 사태는 다신 일어나선 안 될 일
이 아니라 반복될 패턴의 아직 익숙해지지 못한 경험에 불과하다.
이 또한 우리가 대면해야 할 또 다른 양상의 웹의 불확실성이며, 우
리가 감당해야 할 거대한 비인[非人]의 타자성이다.

인터넷은 본래 미국 국방성에서 개발된 군사용 통신 네트워크
에서 유래한다. 당연한 말이지만, 신뢰할 수 있는 무기의 덕목에 '불
확실성'이 포함될 리 없었다. '웹'이 세상 전부와 접속할 기세로 몸집
을 불릴수록 자신이 탄생하는 순간부터 시작된 패러다임의 제약이
성장에 제동을 건다. 하지만 억압에 순순히 굴종하기엔 월드와이드
웹은 게걸스럽기 짝이 없는 괴물이다. 더 접속할 수 있는 지점은 어
디에 있는가. 지금의 진실보다는 언젠가 진실이 될지 모를 거짓말
의 다발에 접속할 수 있다. 이미 현실이 된 정보가 아니라 언젠가 현
실이 될지 모르는 정보의 다발, 그리고 팩트와 픽션, 진실과 거짓말
가운데 어느 편으로도 결정되지 않는 순수한 잠재성의 차원에도 접
속할 수 있다. 어쩌면 접속의 행로는 이미 만들어져 있는지도 모른
다. 선택의 몫은 인터넷이 아니라 우리에게 달렸다. 우리는 익숙한
경로를 벗어나 그 길을 걸어갈 수 있을까.

이것은 인터넷을 그 출발점에서부터 다른 방식으로 재발견하고
다시 발명하는 모험의 권유다. 앞서 신문물검역소의 교훈이 일러준
것을 상기하자. 웹의 익숙한 용도에 상상력을 제약당할 때가 아니

다. 전자상거래나 이메일, 블로깅을 하는 대신 마음껏 거짓말을 쏟아 부을 수 있는 웹을 맞이하자.

웹의 불확실성은 퇴치되어야 할 '버그'bug가 아니다. 거짓말쟁이 웹은 우리 앞에 불확실성의 차원을 열어젖히고, 온갖 언설에 내재한 가능성과 잠재성의 영역에 접속할 기회를 제공할 것이다. 동시에 더욱 복잡하고 거대해진 웹을 활용하는 방법과 용도 또한 근본적으로 재발명되어야 할 것이다. 그렇지만 적지 않은 사람들이 이런 변화를 불쾌하게 여길 게 뻔하다. 거짓말쟁이 웹은 정보자본주의가 결코 필요로 하지 않는 흉기로 간주할 수조차 있다. 그러나 바로 그런 성질 때문에 다른 세계에의 가능성을 훨씬 더 발랄하게 소통할 수 있는 네트워크가 구축될 명분도 확실해진다. 체제의 내부에 구조화된 '웹'으로부터 '외부'를 구성하기. 이 또한 그동안 줄줄이 퇴치되었던 '버그'의 가능성이다.

'명제 공간'이란 무엇인가?

나는 조금 전 기존의 '웹'에 경합할 새로운 종의 '웹'을 '거짓말쟁이 웹'이라 불렀는데, 그게 도대체 누가 누구에게 하는 '거짓말'이라는 것인지 설명이 더 필요하겠다. 왜냐하면 어떤 이에게 '거짓말'인 명제가 또 누군가에게는 '진실'일 수 있으며, 한 개인의 차원에 한정하더라도 상황과 심경의 변화에 따라 '거짓말'이 '진실'로 번복되는 일은 허다하기 때문이다. 이렇게 되면 '거짓말쟁이 웹'에 접근하는 자가 (어떤 시간과 상황 속의) 누구이냐에 따라 '웹'은 다른 성질의 얼굴을 내밀게 될 것이고, '거짓말쟁이 웹'이라는 별칭도 때에 따라 궁색해질 수 있다. 그러나 정확히 같은 맥락에서 기존의 '웹' 역시 얼마든지 '거짓말쟁이 웹'으로 낯설게 볼 수 있다. 어떻게 이런 아이러니가 가능한 걸까. 그것은 '거짓말쟁이 웹'을 구동시킬 수 있는 장치가 다름 아닌 우리의 '뇌' 속에 있기 때문이다.

우리는 인터넷에 접속하면서 쌍방향의 액세스를 수행하게 된다. 전자적인 플랫폼에 입출력되는 '웹'의 데이터베이스와 자신의 '뇌'에 깃든 데이터베이스 양방향으로의 가동이다. 둘은 상동성을 이뤄 기능하며 공진화co-evolution한다. 물론 이 기술의 원형은 뇌로부터 시작되었다. 튜링Alan Mathison Turing이 컴퓨터 이론과 인공지능 연구의 기초를 구상하던 1930년대 이래로 컴퓨터 과학의 발달은 뇌의 능력을 공학적으로 재이해하는 과정이었다고 해도 과언이 아니다. 그렇다면 지금까지의 성과는 과연 최선이었다고 평할 수 있을까? 이진법 회로의 한계는 언제쯤 극복될 수 있는 걸까? 우리는 지금 뇌에게 묻는 중이다. 뇌가 자신에 대한 기계의 잘못된 이해를 교정해줄 수 있을지 모른다.

나는 이 기획의 개념적 원안자로 (애플의 창업자 스티브 잡스 같은 사람은 태어나기도 전인 1947년에 이미 사망한) 하버드의 형이상학자 알프레드 화이트헤드Alfred North Whitehead를 지목한다. 그는 '명제'proposition를 전통논리학자들과는 전혀 다른 방식으로 이해했다. 놀랍게도 그의 생각은 '웹'에서 명멸하는 수많은 '명제'를 사유하는 새로운 관점으로 전용轉用할 만한 것이었다.

화이트헤드는 '경험'을 엄청나게 거대한 넥서스nexus 6들의 결집체로 이해했다. 이 세계는 매우 복합적이고 중층적인 구조를 이루고 있어서, 이를 파악하려는 어떠한 '명제'도 명석 판명한 이해에 이를 수 없다. 그렇다면 모든 '명제'는 운명적으로 틀릴 수밖에 없게 되어 있는 걸까? 화이트헤드는 이런 질문 자체가 잘못되었다고 지적한다. 일차적으로 '명제'는 판단의 대상이 아니라 흥미로움의 대상이기 때문이다.

화이트헤드는 '명제'를 존재의 범주들 가운데 하나로 상정하면서 이 개념을 논리학과의 상관 굴레에서 해방했다. 그는 '명제'의 기본적인 기능이 판단의 내용이나 문장의 선先 언어적인 의미가 되는 데 있다는 전통적인 견해를 수정하고, '명제'의 일차적 역할은 존재의 자기 구성 과정에 던져지는 유혹lure이 된다고 설명했다. '명제'란 우리의 지각과 정신 상태 속에 주어지는 여건들을 지칭하는 것이 아니라, 임의의 경험 주체에 유혹으로 주어지는 독특한 여건들을 지칭하는 집합명사라고 재정의했다.

그동안 우리가 관성적으로 이해해온 '명제'는 엄밀히 말해 '명제'가 아니라 '판단'에 불과했다. '명제'를 진위의 대상이라는 한 기능에 한정해 이해하게 되면, '명제'와 '판단'을 구분하지 못하는 오류를 범하게 된다. 명제는 진위의 대상이 아니라 느낌의 미끼이기 때문에, 어떤 한 '명제'는 현실적 세계와의 일치 여부에 따라 참 또는 거짓일 수 있다. 하지만 그 명제가 현실적 세계와 일치하지 않는다 해서 거짓이라고 단정 지을 수도 없다. '명제'는 이진법을 초과해 존재하기 때문이다. 즉물적으로 생각해보면 거짓 명제는 틀렸기 때문에, 현실적으로 아무런 쓸모가 없다. 그러나 종종 세계가 실현된 사태를 넘어 새로운 사태로 전진해가는 길을 터주기 때문에 참인 명제보다 더 중요한 역할을 한다. 화이트헤드 철학의 저명한 주석가의 한 사람인 셔번D. W. Sherburne은 다음과 같은 예를 들어 설명한다.

어떤 도시에 사는 많은 사람이 그 도시 중앙에 빈터가 있다는 것을 인식하고 있는데도 오직 한 사람의 진취적인 기업가만은 〈저 모퉁이에 있는 식당〉이라는 말로써 지칭되는 명제를 긍정적으로 파악하는 수가 있는 것이다. 그가 처음으로 그 명제를 파악하는 순간에 있어서 그 명제는 거짓이다. 그러나 이것은 그 명제에 있어 중요한 것이 아니다. 느낌에 대한 유혹으로서의 그 명제는 그 기업가로 하여금 그 땅을 사서 식당을 짓도록 할 수가 있다. 이것이 명제의 중요한 기능이다. 그러므로 명제는 새로움으로의 전진을 위한 길을 열어 주고 있는 것이다.7

'명제'는 그것이 간직하고 있는 가능태와의 관련성에 의해서, 그것을 느끼는 주체로 하여금 완고한 현실적 여건의 제약에서 벗어나 새로움을 실현할 수 있는 동기로 기능한다. 그렇다고 '명제'가 무한정한 가능태와 관계하는 것은 아니다. '명제'는 특정한 현실태에 초점이 맞춰져 있는 한정적인 가능태라는 점에서 현실태의 특수한 결정성과 가능태의 미결정성을 함께 지니고 있는 복합적인 존재이다. 예를 들어 '명제'는 다음과 같은 구조를 내포한다.

명제는 저것이 벽이고 하얀 것일 수 있는 가능태, 또는 이것이 책상일 수 있는 가능태, 그것이 내 딸아이의 검은 머리카락일 수 있는 가능태이다. 그래서 화이트헤드를 따르면 명제는 "특정한 현실태들에 관해 말해질 수 있는 이야기"이다. 여기서 저것, 이것, 그것은 현실태의 결정성을, 그리고 ~일 수 있음은 가능태의 미결정성을 각각 대변한다.[8]

'명제'는 새로움의 원천이다. 또한 인식과 의식은 모두 명제에 대한 느낌을 전제로 한다. '명제'는 지성적 인식과 의식을 탄생시키는 토대이다. 그렇지만 가능적인 사태로 존재하는 명제는 임의의 경험 주체에 의해 파악됨으로써만 실현된다. 들뢰즈와 가따리는 이 파악이 결국 두뇌에서 이뤄지는 일이라고 직설한다. 두 사람은 화이트헤드와 달리 정보자본주의가 세계와 인간을 어떤 식으로 황폐화하고 있는지 목격한 세대에 속한다. 그리고 이 세계의 폭력에 저항할 근거지를 우리의 신체에 마련해야 함을, 특히 우리의 뇌에서 길어 올릴 수 있는 무수한 무기에 대해 역설했다.

두뇌는 정신의 그 자체이다. 그와 동시에 두뇌는 주체 아니 차라리 화이트헤드의 표현대로 '자기초월체'superject가 되며, 개념은 창조된 것으로서의 대상, 사건 내지는 창조 자체가 되며, 또한 철학은 개념들을 지탱하며 두뇌가 설정하는 내재성의 구도가 된다. 그리하여 두뇌의 운동들은 개념적인 인물들 또한 배태하게 되는 것이다.[9]

'웹'에서 당신은 수많은 '명제'를 읽는다. 혹자는 당신이 클릭하

는 페이지들을 '사이버스페
이스'라 부르지만, 나는 철
저히 화이트헤드적인 의미
에서 '명제 공간'이라 명명
하려 한다. 어떤 '명제'의 현
실태의 결정성과 가능태의
미결정성은 당신이 어떠한
'경험 주체'이냐에 따라, 다
시 말해 매 순간의 '당신'의
사건들을 매개로 달리 통일

삼성이 2008년 아이폰 대항마로 출시한 옴니아는 기대 이하의 성능에 고장까지 잦았다. 분노한 소비자들은 이 제품을 '옴레기'(옴니아+쓰레기)라 부르며 조롱을 퍼부었다. 옴니아가 출시됐을 때 삼성의 광고 문구는 "전지전능"이었다. 그 후로 새로운 신제품이 계속 출시됐지만, 최신 스마트폰만 가지면 은하수라도 넘나들 수 있을 것처럼 설레발치는 마케팅은 여전하다.

될 것이다. 그러나 오해하지 말길. 평지를 순탄히 흐르는 물처럼 그저 어떻게든 생겨나기 마련인 일을 두고 의미를 찾으려는 게 아니다. 가능태의 주름 속에 숨겨져 있는 것들을 움켜쥐려는 강렬한 욕망, 새로운 개념에 가열된 한껏 들뜬 지성, 그리고 그 모든 강렬함의 리듬이 쉽게 중단되지 않고 갈증이나 식욕, 성욕에 들린 사람처럼 게걸스럽게 계속되는 '읽기/살기'를 확인하고 싶다. 이때 '명제'들과 대면하고, 이에 유혹당하고, 그것의 가능태가 당신의 육체에 깃들어 실천으로 격발되는 선택의 연쇄를 우리는 '문학'이라 부를 수 있지 않을까. 소설 속의 주인공은 문장에 휩싸여 우리의 의식에 현상하지만, 당신은 미지의 '명제'들을 관통하며 자신의 삶을 예술로 만들 수 있다.

삶을 바꿀 수 있는 것은 '웹'이 아니라 우리 자신의 육체와 뇌의 역능이다. '웹'으로 이 세계를 새롭게 변화시킬 수 있다는 막연한 기대 따위 우습기 짝이 없다. 우리는 기업의 광고 카피에 지나치게 중독된 모양이다. 정보자본주의에 집적된 '웹'은 당신을 체제의 풍경을 구성하는 작은 픽셀 하나로 패턴화 하고 말 것이다. 매일 비슷비슷한 사이트를 오가며 시간이나 죽이는 클릭질을 두고, 당신이 무슨 은하수라도 넘나드는 것처럼 설레발치는 나르시시즘의 권장에 속지 말아야 한다. 우리가 재발견하고 다시 발명해내려는 '웹'은 저들의 '웹'보다 더 광대하지만 아무 쓸모없는 세계다. 하지만 그 쓸모없음을 통해 깨달을 수 있다. 진정 무엇인가를 창조해낼 수 있는 핵심적인 맹아는 다름 아닌 우리 자신이라는 것이다.

'웹 3.0'의 재정의

일반적으로 IT 업계에서는 단순한 웹사이트의 집합체를 '웹 1.0'으로 보고, 웹 애플리케이션을 제공하는 하나의 완전한 플랫폼으로의 발전을 '웹 2.0'으로 지칭하고 있다. 하지만 '웹 3.0'은 아직 완전히 도래하지 않은 단계로 보는 것이 중론인데, 그런 만큼 '웹 3.0'이 어떤 형태로 실현될 것인가에 대한 구상에는 여러 입장이 교차한다. 그러나 웹의 형태 변환이나, 비약적인 속도 상승, 인공 지능화, 응용 프로그램의 세분화, 최적화된 개인 맞춤 프로그램처럼, '웹 3.0'으로의 발전이 결국엔 기술 발전으로 견인되리라는 점에서 IT 업계는 같은 전제를 공유하고 있다.

그들이 전망한 것처럼 컴퓨터 기술은 첨단의 첨단을 덧세우며 발달할 것이다. 하지만 과연 우리의 의식도 그 기술에 대등하게 겨룰 수 있을 만큼 고양될 수 있을까? 귀에 선 IT 용어가 하룻밤 사이에 유행어가 되고 새 시대의 진입이 가까웠다고 모두가 밑도 끝도 없이 흥분할 때, 그 이면에 죽으라고 바뀌지 않는 현실은 무엇일까? 2010년대에도 맑스의 전언은 여전히 유효하다. 경제적 토대가 상부 구조를 규정한다. '웹 1.0'이건 '웹 2.0'이건 우리 사회는 표층만이 변했을 뿐이다. 2010년대에도 인터넷은커녕 자신의 컴퓨터도 갖지 못한 사람들이 전 세계를 통틀어 수억 명에 이른다. 그렇다고 그들이 웹 진화에 이바지할 게 없는 열외의 존재로 취급되어야 할까? 웹 3.0은 이미 가진 게 많고 더 많이 가지려는 자들의 화려한 가상 세계가 아니라, 그들에게 멸시당하고 착취당하고 있는 이들과 더불어 모색되어야 할 삶의 장소로 지향되어야 한다.

위에서 제안했던 '거짓말쟁이 웹'이나 '명제 공간'으로서의 사이버스페이스의 재명명은 기술의 발전이 아니라, 우리 의식의 확장과 각성을 통해 뒤늦게 낯설게 보이기 시작한 '웹 1.0'과 '웹 2.0'의 다른 실체다. 그리고 그 실체와 상대하는 법을 배울 수 있는 오래된 매뉴얼, 즉 '문학'과 '예술' 그리고 '철학'이 재발견되는 장이 '웹 3.0'이 될 것이다. 여기에 접속하기 위해 반드시 필요한 것은 최신 컴퓨터와 초고속 통신망이 아니다. 정보자본주의의 타자들과 더불어 행복해질 수 있는 세계를 욕망하며, 그 목표를 위해 마땅히 해야 할 일을 기어코 해낼 수 있는 당신의 신체다.

6장

신체와 제로

'글쓰기'와 '작가'가 시작되는 영점(零點)에 관하여

기타로 오토바이를 타자
수박으로 달팽이를 타자
메추리로 전깃불을 타자
비눗방울로 집을 짓자
송충이로 장롱을 안아보자
김치로 옷을 지어 입자
— 산울림, 〈무지개〉(지구 레코드, 1997) 2번 트랙

미립자의 사운드스케이프와 백지白紙

내 방에서 오랫동안 자리를 차지하고 있던 사물들이 이젠 낯설다. 저것들은 어째서 늘 뻔한 사운드스케이프의 상태로 한결같이 유지될 수 있는 걸까. 테이블과 침대 그리고 수도꼭지와 그 위에 매달린 거울을 잇는 침묵의 행렬은, 그것들을 새삼스럽게 쳐다보고 있는 내 침묵과 대칭을 이루며 '선택조차 아니었던 것들의 상태'를 고스란히 드러내고 있다. 이게 내 방에서만 벌어지는 예외일 리 없다. 이를테면, 데모가 사라진 광장의 고요를 뒤늦게 낯설어하게 될

날이 머지않았는지 모른다. 나는 내 선택에 대해서뿐만 아니라 선택조차 아니었던 것들의 목록을 온전히 복기할 수가 없었다. 어떤 반복이 반복이 아니었던 맨 처음 순간의 진상은 짐작도 못 하겠다. 이 망각과 무감각의 공백이 나에게 의미하는 것은 무엇일까. 당장 이 침묵에 대해서부터 캐묻지 않을 수 없다. 이 장소에서 어떤 소리가 가능하고 또 불가능한가. 나 자신에게 한 번 더 묻는다. 지금 여기서 나는 어떤 리듬과 진동을 욕망했고, 반대로 생각해본 적조차 없었던가? 시작부터 엉뚱하게 들릴 테지만 이것이 '글쓰기'와 '작가'를 화두로 고민하던 중 맨 처음 돌파해야 했던 질문이었다. 함께 샛길로 돌아 걷기를 청한다.

소리는 언제나 '소리＋듣기'의 문제이기 때문에, 어떤 소리든 누구의 몸에 반응하는 감각이며 어떻게 지각의 산출에 이바지하는가를 따져 묻는 것은 마땅하다. 이 작업을 위해 사물과 신체의 관계를 역추적할 수 있는 목록이 필요하다. 아마도 누구나 활동의 제한된 순열 안에서 일상적 동선은 반복되고 있을 뿐만 아니라 그 활동 범위 역시 놀랍도록 편협하게 구획되어 있음을 발견하게 될 것이다. 예를 들어 손도 안 닿는 천정의 표면은 대개 고요할 테고 발바닥과 엉덩이가 맞닿는 바닥은 분주하게 부스럭거릴 것이다. 나를 둘러싼 사운드스케이프는 내 몸에서 가능했던 사건(들)을 증언하고 있다. 사물과의 관계를 다르게 구성하고, 이를 통해 다른 동선과 리듬, 진동을 실현한다면 사운드스케이프도 당연히 달라질 게 분명하다. 다시 말해 신체가 '소리'를 조율할 수 있다.

비단 소리만이 아니다. 매체의 변화 역시 언제나 여기에 관계하는 '신체(들)'과의 역학을 통해 이해해야 한다. 스웨덴의 올라 시몬손Ola Simonsson과 요한 스탄 닐슨Johannes Stjaerne Nilsson이 2001년에 발표한 단편영화 〈하나의 아파트와 6인의 퍼커셔니스트를 위한 음악〉Music for One Apartment and Six Drummers 1 역시 같은 주제를 다루고 있어 소개한다. 이 영화는 9분 30초에 걸쳐 단 한마디의 대사도 없이 소리만으로 이른바 '뮤지컬 테러리즘'musical terrorism을 정의한다.

줄거리는 간단하다. 6인의 테러리스트가 빈집에 무단 침입한다. 그리고 경직돼 있던 사물의 사운드스케이프를 해방한다. 양파 깎기와 칫솔, 전기면도기와 헤어드라이어, 면도거품과 실내화, 스탠드 덮개와 아스피린이 악기로 변용된다. 각각의 소리를 떼어놓고 들으면 보잘것없는 소음에 불과하지만, 이것들끼리 절묘하게 박자와 리듬을 이루자 일순간 음악으로 뒤바뀌 들린다. 연주가 고조될수록 집 안은 점점 난장판이 된다. 책장에 꽂혀 있어야 할 책은 바닥에 내팽개쳐지고 부엌과 화장실도 본래의 질서를 잃는다. 이들 뮤지컬 테러리스트의 세계에선 무엇이든 악기가 아닌 것은 없으며 연주도 언제 어디에서든 가능하다. 일단 연주가 시작되면 소리 입자의 빠름과 느림이 이루는 복잡한 관계 속에서 악기로서의 매체와 연주자의 신체를 구분 짓는 경계는 불분명해진다. 이건 온통 음악이다. 양자兩者의 관계가 뿜어내는 에너지, 극대와 극소의 문턱을 오르내리는 강도의 차이만이 오로지 문제적이다. 곤두박질치는 극소의 순간은 집주인 부부가 산책에서 돌아올 때였다. 영화도 이 순간 덜컥 끝나버린다. 연주는 그보다 몇 초쯤 전에 매듭을 지을 수 있었지만, 집주인 부부와 테러리스트가 멀뚱히 마주 보는 사태를 피할 겨를은

스웨덴의 올라 시몬손(Ola Simonsson)과 요한 스탄 닐슨(Johannes Stjaerne Nilsson)이 2001년에 발표한 단편영화 〈하나의 아파트와 6인의 퍼커셔니스트를 위한 음악〉(Music for One Apartment and Six Drummers). 이 영화는 9분 30초에 걸쳐 단 한마디의 대사도 없이 '소리'만으로 이른바 '뮤지컬 테러리즘 (musical terrorism)'을 정의한다. 이 영화의 후속편이 2010년에 발표된 장편 영화 〈Sound of Noise〉이다.

없었다. 하지만 이들은 9분 30초 동안 시간을 예민하게 재면서 이 방에서 저 방으로 한 곡당 대략 2~3분 내외의 연주를 하며 옮겨 다녔다. 이들은 왜 그렇게 시간에 민감한 걸까. 뮤지컬 테러리즘의 음악이 도달할 수 있는 강도의 극대치는 잠잠히 경직돼 있던 전前 상태와의 차이를 되도록 또렷이 느낄 수 있을 때 도달한다. 그만큼 제한된 시간 동안 고조되고, 절정은 그보다도 짧게 유지된다. 그 시간이 이들에겐 경험적으로 2~3분 내외였던 모양이다. 이들은 집주인

과 맞닥뜨린 뒤에도 어떻게든 요령껏 도망쳐서 다른 미지의 장소에
서 연주를 계속할 것이다. 이들의 모험은 어느 한 장소에 정주해 전
개되지 않을 것이다. 리듬이나 박자를 헤아리기 어려운 소음에 연
주가 압도되어 버리더라도 어느 틈엔가 음악으로 다시 들리게 할
수 있다. 뮤지컬 테러리즘의 지평을 끌고 들어오지 않더라도 음악
은 원래 그런 것이다. 소음은 음악마저 가능케 하는 카오스모스이
기 때문이다.

이 영화에 담긴 9분 30초의 시간 동안 숨 가쁘게 확인할 수 있었
던 것은 '소리'의 속성을 닮은 삶이었다. '글쓰기'로도 뮤지컬 테러리
스트에 못지않은 삶의 변용을 기대할 수 있을까? 여전히 그리고 당
연히도 '신체'가 문제시된다.

우선 글쓰기와 관련해 진정으로 쟁점이 되어야 할 고민을 희석
하는 속류의 언설부터 따돌려야겠다. 그러니까 이런 이야기들. 근래
엔 소셜 네트워크나 태블릿 PC, 스마트폰 등의 정보통신기술 발달
에 고무되어 '글쓰기'의 새로운 풍속에 의미를 부여하는 논담이 유
행인 듯싶다. 하지만 대개는 근본적인 질문을 빼놓은 채 호들갑스
러운 마케팅 용어에 주파수를 맞추는 소모적인 담론에 불과하다.
광고는 충분히 차고 넘치니 다른 얘길 할 때도 됐다. 유행이 또 다른
유행을 낳고 기술이 혁신을 거듭할수록 지금 주목받는 첨단의 뉴
미디어 제품도 필연적으로 구舊 미디어의 그늘에 내려앉게 마련이
다. 이런 말에 부디 오해하지 않길 바란다. 지금 나는 월든 식의 체
념에 젖어 정보통신기술의 신제품을 깎아내리고 있는 게 아니다.
내가 원하는 것은 그런 상품이 촉발하는 것보다 훨씬 더 과격한 상

상력의 발휘다. 첨단 기술이나 대중적 유행, 신풍속에 열광하는 것만으로는 상상력은 진가를 맘껏 발휘할 기회를 잡지 못한다. '글쓰기'에 대해 우리는 특수효과로 뒤범벅된 CF 영상보다 훨씬 더 SF적으로 사고할 수 있다. 과장하려는 게 아니라 '신체'와 '글쓰기'라는 주제는 믿을 수 없을 만큼 SF적이다.

아이패드? 트위터? 페이스북? 이 모든 혁신과 유행의 계열을 형성해낼 수 있었던 근본적인 사건의 지평 혹은 창조의 조정자는 무엇인가? 바꿔 말하자면 무엇'으로' 새로운 글쓰기를 할 것인가를 묻기에 앞서, 무엇'으로부터' 새롭든 낡았든 글쓰기가 가능한지를 물어야 할 차례다. '신체'는 온갖 행동 능력의 변용과 범위를 가늠할 때 기점이 되는 영도^{零度}다. 글쓰기뿐만 아니라 음악과 문학, 철학과 영화 역시 신체'로부터' 가능한 능력들의 변용이다.

이 '신체'는 살과 피와 뼈가 뭉쳐진 물리적인 몸만을 가리키는 게 아니다. 고백하건대 이 글이 굳이 사운드스케이프에 대한 의문에서 출발해야 했던 까닭도 여기에 있다. 전술했던 사운드스케이프를 미립자 단위의 배율에서 다시 바라보자. 이 세계에선 공기 속을 휘몰아치고 서로 부딪쳐 박동하는 음^音의 입자와 내 몸뚱이의 세포를 이루는 입자, 감각과 사고를 전달하는 시냅스의 입자를 각각 구별할 수 없다. 그래서 미립자의 세계에선 오장육부로 기관을 나누고 몸의 내부와 외부, 정신과 육체의 경계를 긋는 일 따윈 애당초 불가능하다. 입자들이 쉼 없이 움직이고 관계와 속도, 에너지의 강도가 변하고 있어서, 시간을 멈추지 않고선 정의 가능한 어떤 실체나 주체의 상태를 포착할 수 없다. 이런 '신체'를 두고 '우리의 신체'라

쓰면 미립자 세계의 문법에선 틀린 표현이 된다. '신체'로부터 가능한 관계의 변용 가운데 '나', '너' 그리고 '우리'라 부를 수 있는 것들의 양태가 가능하다.

들뢰즈는 스피노자와 니체를 경유해 신체의 철학을 전개하면서 '내재성의 평면', '기관 없는 신체', '고름의 평면' 등의 다른 이름을 덧붙이길 즐겼다. 각각의 별칭이 환기하는 사유의 이미지는 '신체'로부터 창조될 수 있는 다양한 계열에 공명共鳴한다. 여기에 나는 '백지'白紙를 다른 이름의 하나로 추가해 본다. 물리적 실체로서의 종이를 가리키는 게 아니라, '쓸 수 있는', '상상할 수 있는', '상상하고 싶어 하는', '쓰고 싶어 하는' 온갖 정념과 정동이 한 데 뒤엉켜 와동하는 '언어 신체'에 관하여, 나는 '백지'의 이미지를 떠올렸을 때 가장 강렬히 반응할 수 있었다. 그건 마치 빨라진 음악 비트에 심장도 함께 뛰는 증상과 비슷했다. 들뢰즈라면 이를 두고 신시사이저의 철학[2]이라 부를지 모르겠다. 이 또한 미립자들의 합주가 이뤄내는 뮤지컬 테러리즘이다.

신체는 그 무엇이든 될 수 있다. 그것은 동물일 수 있으며, 소리 신체일 수 있고, 영혼이거나 관념일 수 있다. 또 그것은 언어 신체일 수 있으며, 사회적 신체 또는 어떤 집단일 수 있다. 그리고 이 같은 관점에서 출발하여 우리는 어떤 한 신체를 구성하는 입자 간의 빠름과 느림의 관계 전체, 운동과 정지의 관계 전체를 신체의 경도라고 부른다. 또 우리는 변용시키고 변용되는 이중적인 자기 능력 아래에서 매 순간 어떤 한 신체를 채우는 변용 전체를 그 신체의 위도라고 부른다.

이런 식으로 하여 우리는 신체에 대하여 지도 제작을 하게 된다. 물론 이렇게 제작된 지도의 경도와 위도를 합친 전체는 언제나 가변적인, 그리고 개체와 집단에 의해서 끊임없이 개조되고 건설되며 재건설되는 자연이라는 평면, 즉 내재성의 평면 또는 고름의 평면을 구성한다.[3]

'신체'에 대한 이 모든 긍정과 찬사에도 정작 우리는 염세적인 불구로 살아가고 있는 건 아닌지 진단해 봐야 한다. 위의 인용문이 시큰둥하게 느껴졌을 수도 있다. 신체는 그 무엇이든 될 수 있다고? 그 무엇도 될 수 없도록 하는 강제, 특정한 한 존재의 상태에 머물러 있어야 하는 억압의 차트는 현실에 깨알같이 가득하다. 그럼에도 불가능한 것들 사이로 길을 그어나갈 수 있는 신체를 발명해야 한다. 가로막은 벽을 뚫고 성층권까지 뛰어오르는 SF를 운운하는 게 아니다. 오히려 '자기 특유의 불가능성'을 창조해낼 수 있는 신체를 발명해야 한다.

예를 들어 데릭 저먼에게는 영화를 만드는 삶을 포기할 수 없다는 것이야말로 그가 가진 특유의 불가능성, 특유의 무능력이었다. 그는 에이즈가 악화되면서 시력을 잃고 말았다. 모두가 시력을 잃은 영화감독은 영화를 만들 수 없을 거라고 예상했다. 하지만 데릭 저먼은 병마와 싸우면서도 영화를 매개로 새로운 삶의 실험을 감행한다. 1993년 작 〈블루〉Blue는 처음부터 끝까지 파란 화면 속에서 그의 목소리가 들리는 영화다. 앞서 언급한 뮤지컬 테러리스트들의 영화와는 또 다른 방식의 사운드스케이프다. 데릭 저먼은 평생에

모두가 시력을 잃은 영화감독은 영화를 만들 수 없을 거라고 예상했다. 하지만 데릭 저먼은 병마와 싸우면서도 영화를 매개로 새로운 삶의 실험을 감행한다. 유고작 〈블루〉(Blue, 1993)를 만들면서 그는 영화를 만드는 과정 자체를 누구도 시도한 적이 없는 방식으로 다시 개척해야 했다. 영화를 만드는 것과 동시에 여태껏 경험한 적 없는 새로운 삶을 창조해내야 했던 것이다.

걸쳐 파격적인 형식과 영상미를 뽐내는 작품을 여럿 만들었지만, 〈블루〉 한 편만큼은 오직 그만이 만들 수 있는 영화가 되었다. 물론 파란 화면에 소리만 들리는 영화쯤이야 눈 멀쩡한 감독도 얼마든지 따라 할 수 있다. 하지만 앞이 보이지 않는 상태로, 더구나 병세가 나날이 심각해져 하루하루 죽음과 사투를 벌여야 하는 상황에서 영화를 만들 수 있는 사람은 흔치 않다. 그는 영화를 만드는 과정 자체를 누구도 시도한 적이 없는 방식으로 다시 개척해야 했다. 영화를 만드는 것과 동시에 여태껏 경험한 적 없는 새로운 삶을 창조해내야 했던 것이다. 그런 의미에서 이 영화 자체는 매우 어려운 과정이 끝난 뒤 매듭을 지을 수 있었던 에필로그에 지나지 않는지 모른다. 그렇더라도 자기 특유의 불가능성을 획득한 작가의 지표로 이 영화의 푸른 색조는 누군가에게 삶의 영감을 일깨울 내리꽂히는 번개가 될 수 있다.

'작가'의 탄생도 신체의 발명과 동시적이다. 거기엔 진실을 구성할 수 있는 허위의 힘이 충만하다. 사건은 언제나 가상, 허위, 잠재된 것의 차원에서 맨 처음 솟구쳐 오른다. 아직 만나보지 못한 세상, 경험해보지 못한 관계, 새로운 주체성을 담은 상상의 인물이 그곳에 배태胚胎된다. 이런 신체(들)의 세계는 늘 낯설다. 그렇기에 늘 새롭게 출발할 수 있다. 오직 현실의 제약 안에서 가능한 것들만을 바라며 타인의 욕망을 대리할 뿐인 자들의 세계엔 도래하지 않는 전환점이다. 나는 그곳을 '작가'가 멸종된 세계라 부른다.

카오스모스를 위한 글쓰기

그렇다면 지금 이 시대는 '작가'가 멸종된 세계로부터 얼마나 멀리 떨어져 있는 걸까. 이런 작가들의 분투를 주목한다.

상상력과 창의력 그리고 자동인형automata에 관한 책인 김진송의 『상상목공소』(돌, 2011)에서 현대인과 기계의 관계가 도착적으로 왜곡돼 있음을 지적하는 대목을 읽었다. 우리를 둘러싼 경직된 사물의 질서가 무엇으로부터 구조화되어 있는가를 담담히 설명한 문장이었다. 김진송은 이미 '장 그노스'라는 필명으로 발표한 괴기도서[4] 『인간과 사물의 기원』(열린책들, 2006)에서 같은 주제를 가상의 앎과 허위적 앎의 교차를 통해 다룬 바 있다. 그리고 『상상목공소』에서는 '기계'를 소재로 새로운 변주를 펼친다. '기계'에 관한 김진송의 입장 가운데 가장 흥미로운 지점은 '내 기계' 만들기였다. 이 세계의 도착증을 조금이라도 덜 앓기 위한 김진송의 자기 처방이다.

사람들은 무수히 많은 기계를 만들었다. 세상에 나와 있는 수만 가지 기계들은 인간의 쓰임을 위해 존재한다. 하지만 모든 기계는 사람들에게 **일반화된 행동과 태도를 강요한다.** 자동차를 쓰기 위해 누구나 거의 똑같은 절차를 따라야 하고 컴퓨터를 쓰기 위해 거의 똑같은 방법으로 접근해야 한다. 하나의 기계는 많은 사람에게 도움을 주기 위해 만들어지지만 거꾸로 많은 사람들의 욕망을 채우기 위해 만들어진다. 자동차는 적어도 수십만 대가 팔릴 수 있어야 한 가지 디자인이 가능해진다. 아무리 많은 문물이 쏟아져 나오고 첨단기기가 출현해도 그 기계가 단 한 사람을 위해 존재하지는 않는다. (116~117쪽, 강조는 인용자)

기계는 인간이 규격을 정하고 생산하지만 인간의 삶 역시 기계에 의해 규격화되고 대량 생산되고 있다. 애플의 아이폰에 사용자의 위치·이동 정보를 수집하는 프로그램이 비공개로 내장돼 있었다는 사실이 밝혀졌을 때도, 그게 충격적이라기보다는 대량생산되는 어느 기계인들 사람의 신체에 개입하지 않는 게 있겠느냐는 체념부터 앞섰다.5 꽤 오랫동안 다들 이런 세상에서 살고 있다. 추문에도 불구하고 아이패드 신제품의 국내 출시 일에는 번화가의 애플 매장마다 신제품을 사려는 사람으로 인산인해를 이뤘다. 돈과 정보를 내주는 대신 그들은 신상품을 자랑할 수 있게 되었다. 이 거래가 부당하다고 실감하지 못하는 '신체'는 어떻게 구성되고 있는지 예의 주시해야 한다. 기계 작동 혹은 기계 소비의 매뉴얼이 일상의 동선, 리듬, 강도와 피드백하며 인간 각자의 특이성을 압도하는 일은 흔하디흔하다. 이때 '신체(들)'이 사라진다. 어떤 기계를 정해진 용도에 위반해 사용할 수 있는 신체, 다른 누구도 만들어 줄 수 없는 '내 기계'를 창조하기 위해 탐구하고 몰입하는 신체, 소비자가 '아닌' 신체, 국민이 '아닌' 신체, 정보자본주의의 통제사회를 숨 막혀 하는 신체, 그 모든 신체의 목록이 빠르게 말소되고 있다. 그래서 김진송의 '내 기계'인 '자동인형'은 작품 자체보다도 거기까지 이를 수 있었던 최초의 계기와 시행착오의 과정, 그리고 이 결과물로부터 촉발된 또 다른 삶의 탐구와 다른 실천이 더 의미심장하다.

목수 김진송이 '내 기계'를 만들어 상상력과 창의력을 한껏 펼칠 수 있는 '신체'의 해방을 꾀했다면, 기계비평가 이영준은 '기계'의 거짓말을 감별해 기계 신화의 영향력을 무장 해제하는 전략을 취한다.

기계는 다른 방법으로 인간을 속인다. 그것은 구조와 투명성의 관계를 통해서다. 오늘날 한국에서 누드전화기 등으로 불리는 아주 특수하고 촌스러운 사례를 제외하면 20세기의 기계들은 그 구조를 들여다볼 수 없다. 이는 우연이 아니다. 기계는 자신의 진술구조를 보여주지 않기 위해서 겉을 감싸고 있는 것이다. 기계는 자신이 일하는 구조를 보여주지 않으면서 사람에게 기능, 혹은 작동이라는 깜짝쇼를 보여주는데, 덕분에 인간은 기계를 두려워하지 않게 되었다. 이것이 20세기의 기계가 지닌 신화의 구조이며, 이는 바르트가 말한 현대의 신화의 개념과 정확히 똑같은 것이다. 즉 어떤 진술을 가져다가 형식을 바꿈으로써 신화적 담론으로 만든다는 점, 그 담론은 원래 자료가 되는 담론 위에 덮어 씌워져 있다는 점에서 말이다. 그리하여

기계는 구차하게 일하는 모습을 보이지 않으면서 어느 틈엔가 작동하고 있더라는 신화적 메시지를 담고 있게 된다.[6]

희극적으로 폭로된 기계의 실상 앞에서 또렷이 확인할 수 있는 것은 기계와 신체의 관계가 얼마든지 가변적일 수 있다는 사실이다. 다시 말해 이 둘은 서로 죽일 듯 적대할 수도 있고 한없이 우애로울 수도 있다. 그래서 이영준은 기계를 무시하는 초월적 도사가 되거나 뭐가 뭔지 봐도 모르고 설명해줘도 모르는 기계치 양쪽 모두 되지 말 것을 권장한다. 왜냐하면 기계와 신체를 둘러싼 다중의 싸움이 전혀 만만치 않게 전개되고 있기 때문이다. '기계'를 생산과 소비의 사이클 안에 묶고 그 존재의미를 용도와 가격에 한정 짓는 패러다임에 맞서는 싸움, 기계의 신화학이 '신체'를 억압하는 것에 대한 저항, 기계와 신체의 관계를 해방적으로 재구성하기 위한 모험이 서로 얽히고 섞이며 불화하고 있는 시대다. 이에 대해 IT 업계와 매스컴에선 '미디어 격변기'라는 용어를 더 선호하는 모양이지만, 이 말의 그림자에는 시대의 흐름을 잘 타 어떻게든 한 몫 잡아볼 궁리를 하는 경제 동물들의 얼굴이 우글우글하다. 왜 풀 네임을 제대로 적지 않는지도 의뭉스럽다. '미디어 격변기'는 원전이 폭발하고 세계금융위기를 겪어도 끄떡없이 계속되고 있는 '신자유주의 시대의 미디어 격변기'의 준말이기 때문이다. 미디어 격변기의 세속적 풍경이야말로 이영준이 위에서 지적한 기계의 신화를 뒤집어쓰고 있다. 자신을 숨기는 거짓말에 언제까지 속아야 한단 말인가? 그 거짓말의 이면을 직접 대면하고 맞서 싸워야 하는 게 우리 시대의 전선戰線

이다. 기계와의 비판적 동맹은 이 싸움에 맞서 싸울 수 있는 동력을 제공할 것이다. 가령 윈도 운영체제 독점에 맞서 전 세계에서 자율적으로 조직되고 전개되고 있는 리눅스의 오픈 소스 운동을 대표적인 사례로 꼽을 수 있다.

전문적인 엔지니어나 프로그래머가 아닌 아마추어도 반란에 동참할 수 있다. 요네하라 마리米原万里는 『발명마니아』(마음산책, 2010)에서 "좀스러운 발명으로 이 세상의 문제를 해결하겠다."(507쪽)라는 전투적 기세로 기상천외한 발명 아이디어를 무더기로 내놨다. 미군의 원자력 항공모함이 배치되는 것을 막기 위해 요코스카 항해저에 내진 구조 계산을 위조한 불량 건물을 쓸어 넣어 잠수함이나 항공모함이 들어오지 못하는 수심이 낮은 바다를 만들자는 과격한 제안이 있는가 하면, 세금을 낭비하지 않고 적은 비용으로 친환경적으로 인공위성을 쏘는 방법을 발명했다면서 초대형 물대포 발사법을 제안하기도 한다.

원리는 지극히 간단하다. 높이 200미터, 지름 50미터가량 되는 거대하고 두꺼운 양동이 모양의 받침대를 바다에 띄운다. 바닥에 수많은 사슬을 달아서 안에 바닷물이 들어오지 않는 아슬아슬한 깊이까지 양동이를 가라앉힌 뒤 사슬 한쪽 끝을 바다 밑에 고정한다. 혹은 바닥의 중량을 무겁게 만들어서 양동이가 적당한 깊이까지 잠기게끔 조정한다. 이 받침대가 발사대가 된다. 그전에 양동이 바닥 한가운데에 구멍을 뚫고 여닫이식 조정판으로 이 구멍을 막아놓는다. 판 위에 발사할 위성을 탑재하고 발사 신호와 동시에 판을 열면, 양동이 바닥에서 어마어마한 기세로 물이 뿜어져 나와 위성을 하늘 높이 쏘아 올려줄 것이다. 요컨대 초대형 분수나 물대포 같은 물건이다. (289쪽)

바람이 없다면 우리가 바람을 일으키면 된다는 게 요네하라 마리식 발명의 기본 이론이다. 그리고 세상을 바꾸고 싶다면 현실을 탓하며 아무것도 하지 않는 대신에 새로운 세상에 대한 꿈만이라도 사람들과 열렬히 공유해야 한다는 게 그녀의 진정성이다. 그래서 요네하라 발명 컬렉션이 과학적으로 불가능한 일이거나 일부 아이디어는 재앙에 가까운 부작용을 가져올 수 있음에도[7] 그 발상에 전제된 비전에 대해서만큼은 감동적으로 공감하게 된다. 요네하라 원더랜드에선 환경오염이나 자원낭비, 계급갈등과 인종차별, 전쟁, 부정부패, 빈부격차, 독재와 폭력, 내진설계 불량과 핵 추진 항공모함이 얼씬거릴 수 없다. 이 세계는 그저 작가의 머릿속에 어른거리는 하나의 가상에 지나지 않는 게 아니다. 이런 가상을 품을 수 있는 '신체'로부터 방사되는 행동 능력의 계열엔 비루한 세상을 바꿔나가는 데 일조할 수 있는 실천이 싹틀 수 있기 때문이다.

이것은 작가 홀로 구석에서 자족적으로 몰두하는 실험이 아니다. '글쓰기'는 신체들 간의 정동의 전염을 일으킨다. 그렇더라도 어느 누군가의 변화를 두고 작가의 글쓰기 때문이었다고 인과 법칙 아래 간편히 묶어버리는 건 유치하고 졸렬한 사고방식이 아닐 수 없다. 작가의 글쓰기조차 순전히 작가 자신으로부터 비롯되지 않으며, 이질적인 관계의 변용들과 종횡으로 협업하는 이른바 다양체의 생성이기 때문이다. 정동의 전염 역시 다른 강도들과 교차하고 합성한다. '발명'과 '글쓰기', 그리고 이를 통한 '전염'은 더는 바뀌지 않을 것 같은 세계의 코스모스를 새로운 질서, 신체, 기계를 배태할 카오스모스 속으로 되돌려 놓는 협업인 것이다.

당신은 어떤 '신체'를 욕망하는가?

여기서 또 다른 사운드스케이프와 마주하려 한다. 지난 2월 28일부터 3월 4일까지 캘리포니아 롱비치에서 있었던 TED2011에서 에릭 위태커Eric Whitacre는 12개국 185명의 사람이 참여한 가상합창단 프로젝트를 소개했다.[8] 가상합창단에게 유튜브는 오디션장이자 연습실이었고 녹음 스튜디오이면서 최종적인 공연장이기도 했다. TED 강연에선 가상 합창단에 참여한 한 여성의 경험담이 소개되기도 했다.

가상 합창단원이 된다고 남편에게 말했어요. 그때 남편은 저에게 그런 소질은 없다고 했죠. 그 말에 몹시 상처받았어요. 눈물이 났지만, 남편이 뭐라고 말하든 합창단에 꼭 참여하고 싶었습니다. 전 합창단원을 한 경험이 없어요. 그런데 이렇게 함께 할 수 있다니 꿈만 같습니다. 제가 사는 곳을 구글 어스 맵에 표기했을 때 가장 가까운 도시가 400마일이나 떨어져 있는 것을 보았습니다. 제가 알래스카 오지에 살고 있더라도 인공위성은 저를 세계와 연결하게 해 줍니다.

가상 합창단의 영상을 볼 때마다 인터넷이야말로 에릭 위태커의 작품명처럼 우리 시대의 '빛과 소금'Lux Aurumque이 될 수 있다는 막연한 낙관주의에 마음이 기울곤 한다. 그러나 인터넷은 공간과 시간의 제약을 뛰어넘어 사람이 서로 만나 소통할 수 있는 유용한 방식의 하나일 순 있어도, 다른 모든 방식의 소통을 대체할 수 있을 만큼 결정적인 가치를 지니진 않았다. 오히려 인터넷에 대해서라면 사람에게 좀 더 친밀한 만남을 갈구하게 한다는 바로 그 점을 테크놀로지의 형식보다 인정해야 한다. 『가상 공동체 : 전자 개척지에 집짓기』(2000)의 저자 하워드 레인골드는 "수행해야 할 필요가 있는 대부분 것들은 면 대 면으로 직접 수행해야 한다. 시민 연대의 의미는 당신의 신체가 사는 속에서 이웃을 대해야 한다는 것을 의미한다."[9]고 지적했다. 트위터와 페이스북에서 아무리 많은 사람이 이 나라의 정치, 경제, 문화에 대해 논쟁하고 의견을 공유하고 있다 하더라도, 누구도 광장에 직접 나와 몸으로 세상과 부딪히려 하지 않는다면 소셜 네트워크의 실상이란 그저 말을 대량 소비하는 곳에 지나지 않을 것이다. 튀니지 재스민 혁명의 진정한 위대성 역시 혁명의 도구 가운데 하나였던 소셜 네트워크 따위에 돌릴 게 아니라, 부정한 권력을 향해 죽기를 두려워하지 않고 부딪힌 튀니지 인민들의 '신체'에게로 돌려야 한다. 그러니 사실은 인터넷조차 언제나 우리를 향해 묻고 있다는 걸 잊지 말아야 한다. 당신은 어떤 신체를 욕망하는가? 그 욕망은 누구와 더불어 실현될 수 있는가?[10]

이 고민에 도움이 될 만한 작품을 찾아봤다. 아돌포 비오이 카사레스Adolfo Bioy Casares의 『모렐의 발명』에 등장하는 주인공도 '신체'의

에릭 위태커(Eric Whitacre)와 가상 합창단. 12개국 185명의 사람이 참여했다. 가상합창단에게 유튜브는 오디션장이자 연습실이었고 녹음 스튜디오이면서 최종적인 공연장이기도 했다.

선택을 두고 고뇌한다. 그는 잘못된 법정 판결의 희생자로 수감생활을 피하고자 남태평양의 빌링스 섬으로 도피한다. 섬에는 박물관, 예배당, 수영장 등이 건설되어 있고 한때 주민이 적잖이 거주했던 곳이었지만 지금은 무인도로 변한 지 오래다. 전염병 때문에 섬사람이 몰살했다는 소문 때문에 누구도 얼씬거리지 않는 곳이다. 그는 빌링스에 적응하기 위해 갖은 애를 쓴다. 조수에 휩쓸리고 늪에 빠지고 모기에 시달리지만 어떻게든 버텨보려 했다. 식량도 늘 모자란 판이라 굶어 죽지 않으려면 통증과 고열에 시달리는 와중에도 사냥하러 다녀야 했다. 변변한 도구도 없이 말이다. 여기까지 그의 '신체'는 두 번의 변용을 겪는다.

그는 법정에 굴복해 죄수로 살고 싶지 않았고 필사적으로 국가권력의 바깥을 찾아 도망쳤다. 국가 안에 도망자가 도망자인 채로 정주할 수 있는 장소는 없다. 체포돼 감금되지 않기 위해선 도망자는 계속 움직여야 하고 타인의 시선을 피해야 한다. 주인공은 수감자의 삶뿐만 아니라 도망자의 삶에서도 탈주하고 싶었다. 그래서 외부와 고립된 빌링스 섬으로 들어가 죄수이자 간수이며 법관이기도 하지만 동시에 그 무엇도 아닌 '신체'로 거듭나려 한다. 그러나 이 과정은 고달프기 그지없다. 빌링스 섬의 혹독한 자연은 도망자의 적들이나 법정의 권위보다 훨씬 더 무시무시하다. 이 지점에서 주인공의 세 번째 변신은 이미 예고되어 있다. 그는 벌레에 물리고 상처가 곪아 터지고 고열에 시달리는 연약한 몸뚱이로부터 자살과는 다른 방법으로 탈주하고 싶어 한다. 그리고 그 방법은 오래전 빌링스 섬에 거주했던 수수께끼의 발명가 모렐이 이미 만들어 놓았다.

주인공은 습관적으로 '오스티나토 리고레'Ostinato rigore라는 문구를 되뇌는데, 이 말은 본래 어렵고 힘든 상황에서도 끈기 있게 행동한다는 뜻이지만 결국 혼자서 모든 것을 해결하는 수밖에 없다는 주인공 특유의 결벽증적 증환을 드러내는 구호이기도 하다. 『모렐의 발명』이 허깨비 영상을 상대하는 주인공의 독백만으로 이뤄진 이야기라는 건 무심히 지나칠 특징이 아니다.

아무도 살지 않는 줄 알았던 섬에 사람들이 나타나기 시작한다. 그런데 갑자기 나타난 사람들의 모습과 행동이 어딘가 이상하다. 그들은 똑같은 말과 행동을 반복하고 있을 뿐만 아니라 주인공 '나'의 존재를 전혀 느끼지 못한다. 그들은 아주 오래전, 사람들이 배를 타고 섬을 떠나기 전날의 영상 이미지였다. 모렐은 사람의 촉각, 체온, 후각, 미각의 이미지를 촬영해 영원히 상영될 수 있는 장치를 발명했다. 영사된 것을 보는 관객의 입장에서뿐만 아니라 이미지들 또한 스스로 살아 있고 의식적이라고 느끼게 되는 이른바 가상현실 제조기다. 모렐과 그가 사랑했던 여인 포스틴, 그리고 섬에서 일주일을 함께 살았던 사람들은 이런 식으로 영원히 빌링스 섬에서 살아간다. 그런데 이 모든 사실을 알게 된 주인공은 뜻밖의 선택을 한다. 그는 모렐이 남겨둔 기계의 작동법을 익혀 유령들의 세계로 탈주하려 한다. 그리고 그곳에서 새로운 신체를 얻길 욕망한다. 사이버 펑크물에 흔히 등장하는 설정인 육체의 죽음과 가상현실에서의 영생이라는 테마를 1940년에 발표된 이 소설에서도 마주하게 된다. 하지만 주인공의 영혼이 포스틴과 함께 있을 수 있는 세계로 진짜로 옮겨갔는지는 작가가 아무 말도 하지 않았다. 대신에 영사기의 빛을 쬔 신체가 점차 파괴되는 과정을 자세히 기록했다.

나는 내 죽음이 진행되고 있다는 사실을 거의 느끼지 못한다. 그것은 왼손의 세포 조직에서부터 시작되었다. 무척이나 크게 진전됐지만, 아직도 너무나 천천히, 통증을 느끼지 못할 정도로 너무나 지속적으로 진행되고 있다. 나는 시력을 잃어가고 있다. 촉감은 이미 사라졌다. 이제 피부가 벗겨지고 있고 감각은 불분명해졌으며 아프다. 그래서 나는 그것들을 생각지 않으려 애를 쓴다.[11]

『모렐의 발명』은 속류의 사이버펑크 소설과 달리 고립된 인간의 정신이 어떻게 병들고 파괴되어 가는가에 관한 이야기다. 이 소설에는 가상현실에 대한 광신보다는 그런 증환에 대한 연민이 가득하다. 주인공이 가상현실로 옮겨 갔다 치더라도 그의 몸은 정해진 순서대로 움직일 수밖에 없고 화면 안에 봉인된 채 한 걸음도 벗어날 수 없을 것이다. 그가 마지막에 선택한 신체는 다시는 탈주가 불가능한 최악의 감옥에 불과하다. 그렇더라도 주인공이 욕망한 '신체'는 연모해 마지않는 여인 포스틴과 함께 있을 수 있는 장소다. 이를 통해 『모렐의 발명』에서 정식화할 수 있는 명제는 다음과 같다.

함께 하면 행복해질 수 있는 이들과 공존할 '신체'를 우리는 욕망하고 있다. 세계의 비루함으로부터 해방될 수 있는 장소는 인터넷에 약속되어 있지 않다. 그런 해방은 오직 우리의 '신체'에서만 가능하다. 그 '신체'는 언제나 하나이면서 여럿이기에 고립되어 있지 않지만, 우리가 우리 자신에 대한 착각과 해로운 증환으로부터 벗어나기 위해선 많은 노력이 필요하다.

기타로 오토바이를 타자

　마지막으로 이 글의 제사題詞에서 인용한 노랫말에 관해 짧게 이야기해두려 한다. 글을 쓰는 내내 이 노래가 머릿속에서 윙윙거렸던 터라 나로선 이걸 빼놓고 마무리를 지었다간 뭔가 덜 이야기한 기분이 들기 때문이다. 산울림이 1997년에 발표한 13집 〈무지개〉에 수록된 「기타로 오토바이를 타자」는 원래 몰랐던 노래도 아니고 근래 특별히 계기가 있어 다시 듣게 된 것도 아니었다. 그저 라디오를 틀어놨다가 우연히 듣게 된 건데, 그때 나는 얼마 전 번역 출판된 제임스 발라드의 『크래시』Crash를 읽고 있었다. 이 소설은 (작가의 이름과 똑같은) 주인공 제임스가 자동차 사고를 계기로 알게 된 인물들을 통해 기계에 대한 극한의 페티시즘과 죽음충동이 뒤엉킨 기이한 성적 체험에 빠져든다는 내용이었다. "메추리로 전깃불을 타자"와 같은 김창완 특유의 과하게 명랑한 목소리가 들린 건 그러니까 이런 대목을 읽고 있을 때였다. 주인공과 헬렌 그리고 자동차가 서로의 신체에 뒤엉키며 섹스를 하는 장면이다. 그런데 여기에 김창완의 노랫소리까지 뛰어든 것이다.

　아폴로 우주선 안에서 처음으로 동성애 관계를 갖는 것처럼 이 좁은 공간은 낯선 합류점에서 만나 상호 작용하는 인간의 둥근 육봉과 얄팍한 조절막으로 꽉 차 있었다. 내 엉덩이를 짓누르는 헬렌의 풍만한 허벅지, 내 어깨를 꽉 누르는 그녀의 왼쪽 주먹, 내 입술을 덮친 그녀의 입술, 내 무명지로 쓰다듬는 그녀의 촉촉한 항문은 자애로운 테크놀로지가 만들어낸 물품들로 뒤덮여 있었다. 형틀에 찍혀 나와 계기판 다이얼을 가려주는 계기판 차양, 지금은 가려져 보이지 않지만 튀어나온 스티어링 칼럼, 화려한 사이드브레이크 손잡이가 바로 그런 것들이었다. 나는 푹근한 조수석 인조가죽 시트를 매만진 후, 헬렌의 회음부의 축축한 주름을 쓰다듬었다. (98~99쪽)

잔뜩 긴장된 그로테스크한 장면임에도 나는 정말 큰 소리로 웃고 말았다. 이런 반응이 제임스 발라드의 의도일 리 없겠지만, 그렇다고 김창완이 느닷없이 튀어나와 분위기를 망쳐버린 탓도 아니었다. 내 몸 안으로 뭔가 어울릴 듯 잘 어울리지 않는 강렬함이 한꺼번에 부딪히면서 반짝했다. 그것은 '작가', '기계', '신체', '글쓰기', '발명' 등의 키워드에 대해 낯선 기분으로 생각을 시작해 볼 수 있는 계기가 되었다.

비자발적으로 갑자기 옮겨간 출발점. 들뢰즈는 가장 철학적인 동물로 '거미'를 꼽은 바 있다. 거미는 '비자발적인 능력'을 동원해 철학을 한다. 그는 '자발적인 능력'에만 의지하는 사유는 사물에 집어넣은 것만을 사물로부터 끄집어내는 한계가 있다고 했다. 반면에 비자발적인 능력을 동원해 철학을 한다는 것은 우리가 발견해야 할 진실에 대해 아무것도 미리 알 수 없어서, 사소하게 던져진 기호를 단서로 삼아 온몸을 던져 해독하는 일이 된다. 그렇다고 이게 비장하고 투쟁적인 것은 아니다. '거미의 철학'을 하는 자를 달아오르게 하는 것은 '진실'의 개념보다는 '중요', '필요', '흥미' 와 같은 개념이기 때문이다. 그 개념들은 진실의 개념을 대신하기보다, 진실을 가늠할 수 있게 해준다. 거미에 관한 들뢰즈의 설명은 다음과 같다. 내 상상 속의 거미는 산울림의 락 사운드에 바르르 떨고 있다.

거미는 거미줄 꼭대기에 올라앉아서, 강도 높은 파장을 타고 그의 몸에 전해지는 미소한 진동을 감지할 뿐이다. 이 미소한 진동을 감지하자마자 거미는 정확히 필요한 장소를 향해 덤벼든다. …… 비자발적인 감수성, 비자발적인 기억력, 비자발적인 사유는 이런저런 본성을 가진 여러 가지 기호들에 대해 기관 없는 신체가 매 순간 보이는 강렬한 전체적 반응들 같은 것이다.[12]

이것이 '신체'가 우리를 영도하는 방법이자, 너와 내가 펜을 들어 백지에 달려들지 않을 수 없는 순간이다.

7장

우주문학과 동무들을 위한 합창

접속력 증폭을 위한 로우테크 문학

"사람을 먹은 일이 없는 아이들이 아직도 남아 있을지 몰라. 아이들을 구해라."
— 루쉰, 「광인일기」

우주문학의 검열관

우주에서 문학이 가능하다. 이것이 나의 슬로건이다. 모든 사람들이 알고 있는 것을 알지 못하고, (가령 '근대문학의 종언'이라든가) 모든 사람들이 인정하고 있다고 간주하는 것을 (이를테면 "소설은 결국 상품"이라는 식의 통념) 겸손하게 부정하는 그 누군가만이 우주문학을 가능케 한다.

하지만 대부분의 사람은 의식적으로든 무의식적으로든 우주문학의 검열관 노릇을 하고 있다. 어떤 평자들은 문단 문학의 내부 공모자들이야말로 타도해야 할 검열관, 억압자의 전형이라 지목한다. 그러나 어떻게든 그들을 물리치고 나면 억눌렸던 '문학'의 잠재성이 자유롭게 실현될 것 같은가? 이런 식의 바람은 중간에 한참 더 들어가야 할 필름을 뭉텅 잘라낸 밑도 끝도 없는 영화처럼 보인다. 우주문학의 또 다른 억압자가 그 삭제 분량 속에 있다면 가위질은 과연 누가 한 짓일까? 문단 문학의 대타자를 비판했던 자기 자신이야말로 파이널 스테이지의 최종 보스라면 어쩔 것인가?

문단 문학과 출판 자본의 비판자들이 지적한 것처럼 '작품'은 자본과 권력의 함수 속에서 상당한 제약에 처해 있는 게 현실이다. 하지만 이런 구조로부터 배태된 그렇고 그런 작품들의 묶음에 '문학'을 대응시킬 순 없다. 오히려 '문학'은 그런 묶음들의 성립과 불성립 모두를 산출하는 보다 복잡한 함수에 가깝다. '문학'에서 변이의 어떤 등급을 결정하는 여러 항의 관계를 통틀어 '나'가 제외되는 일도 생각하기 어렵다. 다시 말해 내가 '어떤 나'이냐에 따라 '문학'의 변화율도 달라진다.

너와 나의 상상력과 욕망이 옴짝달싹할 수 없도록 우주문학에 갑갑한 프레임을 두르고, 과잉되고 뒤틀리고 산산이 폭발해버릴 수도 있어서 더 아름다운 것들을 내버려두지 않고, '문학'에 대해 뭘 좀 아는 척 으스대면서 자르고 지우고 따분하게 교정하는 사람들, 그들의 반대자이길 자청하는 너와 나도 따지고 보면 한 패거리다. 우리 손에 들린 가위는 '문학'에 관한 온갖 이분법의 절취선을 따라 움직인다.[1] 짝패를 놓고 어느 한 편을 택하기 위해 셈하는 일의 깊이란 빤하기 이를 데 없다. 이런 일에 열을 낼수록 우리는 야바위 중독자를 닮게 된다. 그들은 게임의 룰 자체를 게임하려 들지 않기 때문에 계속 병든다. 마땅히 싸움을 걸어야 할 표적은 이분법을 성립시키는 전제이며, 우리가 진정 매혹될 만한 거리는 전제 이전에 쉼 없이 다른 강도로 명멸^{明滅}하고 있다.

지금 나는 '문학'에 관해 뭔가 꼬일 대로 꼬인 형이상학을 논하고 있는 게 아니다. 이분법의 전제에 대항해 치열한 싸움을 벌이는 일은 무려 형이상학쯤이나 되는 것도 아니기 때문이다. 오히려 전제들 없이 생각하는 바보 편에서 문학 하기. 벌거숭이 어린아이처럼 상식이나 조리라곤 없이 마구잡이로 궁금해 하고 지껄여대기. 부디 자신만이 보여줄 수 있는 무자비한 편견, 사유의 무능력을 드러내길 망설이지 말자. 가라타니 고진으로 전깃불을 타고 조정래로 버선을 신고 황석영으로 장롱을 안고 신경숙으로 옷을 지어 입을 방법을 궁리하면 뭐 어떻단 말인가. 소설로 빈대떡을 부치고 시로 레게 파마를 하고 희곡으로 똥바다에 간척사업을 하고 평론으로 스트립쇼를 하자. '문학'을 모두 다 알고 있거나 반드시 해야 하는 말과 행위, 일체의 고루한 관념과 이미지에서 시작하지 말고 도리어 그것들을 철저히 농락하고 따돌려 버리자. 우주에선 그 모든 게 가능하니까.

하지만 또 다른 중력이 우릴 세속의 지상으로 끌어내린다. 소설은 재밌어야 하고 잘 읽혀야 하며 소비자의 니즈^{needs}를 외면해선 안 된다고 주문하고 주장하는 이들이 있다. 나는 이 말이 틀리지 않았다고 생각한다. 다만 그게 소설에 대해 기대할 수 있는 전부라고 착각하는 사람이 있다면 도저히 참아줄 수 없을 것 같다. 그렇다면 그들이 틀리지 않은 건 또 무엇일까?

지금처럼 한국 소설이 독자의 외면을 받는다면 악순환을 멈출 방법이 없다. 독자가 읽어주지 않으니 팔리지 않고, 그래서 한국 소설을 출판하고 지원하는 회사의 수가 줄어들게 되면 작가들이 활동을 지속할 수 있는 기반은 날로 협소하게 된다.[2] 이미 작가로 인정받은 사람들뿐만 아니라 앞으로 작가가 되려는 독자 모두에게 불리하고 치명적인 상황이 아닐 수 없다. 독자의 궁극적 욕망은 작가가 되는 일이란 말이 있다. 그 욕망의 실현 가능성을 끌어올리려면 그 나라 사람이 쓰고 읽을 수 있는 작품이 출판시장에서 독자 일반을 상대로 성과를 내는 일을 무시해선 안 된다. 모두가 상품이 될 만한 작품만 쓰는 건 끔찍한 일이지만 아무도 상품이 될 만한 걸 써내지 못하는 상황 역시 문학의 생태계와 글쓰기의 종 다양성의 균형엔 위기를 초래한다. 시장은 한편으로 창작에 거대한 억압기구처럼 작동하기도 하지만 온갖 욕망을 빨아들이고 실현하는 내재적 체제이기도 하다. 이 두 가지 성질은 시장 안에서 때로 매우 모순적으로 양립한다. 시장에서 유통되지 않더라도 자족적인 문학 그룹에서 자기 소설을 쓰고 서로에게 독자가 되어주는 방법도 꽤 근사하긴 하다. 실제로 그런 창작 공동체가 인터넷을 기반으로 적잖이 활동하고 있고[3], 문학상을 받거나 대형 출판사에서 책을 낸 배명훈, 김이환 등의 작가도 이곳 출신이다. 유수의 인기 드라마 원작도 최초 텍스트는 어느 사이트 게시판에 발표됐다. 출판 자본도 날로 시시해지는 문단 문학보다 제도권 바깥의 글쓰기에 주목하고 있다. 그래서 이들 공동체가 순정하고 자족적인 형태로 시장의 외부에 있었다고 보기는 어렵다. 안과 바깥의 경계는 유동적이다. 작가로서도 시장의 안과 밖을 총망라해 자기 문학을 독자와 소통하고 증명 받을 수 있는 진로를 다원화해야 한다.

이 모든 시도가 결과적으로 자본의 속도에 허겁지겁 걸음을 맞추는 일처럼 보일 수 있다. 그렇지만 '소설'에 대해, 아울러 '문학'에 대해 거듭 '그리고'라고 되물으며 또 다른 동선動線, 또 다른 표현과 소통, 아직 도달해본 적 없는 성과를 욕망하고 실천할 수 있다. '문학'은 자본주의와 마찬가지로 자신의 한계를 계속 밀어붙이면서도 다음 단계에서 여전히 그 한계와 마주치게 되는 체계이기 때문이다. 그러니 문학주의자들의 할렐루야인 "문학다운 문학" 그리고 출판사 사장님들의 아멘인 "대박"으로부터 엇나가고 때로 교차할 수도 있는 무수한 샛길을 긋는 일이 중요하다. 시장의 법칙과 간계하게 협력하는 일과 그들의 질서에 단호히 투쟁하는 일 그리고 내 우주의 특이성을 생성하고 증폭하는 과제는 접점 없는 평행선이 아니라 서로를 향해 휘어질 수 있고 접히거나 펼칠 수도 있는 분열적인 네트워크의 각 거점이다. '문학'을 위해서 그렇게 할 수 있는 게 아니다. 너와 나의 욕망은 '문학'을 포함해 생生에 잠재된 온갖 사건을 게걸스럽게 탐할 수 있다. 그 모든 욕망의 대기에서 '문학'에의 지향은 포만감보다는 허기의 문제로 점철되어 있다. '문학'은 겨우 '문학'일 수밖에 없어서 더 뻗어 나갈 수 없는 목표를 두고 매번 불평하는 또 다른 욕망들을 비추는 거울이다. 그렇게 다른 욕망과 쉼 없이 불화하고 있지 않다면 '문학'은 제 역할을 하는 게 아니다. 그게 아니면 이런 일이 벌어진 것이다. 경제 인간은 자신의 욕망을 시장에 회수당

한 사람들이다. 그래서 시장경제 안에서 가능한 일만 욕망하고 만
족한다. 이런 자들의 우주는 시장 안에 쪼그라들어 있다. 그들에게
'문학'이 유용할까? 말은 똑바로 하자. 그들이 아니라 우리다. 이 시
대에 경제 인간이 아닌 사람도 있나!

우리에게서 '문학'이 무시당하고 오해받고 외면당하는 순간은
'문학'이 실제로 무엇이건 상관없이 '문학'보다 훨씬 더 의미심장하
다. 우리의 증환症幻을 읽어낼 수 있기 때문이다. 다들 알고 있는 것
을 알려 하고 온갖 이분법의 전제 위에서만 질문하고 대답할 수 있
으며 불평이나 냉소조차 타인의 욕망을 대리하며 살아가지만, 정작
자신은 수치도 굴욕도 자각할 수 없다. 우리는 아주 맑은 얼굴로 그
렇게 살 수 있다. 충분히 많이 웃고 즐거워할 수도 있어서 전혀 병자
처럼 보이지 않는다. 누구에게서든 좋은 사람이란 평판을 들을 수
도 있다.

우주문학의 검열관은 이런 얼굴을 하고 있다.

결국 중요한 것은 문학이 아니다

아이러니하게도 우주문학과 우주문학의 검열관은 공통점이 하
나 있다. 양쪽 모두 "중요한 것은 결국 문학이다."라는 식으로 생각
하지 않는다는 점이다.

반면에 근래 평자들 사이에서 화제였던 주제 '문학과 정치' 혹은
'시와 정치'는 어떻게 전개됐던가? 이들 담론은 정작 '윤리'나 '정치'

의 문제보다는 제도로서의 '문학'의 가치를 증명하는 데 소모됐다. '중요한 것은 문학'이라는 결론을 질문 안에 미리 넣어 뒀다가 다시 꺼내보는 논리에서 이런 귀결은 정말 당연하다. 나로선 제목 자체의 세부細部에 눈길이 더 쏠렸다. '문학'에 무엇인가를 계속 연결 짓는 '그리고'의 역할을 주목하자. 이때 접속조사 '과'는 '문학'보다 위력적이다. '문학'은 차라리 접속력接續力이다. 어떤 대상과 '그리고'를 매개로 연결될 수 있는 것은 사유 그 자체이지 '문학'이 아니다.

나의 두 번째 슬로건. 결국 중요한 것은 문학이 아니다. '문학'을 사유의 극치를 향해 가속할 수도, 관성화된 고정관념을 무자비하게 중단시킬 수도 있는 구호다. 뜻밖의 반전, 갱신이 '문학'에서 가능한 순간은 '문학이 중요하다'고 말하지 않을 때 훨씬 더 자주 찾아온다.

그렇다면 접속력接續力인 '문학'을 어떤 사건에서 '사용'할 것인가? 일명 '접속력 문학'은 사건 안에 새로운 '강렬함'을 구성하는 힘이 될 수 있다. 시, 소설, 평론, 희곡쯤은 그중 몇몇 가능성에 지나지 않는다. 물론 '문학'에만 이런 힘이 특권화되어 있는 것은 아니다. 그러나 사건의 공기 속으로 존재감이 휘발되어버려도 상관없을 만큼 '문학'은 충분히 하찮아서 좋다. 이것이 '문학'의 비범한 무능력이다.

미셸 세르Michel Serr가 천사에 유비했던 사라지는 메신저의 속성과 '접속력 문학'은 여러모로 닮아있다. 세르는 메시지의 발신, 차단, 해독으로 유지되는 네트워크 사회에서 메시지에 길을 내주고 사라지는 것이 메신저의 윤리라고 주장했다. '문학 하기'의 본령도 웹의 네트워킹이나 노드node를 생성하는 일과 다르지 않다. 언어화된 모든 '명제 공간'들과의 네트워킹이 '문학'이다. '문학'이 네트워킹하는 게 아니다. '문학'을 주어의 자리에 놓아선 안 된다. 이를 확인할 수 있는 사건의 계열이 많지만, 그중 이를테면 지혜와 공감의 연대를 구하기 위해 타인의 언어에 과감히 네트워킹하는 숱한 '의지의 얽힘'에서 '접속력 문학'은 역할을 다하고 미련 없이 사라진다.

그런데 좀처럼 사라지지 않는 메신저들이 있다. e북과 태블릿 PC, 스마트폰과 클라우드 컴퓨팅의 네트워크에서 '문학'은 콘텐츠가 되길 강요받고 있다. 까짓것 못할 것도 없다. 문학은 무엇을 더 할 수 있는가를 시험하는 것이라면 기꺼이 응해볼 만하다. 스토리텔링과 대중과의 공감대를 요구하는가? 해볼 만하다. OSMU^{One Source Multi Use}가 됐건 MSMU^{Multi Source Multi Use}가 됐건 '문학'으로 해볼 수 있는 것은 다 해보자는 파이팅이라면 반대할 이유가 없다. 하지만 뉴미디어 시대의 '문학'은 파이팅을 외칠 만큼 모험적이기는커녕 어중간한 존재감과 위치에 고정된 채 충분히 하찮지도 않고 깨끗하게 사라질 수도 없게 되었다. '문학'이기에 가능한 극치의 능력과 무능력을 양쪽 다 제거당한 것이다. 좀 더 정확히 말하면 그런 역량을 욕망하는 법을 무엇인가에 회수당했거나 우리 스스로 거세해 버린 거다. 때문에 '문학다운 문학'이나 '대박 상품' 따위의 고루한 고정관념에서 '문학'은 맥없이 겉돌 수밖에 없다. 제도로서의 '문학'이 '정치', '윤리', '장르' 등으로 짝패를 바꿔가며 존재 증명에 강박되어 있는 것도 문학 특유의 불가능성을 사유하지 않는 시대의 증환이 아닐 수 없다.

생기를 잃은 '문학'과는 달리 오직 자본만이 엄청나게 활기차 보인다. 뉴미디어 시대의 통섭과 융합을 주도하는 가장 거대한 힘도 자본이라는 것을 우리는 잘 알고 있다. 많은 작가가 자신들만의 방식으로 통섭과 융합을 발명하려 하기보다는 자본의 기획에 조련 당하고 있다는 것도 안타까운 현실이다. 그러나 자본이 오른쪽으로 뒤섞는다면 왼쪽으로 섞는 힘도 얼마든지 가능하다. 다만 그렇게 하고 싶은 욕망이 너와 나에게 남아 있기나 한 건지 의심스럽다. 자본도 아무것이나 마구 뒤섞는 힘은 아니다. 자본의 논리가 자본의 디제잉DJing을 제약한다. 무작정 섞기 전에 셈을 해봐야 하는 게 한둘이 아니기 때문이다. 예를 들어 매쉬업Mashup 아티스트들은 저작권을 농락하며 자신만의 '섞임'을 찾는 놀이를 할 수 있다. 반면에 기업 입장에선 그런 모험은 엄두도 낼 수 없다. 저작권 소송이 줄을 잇게 될 테니까. 최근 진행되고 있는 애플과 삼성의 특허권 소송은 그들의 첨단 기술에 빠진 접속력을 고스란히 보여준다. 그들에겐 카피레프트copyleft로 대변되는 우애의 미디올로지가 없다.

'장르 되기'가 경계 넘기의 모델처럼 이야기되는 것도 실상은 속이 텅 비어 있다. 장르 문학에 대형 출판사의 관심이 쏠리고 비평가들의 지지도 예전과 다르게 호의적이다 보니, '순문학' 따윈 뭔가 시대착오적인 구태인 양 여겨지지만 내심 다들 한마음이다. '장르 문학'이 됐든 '순문학'이 됐든 자본의 총애를 받을 수만 있다면 오케이다. 독자의 주머니를 둘러싼 싸움에 갖다 붙일 명분이야 얼마든지 만들어 낼 수 있다. '문학'은 이대로 얼마나 더 어중간해질 것인가? 어중간한 '문학'에서 비평의 위치도 비루하기 짝이 없다. 이 위치에서라도 어떻게든 버티는 게 최선일까? 아니! 이 비루함을 기필코 참아선 안 된다. '문학'이 결국 중요하다고 말하면서도 정작 '문학'을 어중간하게 만드는 일에 협조하는 사람에겐 희망을 걸 게 아무것도 남아 있지 않다. 그러나 '문학' 따위 아무것도 아니라고 외치고 '문학'의 참을 수 없는 하찮음으로부터 정말 새롭게 시작하려는 사람이라면 '문학'을 다시 강렬하게 만들 수 있을지 모른다.

그게 대체 어떤 강렬함일까? 우리는 접착제를 뒤집어쓴 바보처럼 뭐든 다 들러붙게 할 수 있다. 접속사의 은총을 맘껏 누리자. 그게 문학의 지복이다. 문학과 미토콘드리아, 문학과 기생충, 문학과 풋 페티시즘, 문학과 기능성 속옷, 문학과 스님 머리 똑딱 핀, 문학과 파랑볼우럭을 마구 이어붙이고 서로의 도깨비 같은 꼴을 놀리고 낄낄거리자. 그 순간 도저히 이야기될 것 같지 않은 이야기를 솟아오르게 하자. '문학'을 특유의 하찮음으로부터 시작할 것. 그래서 그 무엇도 확실히 정해져 있지 않고 제대로 알지 못하게 되는 그 순간으로부터 마땅히 시작할 것. 삶이 가장 강렬해질 때 비로소 '문학'도 강렬해질 수 있다. 나는 이런 '객기'를 부릴 수 있는 작가를 지지하고 싶다. 그리고 무엇보다도 나 자신이 그런 사람이 될 수 있길 욕망한다. 그래서 루쉰의 「광인일기」에 나오는 마지막 구절이 우릴 위한 전언처럼 들렸던 모양이다. "사람을 먹은 일이 없는 아이들이 아직도 남아 있을지 몰라. 아이들을 구해라."

접속력 증폭

'접속력'에 대해 조금 더 이야기해보자. 뉴미디어와 '문학'의 관

월간잉여는 교양지다

잉여론1: 잉여를 위한 변명

이 잡지는 매 호 수도 없이 반복되는 '잉여'라는 말을 기계적인 동어반복의 수준에서 맴돌게 하지 않고 새로운 의미로 재발명, 재발견한다. 그야말로 '잉여'로 설명할 수 없는 세상일은 아무것도 없다는 기세다. ⓒ『월간잉여』

계를 이야기할 때마다 모두 지나치게 저자세로 구는 경향이 있다. 게다가 다들 궁금해 하는 것이라곤 미디어 격변기에 대세를 잘 타는 비결 하나뿐인 것 같다. 그러나 자본의 총애를 받는 최첨단 미디어에 '문학'이라는 한물간 로우테크가 한 수 가르쳐 줄 게 있지 않을까. 뉴미디어에 밀려 폐족 취급을 받는 구舊미디어에 대해서도, 그것들의 낡은 용도와 관계성을 재발명하거나 재발견할 수 있는 창조적 조정자의 역할을 '문학'이 할 수 있지 않을까. 더불어 뉴미디어와 구舊미디어를 잇는 우애의 미디올로지로 '문학'이 선용될 가능성을 기대할 순 없을까.

'문학'은 그 자체로 아무것도 아니므로 항상 동무를 불러 모아야 하고, 그들과 더불어 새로운 사건 속에서 강렬해질 때에만 하찮게나마 자신의 존재를 지속할 수 있다. 그래서 '문학'은 누구하고든 새롭게 동무가 될 준비를 해야만 한다. '문학'의 밑천은 한마디로 오지랖인 셈이다. 그러고 보니 미디어도 결국 오지랖의 문제가 아니던가. 삶을 둘러싼 온갖 관계에 대처하는 불확실하지만 불가피한 지향이야말로 '미디어'와 '문학'이 공유한 출발점이다. 대저 가장 하찮고 외로움을 많이 타는 자가 불행해지지 않기 위해 뭐든 노력하는 법이다. 그리고 그 역설이 '우애의 미디올로지'를 가능케 하는 유용한 근거라고 생각한다.

이것을 구호의 수준에서가 아니라 실제로 실천한 팀이 있다. 2012년 2월에 창간된 독립 잡지 『월간잉여』의 참신함을 주목한다. 이들이야말로 사람을 먹은 일이 없는 아이들이었다. 이 매체는 '문학' 따위가 뭐건 조금도 의식하지 않지만, 고루한 문예지에선 눈 씻고 찾아볼 수 없는 발랄한 글쓰기를 버라이어티하게 시도하고 있다. 『월간잉여』를 꾸려나가는 필자들과 독자는 이런 스타일을 (잡지 이름을 줄여) '월잉적인 것'이라 부르며 누구 눈치도 보지 않고 명랑하게 즐긴다. 이 잡지가 추구하는 '월잉적인 것', '월잉적인 접근'의 대표적인 예로 이런 것이 있다.

잉여를 잉여이게 만드는 것은 무엇인가? 여러 가지 의견이 있을 수 있지만 본인은 그 중 하나가 '사소한 것에 열중하는 것'이라고 생각한다. 그 사소한 것이 남들이 보기에는 무용하고 무익할수록 그의 잉여 포텐은 폭발할 것이고, 잉여는 그 잉여로움으로 말미암아 많은 잉여시간을 갖게 된다. 하지만 경제 사정도 잉여롭기는 마찬가지. 남은 것은 어떻게 시간을 돈 없이(그러나 잉여롭게!) 보낼 것인가 하는 고민뿐이다. 잉여들이 잉여시간을 어떻게 보내는가는 저마다 천차만별이겠지만 게임과 미드, 일드, 책, 음악, 영화 및 기타 활동에 지친 잉여들에게 나의 잉여로운 시간보내기를 소개하고자 한다. …… 나는 이 자리를 빌려 『월간잉여』에 '하루 1분 숨참기' 캠페인을 대대적으로 홍보할 것을 요청하는 바이다! 잉여의 삶을 살아가는 우리에게는 쌀뿐만 아니라 산소마저 아깝다. 아마존의 열대우림이 파괴되어 세계적인 환경문제로 회자되는 요즈음, 이 캠페인은 상당한 반향을 일으킬 것이라 확신한다. 한국뿐만 아니라 세계의 모든 잉여들이 자신의 잉여로움을 반성하며 가슴이 벅차오른다. 전세계의 잉여들의 참은 숨이 지구환경에 어떤 영향을 끼치는지는 관심 있는 잉여가 연구해주리라 믿는다. 나도 궁금하니 잉여력을 발휘해 꼭 연구해주길 바란다. …… 지속적인 숨참기는 이성교제의 꽃이라는 딥키스에도 매우 유용하며, 인생에 혹시 일어날지 모를 '타이타닉 침몰'이나 '강시에게 쫓기는 상황'에서의 생존 가능성을 대략 1그램쯤 높여줄지도 모르겠다.[4]

자학과 조소로 일관된 개그로 보일 수도 있지만, 필자의 권유에 따라 나도 모르게 숨을 참게 되는 유쾌함이 있다. 홀로 이죽대는 글이 아니라 친밀한 공감대를 자아내며 함께 웃길 청하는 글이다. 이것이 『월간잉여』의 기본적인 리듬감이다. 사회에서 쓸모없다고 판별 받은 사람들, 쓸모없이 시간을 쓰고 있다고 스스로를 자책하는 낙오한 젊은이들, 이른바 '잉여'들에게 웃음과 위로를 주기 위해 발행하는 매체답게, 다양한 잉여 인간들의 삶, 패션, 가치관, 취향을 매호 다룬다. 그런데 놀랍게도 이 잡지는 매호 수도 없이 반복되는 '잉여'라는 말을 기계적인 동어반복의 수준에서 맴돌게 하지 않고 새로운 의미로 재발명, 재발견한다. 그야말로 '잉여'로 설명할 수 없는 세상일은 아무것도 없다는 기세다.

이 잡지는 열등감과 자기 비하의 낙인이 된 '잉여'를 능청맞은 유머로 품어 안아 대안적 삶의 기호로 다시 배치한다. 불안과 환멸, 공포에 억눌린 행동능력을 확장시키는 데 웃음만큼 확실한 정동의 처방은 없음을 이 잡지를 통해 한 번 더 확인하게 된다. 『월간잉여』의 글쓰기는 그저 웃고 즐기는 수준에 그치지 않고 전쟁과 분단문제, 국제질서와 경제위기, 정당지지와 법률문제에 이르는 다양한 주제를 읽어낼 수 있는 스탠스로 '잉여적인 관점'의 유용함을 당당히 내세운다.

예를 들어 영화 〈부러진 화살〉에 잉여지수 별 셋을 주고 다음과 같이 평한다. "포기하면 편할 텐데, 거기에 노력과 시간을 쏟는 것이 비생산적일 수도 있을 텐데도 계속해서 싸워나가는 패기覇氣왕 김경호 교수의 잉여력, 존중받아야 마땅하다."[5] 이 말은 매호 잡지를 펴낼 때마다 폐간을 걱정해야 할 만큼 자금난에 시달리는『월간잉여』자신을 향한 응원이기도 하다. 제주도에서 농사를 지으며 살아가는 생태주의자이자 훌륭한 음악인이기도 한 윤영배를『월간잉여』는 '잉여가수'라 칭한다. 물론 이 말엔 존경과 지지의 의미가 가득하다. 잉여가수에게 '일반적인 삶의 방향'이란 대체 무엇인지 묻는 장면도 감동적이다. 이런 문답이 오간다.

설까치 : 보편적인 인식으로 보자면 일반적인 삶의 방향에서 비켜나서 살고 있다.

윤영배 : 난 이게 가장 일반적인 삶이라 생각하고, 또 일반적인 삶이 되어야 한다고 생각한다. 우리 할머니가 생존했던 방식으로 내가 똑같이 사는 거다. 지금 내 부모가 생존했던 방식을 전혀 취할 수 없게 돼버린 건데 오히려 이게 더 이상한 것 아닌가.

설까치 : 그래도 지금 이 세상에서 윤영배 씨 같은 삶을 택하기엔 용기가 필요한 것 같다.

윤영배 : 용기라고 말하면 과장될 소지가 많으니까. 용기라기보다 뭐가 더 중요한지를 알기만 하면 되는 거다. 누구나 이것을 안다면 다 이렇게 할 거라고 믿는 거다.

…….

잉집장 난입 : 돈 없고 집 없는 잉여들에게 본인의 삶의 방식을 추천하겠나?

윤영배 : 감히 어떻게 추천할 수 있겠나. 잉여라면 기존의 질서에서 오히려 자유로운 것 아닌가. 그렇다면 인식이 더 넓어질 수 있을 것이고, 그때는 나 따위는 상대도 안 될 정도로 자유롭게 살아갈 수 있는 방식을 접할 기회가 많아지게 될 것이다.[6]

6·25를 겪은 70대 노인과 '잉여'를 주제로 인터뷰한 기사도 인상적이다. 그는 자기 세대의 정치적 보수성과 잘못된 역사 인식을 한탄하며 차마 그들과 어울릴 수 없는 답답함과 외로움을 『월간잉여』에 토로한다.[7] '잉여'가 소외된 젊은이들만의 공통어가 아니라 세대를 넘어 공명할 수 있는 단어임을 발견한 대목이다.

북한의 광명성 3호 발사를 잉여적인 관점에서 분석한 쿠마의 「북한의 잉여 : 광명성 3호」에서는 '잉여'의 관심 범위를 한반도와 국제사회로까지 확장하고 있다. '잉여 식량'과 '잉여 미사일'을 대칭해 풀어가는 맥락이 흥미진진하다.

북한이 미사일을 쏘지 않았다면 옥수수 250만 톤을 살 수 있었다고 한다. 매년 40만 톤 정도의 식량이 부족한 북한에게는 약 6년간의 식량 부족분에 해당한다. 즉, 북한이 미사일을 쏘지 않았다면 국제사회의 도움 없이도 최소 6년 간 굶주림에서 해방될 수 있었다는 얘기다. 앞으로 북한이 국제 사회에 식량을 요청할 때, 미사일 발사는 불편한

『월간잉여』는 '잉여'가 소외된 젊은이들만의 공통어가 아니라 세대를 넘어 공명할 수 있는 단어임을 확인시켜 준다. 6·25를 겪은 70대 노인과 '잉여'를 주제로 인터뷰한 기사. 그는 자기 세대의 정치적 보수성과 잘못된 역사 인식을 한탄하며 차마 그들과 어울릴 수 없는 답답함과 외로움을 토로한다. ⓒ『월간잉여』

진실로 남을 것이다. 잉여 식량을 저버리고 잉여 미사일을 쏘아 올린 북한은 글로벌 잉여에 한 발짝 더 다가간 셈이다.[8]

이 잡지를 창간한 (자칭타칭 '잉집장'이라 불리는) 편집장 최서윤은 언론사 취업실패로 낙담해 있던 중, 알바로 번 돈 62만 원을 털어 『월간잉여』를 시작했다고 한다. 그녀의 나이 올해로 스물다섯이다. 『월간잉여』를 소개하는 잉집장의 말은 접속력 문학, 더 나아가 우주문학의 가치기준과 다르지 않았다. "이 잡지를 통해 잉여들은 킬킬대기도 하고, 위로받기도 할 것입니다. 다른 잉여 친구들을 만날 수 있는 교감의 장도 될 것입니다."9

『월간잉여』만이 아니라 마츠모토 하지메松本哉의 명랑한 저작『가난뱅이의 역습』과『가난뱅이 난장쇼』에서도 우애의 미디올로지가 지향해야 할 도전 과제를 찾을 수 있었다. 88만원 세대 문제의 연속선에서 이 책의 의의를 찾는 게 한국에서의 일반적 평가인 모양이지만, 나로선 세대론적 공감 문제는 좀 따분했고 '재활용가게 혁명'의 아이디어엔 무릎을 치고 감탄했다. 마츠모토 하지메 자신도 동경의 고엔지에서 '아마추어의 반란'素人之亂이라는 재활용 가게를 운영하는 사장님이다. 그가 재활용가게 사업을 '혁명'이라고까지 추켜세우는 이유가 궁금했다.

그들의 재활용가게는 백수들 몇이 모여 겨우 호구하는 음울한 점방이 아니었다. 얼간이들을 위한 공짜 잡지를 발행하고 되는 대로 궁상맞은 락 페스티발을 열고 정부와 부자들의 멍청한 짓거리를 규탄하는 시위가 전개되는 자치 공간이었다.10 그렇다고 제멋대로 하고 싶은 일만 하고 사는 것도 아니었다. 상점가나 이웃 사람처럼 감각이나 생각이 전혀 다른 사람과 조화를 이루며 사는 법을 배우고 실천하는 장소가 '아마추어의 반란'의 또 다른 모습이었다. 이곳 가난뱅이들의 가장 든든한 재산은 재밌게 함께 놀 동무들이다. 돌이킬 수 없을 만큼 삶이 따분해져 버리거나 동무들을 모두 잃게 되는 게 그들에게는 더 가난해지는 일에 비교할 수 없는 불행이다. 그래서 정말 부지런히 돌아다니고 새 친구를 만들며 난장쇼를 이어나간다. 앞에 복잡하게 써놓긴 했지만 '접속력 문학'이라는 건 꼭 이런 것이다.

'아마추어의 반란(素人之亂)'에서 발행하는 정기 간행물 『週刊 素人之亂』. 3·11 이후에는 원전 제로 시위에도 적극 나서고 있다. ⓒ http://trio4.nobody.jp/keita

'아마추어의 반란'에서 사물의 질서는 대기업의 신제품 마케팅이나 신용카드 실적에 휘어 잡혀 있지 않다. 그들이 중개하는 중고품의 유통과 거래는 가난뱅이들의 일상과 동행하며 소비사회의 귀퉁이에 상호부조하는 공동체의 가능성을 보여준다. 그 가능성이라는 게 실상 변변찮은 성과에 불과할 수 있다. 하지만 아무도 시도해본 적 없는 삶과 누군가 이뤄낸 작은 성과에 감화되어 더 잘해보려는 삶 사이엔 엄청난 질적 차이가 있다. 삶이 더욱 강렬해지기 위해선 내리꽂히는 번개 역할을 하는 또 다른 삶이 필요하기 때문이다. 이것이야말로 가능성이 우리의 우주를 점점 흥미진진한 곳으로 요동치게 하는 메커니즘이다. 또 무엇이 생기를 얻었는가? 그들이 실천하는 우애의 미디올로지로부터 중고품은 그냥 중고품이기만 한 것이 아니라 대안적 삶의 가능성을 전염시키는 병원체로 재발견된다. 그리고 새롭게 발명한 중고품의 사용법이 바로 '혁명'이다.[11]

중고품이란 뜻밖에 참 재미있는 물건이다. 단지 물건을 소중히 여긴다는 차원이 아니라 실제로 가까운 동네 경제를 뒷받침해주기 때문이다. …… 물건도 돈도 우리 주변에서 뱅뱅 돌고 도는 것이다. 극단적으로 말해서 위조화폐가 나온다고 해도 꿈쩍도 안 할 경제란 말씀! 요런 흐름이 이루어지도록 중고품이 지역 안에서 왔다 갔다 하도록 중개를 하고, 그때마다 수리하고 관리하고 보수하는 중고품센터가 바로 재활용가게다. 해외 공장에서 허벌나게 싼 인건비로 어디에서 누가 돈을 우려먹는지 모를 만큼 조악하게 만든 신상품 같은 것과는 돈의 흐름이 전혀 딴판이다. 오늘날의 경제는 '사고 버리고 사고 버리고'를 신물 나게 되풀이하여 자나 깨나 소비를 해대야(이른바 지름신의 강림!) 돌아가는 구조로 되어 있다. 그런데 그런 말도 안 되는 일에 장단을 맞추고 있으면, 중간에서 누군가 돈을 가로채는 사태가 끝이 안 난다. 신제품이 아니면 구할 수 없는 물건만 새로 사고, 중고로도 충분한 물건이면 재활용가게에서 사면 된다. 이렇게 해서 재활용가게가 이 세상에 든든히 뿌리 내리면 이 지랄 같은 소비사회도 조금은 제정신을 차리지 않을까![12]

우애의 미디올로지의 반대편에 애플과 삼성이 버티고 있다. 애플의 최대 생산 기지인 중국 청두의 팍스콘 공장에서 무슨 일이 벌어지고 있는가? 노동자들은 열악한 근무 환경에 지쳐 2010년 1월부터 13명이나 연쇄 투신자살을 이어나갔다. 2011년 5월 20일에는 폭발사고로 3명이 사망하고 15명이 부상하는 일마저 벌어졌다. 근래 애플은 전 세계 IT 시장에서 시장점유율을 높이기 위해 가격파괴 정책을 펼쳤다. 가난한 노동자를 죽도록 쥐어짜 경쟁력을 유지해온 것이다. 삼성의 부도덕함도 애플에 견줘 조금도 나을 게 없다. 삼성 반도체와 삼성전기에서 일했던 140여 명이 넘는 노동자들이 암과 백혈병으로 죽어갈 때[13], 회사는 작업 환경 개선과 정당한 피해보상은커녕 무책임한 태도로 일관했다. 미디어 격변기의 대세라는 건 알고 보면 이토록 비정하다.

이 시대에 우리가 진정 열광해야 할 가치는 매체의 첨단성이 아니라 더불어 행복해지려는 욕망의 절정이다. 그래서 너와 나의 '접속력'이 필요하다. 당신의 삶을 강렬하게 만들 내리꽂히는 벼락은 대체 어디서 만날 수 있는가? 그런 순간을 진실로 바라는 사람이 되기 위해 우리는 '문학'만큼이나 얼마나 더 하찮아져야 할까?

글쓰기와 빛의 동무들

그래서 거듭 생각해보는 중이다. '문학'에서 '시작한다'는 것의 문제란 무엇인가? 시작한다는 것은 모든 전제를 배제하는 일이다. 하지만 단번에 공백으로 물러서는 요행은 기대하기 어렵다. 제외해야 마땅한 전제가 무엇인지, 얼마나 집요하게 얼룩을 지워야 공백과 마주하게 되는지 확언할 수 있는 기준은 어디에도 마련되어 있지 않으니까. 원하던 곳을 찾지 못하는 낭패감으로부터 매번 자유롭지 못하리란 것도 알고 있다. 우리는 이미 누군가 시작했던 자리에서 시작되기 때문이다. 잘못 시작하고 말았다는 나의 낭패감, 나 이전에 누군가 이 자리에서 느꼈을 비슷하면서도 다른 낭패감으로부터 '문학'은 언제나 만족스럽지 못한 무엇으로 낙인찍힌다. 그렇더라도 우리가 더 방황해볼 수 있는 건, 삶 그 자체를 쫓는 지향 속에 '문학'이 분리될 수 없는 형태로 내포해 있기 때문이다. 이것은 앞서 밝혔던 슬로건을 뒤집는 말이 아니다. '문학'은 중요치 않고 확실히 하찮지만 이 또한 삶에서 싹틀 수 있는 어떤 가능성이기 때문이다. 그것은 다른 어떤 가능성보다 우리를 잘못 시작하게 하고 낭패를 반복하게 하는 특유의 무능력일지 모른다. 그러나 그런 능력조차 삶의 다른 가능성을 발현시키는 온갖 '시작'에 관계하기 때문에 하나같이 소중하다.

'문학'에서 시작한다는 것의 의미는 '문학'이 아니어도 좋을 무엇인가가 더 시작되는 일이다. 그래서 진정 흥미로운 도전은, 필연적으로 가설의 상태일 수밖에 없고, 결국 시간의 힘에 부정당하고 마는 '결론들'이 아니라, 우리 스스로 충분히 빠르지 않으면 포착할 수 없는 사건과 사건 '사이', 그 속에서 생성되는 어떤 양상과 양상 간의 '차이'를 포착하는 일이다.

글쓰기도 마찬가지다. 일반적으로 사람들은 작가가 써놓은 것을 읽으며 '문학'을 생각하는 일을 자연스러워한다. 하지만 작가가 글을 쓰면서 어떤 낭패감을 느끼는지, 글쓰기 과정에서 어떤 결핍에 만성적으로 시달리고 있는지 생각해봐야 한다. 종이에 무엇인가 써지기 직전의 시간, 예를 들어 종이의 표면과 펜 끝 사이의 불가사의한 대기, 또는 마치 다른 세계로의 틈새처럼 보이는 모니터 화면의 점멸하는 커서, 그것들 '사이'에 분명히 생성됐던 들뜸, 기대감, 공포와 같은 강렬함을 정작 글쓰기 자체는 온전히 담아낼 수 없다. 글만 읽을 뿐인 독자는 작가가 그것들을 놓쳐버렸다는 낭패감을 알기 어렵고 다만 어렴풋이 상상해볼 순 있겠지만, 작가는 그 상실을 몸으로 느끼며 글쓰기를 밀고 나가야 한다. 글쓰기를 어떻게든 지연하는 것만이 강렬함을 오래 지속하는 요령이라 생각한다면 어리석은 일이다. 강렬함은 서로 다른 사건의 '사이'와 '차이'에서 가능한 현상이기 때문이다. 작가의 몸이 특이해서 그런 걸 느낄 수 있다고 말하려는 게 아니다. 비단 글쓰기의 차원뿐만 아니라 나의 욕망을 삶에 실현하기 위해 세상과 격투해야 할 때, 우리는 우리 몸에 잠재한 한 세계의 가능성을 느낄 수 있다. 이를테면 그것은 시장경제의 경쟁 체제 한가운데 서 있지만 노력하면 조금씩 다른 세상을 만들어나갈 수 있다고 믿는 이의 자신감 같은 것이다. 그리고 모든 일이 그렇지만 현실에서 실제 이룰 수 있는 일에는 한계가 있기 마련이다. 현실은 늘 꿈에 미달한다. 우리가 연거푸 시작에 대해 생각할 수밖에 없는 이유도 '시작'이 우리 안에 불러일으키는 강렬함 때문이다.

번개가 번쩍이기 전의 구름을 본 일이 있는가. 구름 속에 가득 차 있는 전하電荷, electric charge들에서 미약한 전기 방출 현상이 일어날 때, 구름 아래 서 있는 사람은 그것을 볼 수도 들을 수도 없다. 하지만 구름에 번개가 흐르는 길을 파헤쳐 놓는 과정이다. 내 삶에서 가능한 그 모든 강렬함의 발생에도 이와 같은 전조가 선행한다. 어떤 삶인가? 어떤 나인가? 나를 에워싸고 관통하고 진동하기도 하다가 온통 나를 뒤바꿔놓을 수 있는 관계의 힘, 이해에 도움이 된다면 그 힘을 여기선 '전하'라 불러도 좋다. 이 힘에 나는 어떻게 반응하고 있는가? 기쁨, 슬픔, 분노, 공포와 같은 온갖 강렬함 이전에 매번 같게 반복되는 전조는 우리 자신의 불투명함이다. 그리고 글쓰기는 그 불투명함에 맞서 끝내 강렬함과 스쳐 지나가고야 마는 여러 형식 가운데 하나일 것이다.

확실히 여러 형식이 있을 수 있다. 서준환의 『골드베르크 변주곡』을 보면 「골드베르크 변주곡」을 언어로 변주하려는 피아니스트, SF작가, 행위 예술가, 기타리스트, 작곡가, 작사가, 성악가, 언어학자, 음악 엔지니어, 피아노 조율사의 고투가 전개된다. 그들은 자신들의 변주를 하나같이 만족스러워하지 못한다. 음악을 언어로 변주하라니? 그러나 무모한 모험이 참을 수 없이 매혹적인 법이다. 『골드베르크 변주곡』은 글쓰기란 일면 낭패감의 반복이지만, 이 반복을 쉽게 중단할 수 없는 이유가 아직 시도해본 적 없는 또 다른 시작과 맞물려 있기 때문이라고 이야기한다. 이 주제는 삶의 생성 원리를 반복한다. 변주는 성공하는 것도 실패하는 것도 아니고 계속 변주될 뿐이다. 그리고 우리는 원하는 그 모습 그대로의 '나'가 될 수 없을지 모르나, 나조차 전부 다 알 수 없는 좀 더 불가사의한 '나'가 될 수 있다. "그리고 또 무엇이 될 수 있는가?" 그렇게 더 물을 수 있는 존재가 될 수 있다는 건 즐거운 일이다.

이 소설에서 SF작가이자 전자음악가인 글렘 골든의 변주에는 우주인이 등장한다. 우주인들의 몸뚱이는 빛줄기로 이뤄져 있어서 시시각각 달라지는 우주의 소리에 반응하며 하늘거린다. 나는 이 장면에서 미지의 동무들을 떠올릴 수 있었다. 그들은 '문학'과 '삶' 그리고 '강렬함'을 새롭게 시작하길 바라는 사람들이다.

우주선의 항법장치는 어느 동네의 야산 중턱을 가리켰다. 우리는 그 일대의 공터에 정박했다. 그러고는 우리가 도착했다는 표시처럼 우주의 소리를 발송하기 시작했다. 그것은 우주선의 음향기기가 아니라 우리 몸에서 직접 흘러나오는 전자기파의 소리 에너지였다. 우주는 몸과 맞닿아 있다. 우리의 몸은 우주의 소리가 퍼져 나갈 수 있는 매질이었다. 그런데 여기서 중요한 것은 우리의 몸이 마치 지구인들의 눈에는 광섬유처럼 보일 에메랄드 빛 세모細毛의 빛줄기들로 짜여 있다는 점이다. (그러니 우리는 빛의 간섭현상에 따라 세포분열과는 다른 물리적 차원에서 각자의 몸을 여럿으로 분할할 수도 있고 서로의 몸을 한 몸에 겹쳐 놓을 수도 있다.) 그러니까 이 우주의 소리는 우리의 신체 조직을 이루고 있는 빛의 파동이 강력한 전자기파의 발산 속에서 대기의 흐름을 소리 에너지로 변화한 음향의 경관이라 할 수 있다. 지구인들은 오래전 태양계로 띄워 보낸 자신들의 우주선을 통하여 태양풍에 휘감긴 목성이나 해왕성의 천제자기장에서도 이와 같은 사운드스케이프가 펼쳐진다는 사실을 아마 알고 있을 것이다. 말하자면 우리 몸에서 발산되는 전자기파 사운드는 이런 우주의 소리가 가청 음역대의 반송파로 농축되어 옮겨 온 셈이었다. 그러니까 몸은

소리의 우주였다. 그리고 빛은 몸의 음원이었다. 또한 소리는 우주의 풍경이었다.[14]

동무들이여, 우리의 우주에선 어떤 소리가 울려 퍼지고 있는가. 그리고 우리는 어떤 노래를 부르고 있나. 시작은 언제나 이렇게 황홀하다.

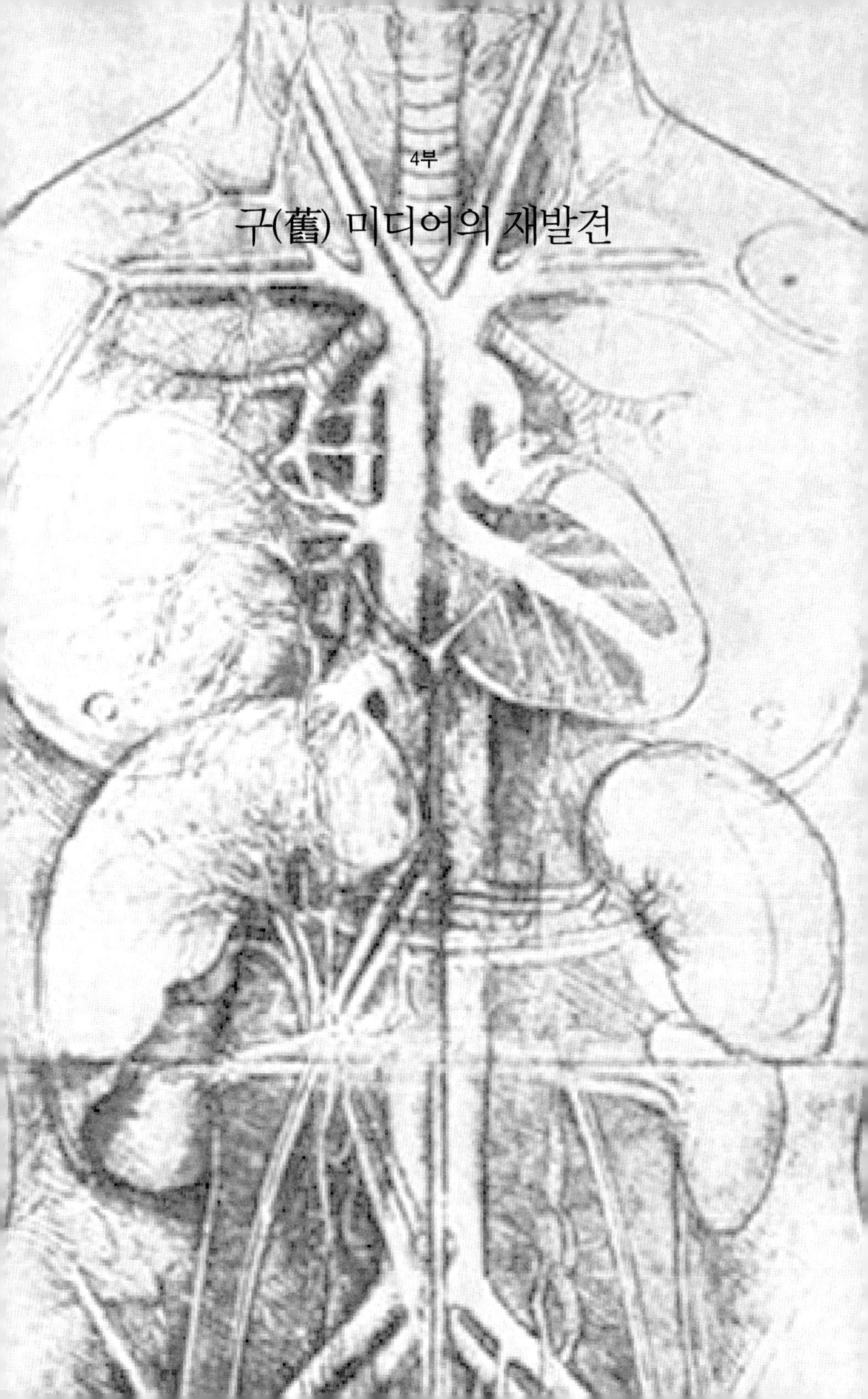

4부

구(舊) 미디어의 재발견

파라텍스트 증식론

책이 낯설다

낯선 책에 대한 기억을 되짚어본다. 그중에서도 19금 책에 대하여. 미야자와 리에의 누드집 『산타페』*Santa fe*가 제일 먼저 떠오른다. 행림출판사가 1992년에 아사히출판과 정식으로 계약을 맺고 출간한 책이었다. 가격은 무려 2만 8천 원이나 했다. 이 책을 초등학생이었던 내가 대놓고 사기란 대단히 어려운 일이었다. 초등학생에게 누드집을 팔만한 간 큰 서점을 찾는 일은 둘째 치고, 나에겐 그만한 돈이 없었다. 별수 없이 서점에 갈 때마다 진열된 『산타페』 주위를

책의 육체성을 즐기는 일은 진중한 독서의 시간에 비해 결코 사소하지 않다. 무게, 향기, 질감, 서체 등등 매혹적인 몸뚱이가 겹겹이 연결되어 있는 게 책이다.
ⓒ David Blazquez

어슬렁거렸고, 그때마다 19금 비닐포장의 신비로운 위엄에 압도당해 정신이 아득했다. 띠지에는 교황의 추천사까지 있었다.[1] 대체 이 책은 뭐란 말인가! 고작 책 따위가 이렇게나 흥미진진한 기운을 뿜어내도 되는 건가! 막 사춘기에 접어든 남자아이의 머릿속은 난장판이 되고 말았다. 그런데 한국판이 발행된 지 한 달 만에 간행물윤리위원회의 제재를 두려워한 출판사가 판매 중지를 해버린 바람에 더는 서점 가판대에서 이 책을 만날 수 없게 됐다. 소년의 망상은 욕구불만으로 폭발 직전이었다.

곤경에 빠진 친구를 도운 건 같은 반의 동급생이었다. 그 친구의 삼촌이 이 책을 침대 밑에 숨겨놨다는 걸 알게 됐다. 부모님과 책 주인에게 발각되지 않을 안전한 때를 기다린 뒤, 드디어 나는 친구와 함께 『산타페』의 페이지를 열어볼 수 있었다. 그런데 페이지를 넘길수록 안에 드러난 내용물이 실망스러웠다. 미야자와 리에의 몸은 소문대로 확실히 예뻤지만 뭔가 시시했다. 기대가 너무 컸던 탓이었다. 실물을 보고나니 애당초 뭘 기대했었는지 생각도 나지 않았다. 19금 책이란 과하게 기대하는 맛으로 즐긴다는 걸 깨닫기까지 세월이 좀 필요했다. 하지만 어린 마음에도 이거 하나는 확실히 깨달았다. 19금 책은 팽팽한 비닐포장을 만졌을 때가 제일 좋다. 이것이 책의 육체성을 떠올릴 때마다 제일 먼저 떠오르는 기억이다. 다들 성급히 찢어버리는 얄팍한 한 겹의 표면으로부터 책의 존재의미를 다시 생각해보고 싶었다.

책의 육체성을 즐기는 일은 진중한 독서의 시간에 비해 결코 사소하지 않다. 무게, 향기, 질감, 서체 등등 매혹적인 몸뚱이가 겹겹이 연결되어 있는 게 책이다. 사춘기가 끝난 지 오래되었지만 나는 여전히 책을 덮은 팽팽하고 반들반들한 비닐 포장이 좋고, 표지에 붙은 알록달록한 띠지도 싫어하지 않는다. 거기 적힌 허풍선이 문장을 믿진 않아도 귀여워해 주는 편이다. 책의 의미를 판매량, 베스트셀러 등극, 대박과 쪽박, 작가와 작품에 대한 평가로 환원하거나, 책 한 권을 사이에 두고 평론가들끼리 피아彼我를 나누는 일 같은 건 피곤하고 지루하다. 나를 제일 흥분시키는 주제는 '책'을 지금까지와는 다른 방식으로 가능한 한 낯설고 신선하게 만나는 일이다.

특히 이런 순간이 소중하다. 누군가 페이지 귀퉁이에 적어놓은 낙서가 모두가 아는 그 책을 낯설게 만든다. 나는 충분한 시간을 들여 그 낙서를 이해하고, 책과 미지의 누군가를 잇는 성좌를 기억하고 싶다. 탐닉할 거리는 이것만이 아니다.

그러고 보니 몇 해 전 재밌는 책을 구경할 수 있었다. 한 패션 잡지가 화장품과 슬리퍼를 부록으로 붙여 내놓았는데, 애써 준비한 부록이 독자에게 제대로 전달되지 않을까 걱정해서 비닐포장으로 어찌나 단단히 둘러쌌던지, 멀리서 봤을 땐 얼룩덜룩 둥그스름한

파라텍스트 혹은 패션잡지 부록의 한 예. 경기가 좋았던 시절의 부록에 비하면 이 정도는 무난한 수준. 이에 비하면 전자책은 너무나 평준화되어 있다. 무엇보다도 이런 과잉이 가능하도록 설계되어 있지 않다. 예측할 수 없는 형태로 솟구쳐 오르지도 않고 어처구니없는 무엇인가로 변신하지도 않는다.

것이 책이라는 걸 알아보기도 난감했다.

이에 비하면 전자책은 너무나 평준화되어 있다. 무엇보다도 이런 과잉이 가능하도록 설계되어 있지 않다. 예측할 수 없는 형태로 솟구쳐 오르지도 않고 어처구니없는 무엇인가로 변신하지도 않는다. 그냥 전자책일 뿐이다. 전자책이 더 새롭게 혁신되길 바란다면 무엇보다도 책이 어떻게 그 많은 잡스러움을 수용할 수 있는 매체인지 생각해야 한다. 전자책 플랫폼의 기본 목표도 종이책만큼 신뢰할 만한 일관성과 완성도로 정보를 구현하는 것을 지향한다.[2] 하지만 이런 목표 설정은 '책은 결국 무엇인가'라는 근본 질문을 전유하며 책의 존재의미를 앙상하게 축소한다. '전자책'은 출판계의 새로운 사업 포맷이 되었지만, 동시에 이 업계가 억지로 내면화하려 애쓰는 책을 향한 무지의 프레임이기도 하다. 사람들이 책에 원하는 게 그저 재밌고 유용한 읽을거리뿐일까. 책의 다양한 신체(들)와 감응하는 방법을 고작해야 전자책 대망론 따위에 떠밀려 어이가 없을 정도로 무책임하게 잊어버리고 있는 건 아닌지 진단해봐야 하지 않을까. 이런 흐름이라면 전자책이 출판 시장의 구원투수가 되기는커녕 온전히 피어보지도 못한 채 실패할 게 뻔하다.

이 글에서 나는 종이책의 육체성을 찬미하는 한편 전자책에 대해서도 새로운 개념설계를 제시하려 한다. 이것은 전자책이라는 뉴미디어의 한 점에 얽혀 도는 생활의 리듬, 속도, 행동능력의 변용, 사회 문화적 배치와 구舊 미디어의 한 점인 책에서 가능한 다른 리듬, 속도, 템포 등을 서로 교류시키는 기획이다. 그래서 미디어 환경이 지금처럼 끝없는 가속 상태로 치닫는 것에 맞설 자생적 제어능력을 우리 세계에 회복시키는 노력에 생각을 보태고 싶다.

파라텍스트의 파선波線

눅눅한 냄새를 풍기는 헌책 한 권이 내가 마주한 첫 번째 화두였다. 그 책은 현암사 판 『80년대 대표소설』[3]이었다. 초판이 1989년 12월 15일에 나왔고, 내가 입수한 것은 1990년 3월 20일에 나온 4쇄본이었다. 연식이 이십 년이나 된 '헌책'이지만, 이런 유의 선집이 수집광의 눈에 신선해 보이려면 앞으로 몇 십 년의 추가 숙성이 필요하다. 충분히 오래되지도 않았고 희귀성도 다분히 떨어지는 아이템이다. 그런 만큼 가격도 원래 정가의 절반의 절반 가격에 지나지 않았다. 특별한 의도를 갖고 이 책을 샀던 것은 아니었다. 어느 세미나에서 함께 읽기로 한 작품이 이 책에 모두 실려 있었던 탓에 부담 없이 손이 갔던 것뿐이었다.

　애서가 가운데는 책에 줄을 긋거나 페이지를 접는 일을 아주 질색해서, 백 년도 더 된 책도 엊그제 찍어 나온 것처럼 완벽하게 보관하는 이가 있다던데, 내가 산 헌책의 전주인(들)은 그런 타입이 아니었다. 굳이 그럴 필요까진 없는 책이라고 여겼을 게 당연하다. 책 대부분이 이런 취급을 받고 있다. 하지만 애서가를 언짢게 할 그런 무심함 덕분에 책의 우주는 날로 흥미진진해지고 있다.

　이 책에 수록된 소설 가운데 전주인(들)이 어떤 작품을 즐겨 읽었는지 단번에 티가 났다. 페이지의 위생 상태를 비교해보기만 해도 차이가 확연히 드러난다. 어떤 얼룩은 단번에 원인을 알 만했다. 아마도 이 책의 전주인들 중 누군가는 윤정모의 「밤길」을 읽다가 젖은 바닥에 책을 떨어뜨렸던 모양이다. 얼룩의 모양에서 기시감을 느낄 수 있었다. 언젠가 나도 동아리방에서 세미나를 하다가 책을 떨어뜨렸는데, 마침 물청소를 한 직후였던 터라 펼쳐져 있던 페이지가 더러워졌다. 이런 얼룩에는 동아리방의 구중중한 바닥에서만 찍힐 법한 독특한 질감과 문양이 있다. 짐작에 확신을 더하는 물증까지 확인할 수 있었다. 내가 입수한 이 책에는 좋은 소설의 요건에 관한 꼼꼼한 육필(肉筆) 발제문이 끼어 있었다. 괜히 동아리방에서의 오염을 떠올린 게 아니었다. 생각이 이쯤에 이르자 헌 책에 뒤엉킨 낯선 시간과 사건을 유추하는 일에 빠져들고 말았다.

　한 권의 책은 오롯이 저자의 글로만 채워지지 않는다. 그 책을 소유한 사람의 혹은 이 책을 공유했던 이들의 흔적이 책에 가득 새겨진다. 그래서 세상의 모든 책은 책이기만 한 게 아니라 온갖 이질적인 것들의 경이로운 접속 상태라 해도 과언이 아니다. 이 말의 의

미를 문학자나 서지학자들보다는 과학자들이 훨씬 잘 이해할 수 있지 않을까. 생물학자들은 한 권의 책을 미생물 집단 거주지로 접근할 수 있다. 지문에서 묻어나온 땀과 기름을 밑천 삼아, 한때 독자(들)의 몸과 공생/기생했을 생물이 새로운 영토(=책)로 이주했을 것이다. 그들은 도스토옙스키도 체호프도 읽지 않는다. 그러나 그들은 '독서'의 목적론으로부터 가뿐히 빗겨나 책에서 살아갈 줄 아는 '기식자'parasite들이다. 그들과 동행하노라면 결코 변신을 멈추지 않는 생성의 흐름이 다름 아닌 책이라는 것을 깨닫게 된다. 접히고 펼쳐지고 블록을 이루다가 뜨겁게 달아오르며 모습을 바꾸는 내내, 나의 관심은 하나로 집중된다. 책은 얼마나 더 다른 장소가 될 수 있는가?

텍스트학의 용어를 빌리면, 그들 또한 파라텍스트paratext로 취급되어야 마땅하다.4 이때의 'para'5를 '곁의 위치'para-site라는 뜻을 함축한 접두사로 이해하길 제안한다. 위에서 예를 든 책의 기식자는 책에 관한 통상적인 이해의 틀에서 정의되지 않는다. 그에게 책이란 독자와 저자의 관계에 종속된 장소가 아니기 때문이다. 미생물 기식자는 독자의 피부와 호흡기를 통해 육체와 직접 관계할 수 있다. 기식자인 파라텍스트는 결코 텍스트의 내적 질서에 사로잡히지 않는다. 다만 그 질서로부터 빗겨져 나와 곁에 위치할 뿐이다. 저자도 편집자도 출판업자도 이런 상태를 의도한 일이 없고, 가능하다면 위생을 위해서라도 말끔히 제거하고 싶어 할 n개의 장소, 즉 파라텍스트para(site)text가 책에선 언제나 필연적으로 생겨난다.

그러니 책은 쉽게 봐 넘기던 것과 달리 믿을 수 없이 낯선 다양

페이지 위의 사막에서 이 야수가 당신을 올려다보고 있다고 상상해 보라. 아니, 그 존재가 책과 더불어 변신한 당신의 모습일 수 있다고 생각해 볼 순 없는가?

체multiplicity이지 않은가. 미생물 단위의, 그보다 더 미세한 크기의, 눈에 보일 리 없는 무수한 신체가 책이라는 공생자 행성에 독자적인 차원을 형성하고 있다. 크고 작은 이웃이 엇갈리고 얽히고 겹치길 멈추지 않는 무수히 다양한 지평이 이 별을 휘감고 있다. 게 중에는 책과 조화롭게 '공생'하는 대신 악랄한 기생 생활로 일관하는 녀석들도 있다.

1665년 영국에서 출판된 로버트 훅의 『미크로그라피아』microgarphia에는 현미경으로 관찰한 좀bookworm을 다음과 같이 묘사하고 있다. 렌즈 아래 흉측한 디테일을 드러낸 좀의 몸뚱이는 에이리언을 연상케 한다. 페이지 위의 사막에서 이 야수가 당신을 올려다보고 있다고 상상해 보라. 아니, 그 존재가 책과 더불어 변신한 당신의 모습일 수 있다고 생각해볼 순 없는가? 그에 비하면 움직임 없이 엉덩이를 뭉개고 앉아 책을 읽는 인간의 몸뚱이란 그 얼마나 따분한 풍경인지.

몸집이 작고 은백색으로 빛을 내는 벌레 혹은 나방으로서, 책이나 종이에 기생하면서 책의 본문과 표지를 부식시키고 구멍을 내는 존재로 여겨진다. 머리 부위는 크고 두루뭉술하게 생겼고, 몸통 부위는 머리에서 꼬리로 내려갈수록 점차 가늘어지는 것이 마치 당근처럼 생겼다. …… 또한 머리통 끝에는 기다랗고 뾰족한 두 가닥의 촉수가 곧게 뻗어 있다. 촉수에는 고리 모양으로 생긴 마디들이 나 있고 마디 사이에 거센 털들이 나와 있는데, 그 모습이 마치 습지에 나 있는 두 가닥의 촉수와 매우 유사하게 생겼지만 길이는 그보다 조금 짧은 세 가닥의 촉들이 나와 있다. 다리의 표면에는 비늘 모양의 섬모들이 나 있다. …… 이 미약한 생물(이 또한 시간의 파괴력 중의 하나다)이 얼마나 많은 톱밥과 나무 부스러기들을 자신의 뱃속에 집어삼켰을지를 감안할 때, 나는 이처럼 불같은 소화력을 지닌 자연의 피조물의 위력에 감탄할 따름이다. 위장으로 공급된 물질들은 폐의 활동에 힘입어서 끊임없이 불타오르듯이 활발하게 소화되어 버린다.[6]

굳이 책만을 특정하지 않더라도 인간과 관계하는 어떤 사물이든 침, 땀, 기름, 피가 묻을 수 있을 테고, 미생물이나 좀 따위가 증

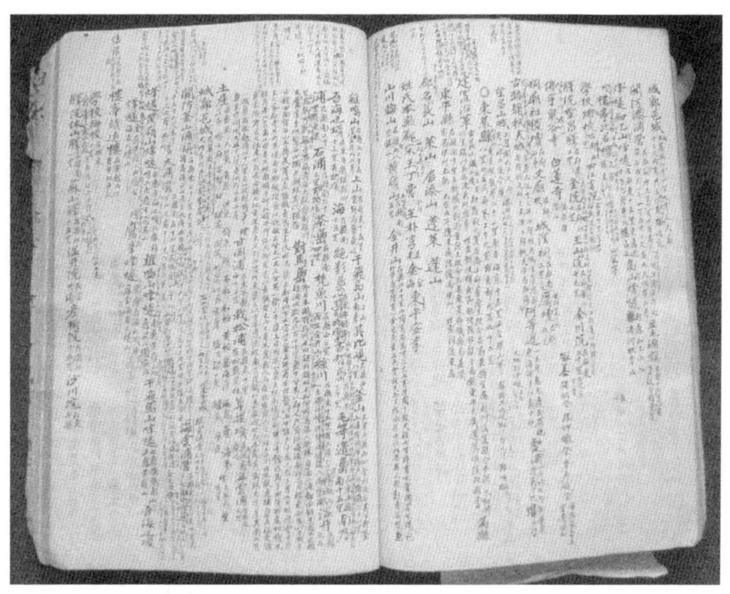

증식할수록 점점 더 흥미진진해지는 파라텍스트. 김정호가 직접 작성한 지리지 『동여편고』(東輿便攷).
여백에 깨알 같은 글씨로 교정을 덧붙이고 새로운 정보를 채워 넣었다.

식하는 일 역시 흔한 현상이다. 그럼에도 이런 온갖 영락물零落物, abjection과 책이 뒤엉키는 양상을 소설의 문장과 같은 내적 텍스트와 분리하지 않고 한 데 겹쳐 사유하는 일이란 아무래도 익숙해지기가 쉽지 않다. 무엇보다도 왜 그렇게 할 필요가 있는지 공감하는 일부터 어렵다. 이런 식의 접근은 무엇보다도 학제와 학파에서 요구되고 유통되는 일련의 콘텍스트 연결이나 이해에 들어맞지 않는다. 필요 없는 정보나 지나치게 잡다해진 맥락은 발라내고 정제하는 것이 아카데미의 격식이자 관례다. 가령 어떤 책에 관해 질문목록을 작성했는데, 그 책이 진본眞本인지 이본異本인지 궁금해 한다거나, 무엇이 저자의 문장이고 주석가의 해석인가를 구별하는 물음에 그친다면 아카데미는 우리의 기대 이상으로 명료한 해설을 진즉 준비해 놓았을 수 있다. 하지만 저자의 서명이나 작품의 제목만으로 구별하거나 증명할 수 없고, 누구 소유의 문제로 치환할 수도 없으며, 명료한 해설 따윈 기대하기 어려운 모호한 특성들이 어떤 책을 오직 그 책이게끔 하는 결정적인 단서가 될 수 있다. 우리가 그렇게 더 궁금해 하게 된 것들이 저들이 알 필요가 없다고 판결한 바로 그 쓰레기더미에 (예를 들어, 페이지의 얼룩, 귀퉁이에 적어놓은 전화번호인지 날짜인지 알 수 없는 숫자, 잡풀처럼 책머리 위로 속속 솟아오르는 알록달록한 포스트잇, 그밖에 중고책의 감정가를 떨어뜨리는 온갖 결점들) 불과하다면, 우리는 구태여 노련한 교사를 수배해 그것들이 왜 쓰레기인지 재차 설명 받는 대신에, 책의 곁에 위치한 para-site 또 한 겹의 파라텍스트로 우리 자신을 주시해야 한다.

모든 생명이 각자의 특이성singularity을 가진 서로 다른 생명체인 것처럼, 모든 책은 다른 책이다. 그렇지만 아카데미에서 가령 문학사를 구성한다 치면 같은 제목과 내용의 책 십 만권의 궤적을 하나의 이름 아래 한꺼번에 묶는 동시에, 각기 다른 십만 개의 책의 생활사life history를 외면해 버린다. 책과 당신 사이에 가로놓인 특유의 배치를, 한번 주저앉으면 좀처럼 이동할 줄 모르는 아카데믹한 엉덩이는 염치도 없이 짜부라뜨려 버린다. 필사본 소설 연구에서 그나마 전향적인 방법이 시도되고 있긴 하지만, 사실 그조차도 어느 하나의 특이성을 극한까지 물고 늘어진다기보다는 일련의 필사본들의 공통점을 중심으로 의미체계를 분류하고 기존 연구사의 계통에 관련지어 재배치하는 일에 목적을 두고 있다. 책과 맺어온 너와 나,

그리고 우리의 (생성의) 드라마에 아카데미는 그다지 관심이 없다. 외면받았다 하더라도 책들의 카오스모스가 그 실체를 잃어버리게 되는 것은 아니다. 문학사는 나름의 체계와 논리로 짜인 환상을 뒤집어쓰고 자신에 연결된 무수한 파선波線을 몰지각한다. 그러나 음音이 소거된 수백만의『무정』과 수백만의『태평천하』의 아우성이 문학사의 이면에서 복작거리고 있다. 장-뤽 고다르의 말이 떠오른다. "큰 선 위에서 마주 보고 대립하는 두 진영만이 중요한 게 아니다." 이전 시대의 필사본 소설에 대해선 더 말할 것도 없다. 그러나 이를 두고 아카데미의 경직성을 추궁하는 일이란 부질없는 짓이다. 이 불만족스러움은 무엇보다도 '자신'의 문제로 절실해지고 봐야 하기 때문이다. 아무도 알려 하지 않고, 접속하려 하지 않는, 다시 말해 욕망하지 않는 정보는 어느 신체에도 기억되지 못한 채 곧장 망각으로 내리꽂힐 뿐이다. 내 삶의 풍요로운 겹들에 관해 가장 무지한 타자가 바로 나 자신일 수 있다.

왜 다들 유일무이한 '바로 그 책'을 궁구하는 일을 아카데미의 프로세스에 내맡겨 버리는 걸까. 그것이 부디 당신과 나의 언어로 온전히 이야기될 수 있었으면. 이 욕망을 권위자의 해석과 손쉽게 맞바꾸려 하지 않고 내 삶의 불가능성 한가운데로 줄을 그어 나갈 수 있는 경험으로 만개했으면 좋겠다. 하지만 우리는 책을 선용하는 방법을 그다지 많이 마련해놓고 있지 못하다. 당장 우리의 글쓰기만 하더라도 무수한 책의 존재 양상에 감히 대응할 수 없을 만큼 가짓수가 형편없다.

근래 블로그나 SNS의 글쓰기를 주목하는 이들이 많다지만, 인터넷의 글쓰기는 그 폭발적인 전염력에도 실제로 시도되고 있는 모험적 글쓰기는 그리 다양하지 않은 게 현실이다. 이런 수준에 대해 불만족스러워할 필요가 있다. 아카데미나 제도의 글쓰기가 포용할 수 있는 삶의 범위는 한정되어 있고 특유의 경직성 또한 어제오늘의 고질병이 아니다. 새로운 글쓰기가 삶의 해방을 약속하진 못하지만 삶의 해방은 글쓰기의 영원한 테마가 아닐 수 없다. 한 권의 책에서 시작하여, 사회 전체와 나의 관계를 사유하고 몸부림치는 연쇄가 가능하다. 그러니 더 욕망할 수 있어야 한다. 5장에서 이야기한 것처럼 그 욕망은 다음 단계의 인터넷을 가능케 하는 최첨단의 에너지이기도 하다. 모두가 낡고 한물간 미디어라 부르는 책이 그 복합적인 존재 자체로 우리에게 드러내 보이는 것은, 다름 아닌 우리 잠재성의 예비 증명이다.

누군가 나에게 이렇게 말했던 게 기억난다. "재밌는 생각이긴 한데 논문으로 쓰긴 애매하겠는데." 논문 되기가 어렵다는 이유로 아카데미에서 허무하게 폐기되는 사유는 또 얼마나 많을까. 문제의 해결책은 어떻게든 논문이 되도록 사유를 마름질하는 데 있는 게 아니다. 그런 타협은 지난 세기의 양식에 사유를 끼워 맞추는 일이 되고 말 것이다. 앞으로 나아가기 위해선 지금 여기에 아직 없는 일부터 시작해야 한다. 제도에 훈육되어, 혹은 아카데미즘을 비롯해 온갖 대의제에 중독된 채, 하릴없이 오려내 버렸던 미지의 욕망을 파라텍스트의 파선을 따라 다시 접합하길 권한다. 그 모험의 장이 당신의 '바로 그 책'이다.

너와 나의 비非문학사

　우선 내가 가진 『80년대 대표소설』을 가지고 실험해볼 순 없을까? 문학사의 기계적 프레임을 따라 절단되고 바깥으로 밀려난 것들을 일부만이라도 다시 꿰어볼 수 있는 그런 실험 말이다. 그런데 이 작업이 문학사에서 아직 이야기되지 못했던 것을 재차 문학사가의 언어로 때늦게 재현하는 수준에 그칠 뿐이라면, 애초에 바랐던 여정을 한 걸음도 시작하지 못하게 된다.
　『80년대 대표소설』의 전주인(들)은 몇 안 되는 단서에 의지해 막연히 추측해볼 수 있을 뿐인 가상의 존재다. 이 책으로부터 확장되고 접합하는 파라텍스트의 계열을 따라 그(들)는, 기다랗고 뾰족한 촉수가 머리 위에 뻗은 괴물, 과잉되지 않은 문학적 표현을 고민하는 예술청년 등으로 변신의 변신을 거듭한다. 나 역시 그들과 더불어 숨 가쁘게 변신한다. 그때마다 나의 자리도 이 책도 매번 낯설어진다.
　이 책을 미지未知의 그들과 나 '사이'에서 연거푸 재발견할 수 있었다. 그것을 '비非문학사'라 부르긴 하지만 일단은 잠정적인 명명이다. 무엇으로부터 뛰쳐나와 시작된 실험인가를 환기하는 표식의 역할이 이 말엔 담겨 있다. 하지만 그보다 중요한 과제는 '사이'를 가로지르는 선線을 잇는 일이다. 애당초 룰 따윈 정해놓고 시작하지 않긴 했지만, 이 실험이 더 흥미진진해질 방법을 찾을 필요가 있었다. 본래 게임의 법칙이란 게임을 더 재밌게 만들기 위한 장치이지 않던가.

첫째, 이 실험은 이 책 특유의 불투명한 애매모호함에 바짝 물러서려는 노력으로 이뤄진다. 둘째, 누구로부터도 온전히 확인받을 수 없기에 더 강렬히 상상할 수 있는 질문 목록을 구성하라. 마지막 룰은 이 책에 내 흔적을 더하는 일을 마다치 않는 것이다. 장래에 이 책을 만나게 될 또 다른 누군가를 예감하며 새로운 실험의 단서를 아낌없이 제공해도 좋다. 이를테면 파라텍스트가 수학사의 가장 흥미진진한 과제를 제시한 사례가 있다. 350년간 전 세계 수학자를 괴롭힌 '페르마의 마지막 정리'도 책 여백에 적은 메모에 지나지 않았다. 피에르 드 페르마(1601~1665)는 디오판토스가 쓴 『산술학』 *Arithmetica*의 라틴어 번역판의 귀퉁이에 '페르마의 마지막 정리'를 적었다. 오늘날 친필 메모가 있던 책은 전하지 않지만, 페르마의 아들 사무엘이 아버지가 사망하고 5년 후 유고집을 엮으면서 또 다른 라틴어판 '산술학'에 아버지의 메모를 추가한 증보판을 내면서 '마지막 정리' 등의 메모가 전하게 됐다.

문학사의 방법론과 우리가 하려는 게임의 룰은 무엇이 어떻게 다른 걸까? 문학사가는 정보의 노이즈를 몇 번이고 걸러내, 메인 텍스트와 몇 가지 콘텍스트만을 말끔히 추출한다. 그 과정에서 사라지는 것은 너와 나의 시간의 궤적, 그리고 이 책만의 유일무이함의 증거들이다. 그리하여 하나의 문학사가 수천수만의 『장길산』과 『원미동 사람들』의 비문학사를 사라지게 하는 블랙홀이 된다. 우리는 정반대로 작업한다. 노이즈의 바다로 책을 다시 방생하는 것이다.

그런데 오해가 없길 바라는 것이 있는데, 비문학사는 온갖 세세하고 잡스러운 정보를 일일이 기억하길 강요하는 편집증이나 강박

증이 아니다. 기억만큼이나 망각은 자연스러운 일이며, 결핍되어선 안 될 일상의 균형추다. 하지만 꼭 그런 의미에서 따져보건대, 문학사는 기억보다는 망각의 체계라 해야겠다. 문학사란 '문학'에 관해 기억해야 할 모든 것(또는 비교적 중요한 것들)의 역사적 집합체이면서, 동시에 망각해버린 것들의 텅 비고 광활한 대기^{大氣}를 침묵으로 지시한다. '문학사' 이전을 되짚어 누군가의 '(문학)체험' 속으로 접속하기 위해선 정보의 노이즈로 부글거리는 리얼한 세계 속으로 책을 관통시켜야 한다. 이때 책을 어떤 사건의 배치에 사용하는가에 따라 서로 다른 계열의 파라텍스트^{para(site)text}가 파생한다. 이 글에서 구상하는 '비문학사'란 그 무수한 계열선 중의 하나를 쫓는 과정이다. 이것은 노이즈의 바다에서 솟아오르는 한 줄의 멜로디를 확인하는 일과 비슷한데, 여기서 중요한 것은 단 하나의 선, 한 줄의 멜로디에 한정되는 것이 아니라, 동시에 무수히 다른 선과 음악을 산란^{散亂}하는 우리 세계의 카오스모스, 잠재성으로 가득 차 있는 끝없는 지평의 예감이다.

이제 직접적인 내 실험의 기록을 이야기할 차례다. 우선 페이지마다 남겨져 있는 메모를 따라 읽은 게 첫 번째 작업이었다. 『80년대 대표소설』의 전주인(들)은 윤정모의 「밤길」과 이창동의 「소지」, 정화진의 「쇳물처럼」을 가장 표 나게 읽었다. 전주인 그(녀)는 좋은 소설의 미덕은 무엇보다도 표현이 과하지 않도록 썼을 때 달성될 수 있다고 믿는 사람이었다. 페이지 귀퉁이에 적혀 있는 메모마다 이런 원칙이 일관되어 있었다. 메모의 빈도는 이창동의 「소지」가 가장 높았다. "너무 서두 암시"(81쪽), "장소 불일치"(82쪽), "작위적

인간관계 갈등조장"(83쪽), "쓸데없는 인물설정"(83쪽), "지나친 허구적 비약"(84쪽), "지나친 감정 분출"(97쪽) 그리고 '그녀는'이 부자연스럽게 반복되고 있는 문장에 밑줄에 괄호까지 덧붙여 표시해놓았다. 이상은 모두 「소지」에 표시된 메모다. 책에 끼워져 있던 발제문에는 '작품을 보는 태도'로 네 가지를 정리하고 있는데, 필체의 유사성으로 미뤄보건대 「소지」에 메모를 남긴 사람과 동일인으로 추측된다. '작품을 보는 태도'에 관하여 그(녀)는 이렇게 정리하고 있다. 이 글에서도 과잉된 표현을 싫어하는 그(녀)의 결벽을 확인할 수 있다. 문학 해설서에서 그대로 옮겨 적었다기보다는 작품을 읽는 자신만의 태도를 정리한 것으로 보인다. ① 심리적 기대, 두려움을 없애는 일, ② 사람과 사람 사이의 표현과 의미 전달, ③ 우리의 일상적 언어와 경험을 바탕으로 차근차근 느낀다, ④ 문학의 몰이해는 지나친 의미 탐구에서 생김. 이중 ④는 확실히 그(녀)다운 판단이다. 그(녀)는 일면식도 없는 미래의 내가 이 글을 읽게 될 거라고 상상이나 해 봤을까? ①에서 ③까지의 정리는 우리의 교감을 예감하는 문장처럼 느껴졌다.

정화진의 「쇳물처럼」에도 "한 인간의 연대기적 서술 과잉정보"(105쪽)라는 메모가 있었다. 그리고 "임꺽정이가 호랑이 등뼈를 움켜쥔 형태"(105쪽)라는 문장의 양 끝에 괄호 표시가 되어 있었다. 재밌는 표현이라고 생각했던 것일까? 아니면 이것 역시 과하다고 지적한 것일까? 「쇳물처럼」은 「소지」에 비해 메모의 숫자가 적다. 그래서 그(녀)가 이 작품에 대해 어떤 생각을 품었을지 추측할 수 있는 단서가 많지 않다. 순전히 메모의 빈도만 놓고 본다면 그(녀)

는 이 책에서 단 세 작품만을 공들여 읽은 모양이다. 그 이유는 뭘까? 이 책의 전주인이 남자였는지 여자였는지, 한 명인지 그 이상이었을지 알아볼 단서도 끝내 발견하지 못했다. 알 수 없는 것들의 목록이 늘어날수록 이 책에 대한 궁금증도 강렬해졌다. 나에겐 무엇보다 이 강렬함이 중요했다.

그리고 나는 이 책이 내 손에 들어오기 직전에 있었던 장소를 찾아갔다. 귀신 들림 혹은 그에 못지않게 궁금증에 강렬히 전도된 신체 역시 파라텍스트의 확장일 것이다. 이쯤 되면 이 책을 둘러싼 노이즈의 양과 강도는 극한에 이른다. 이 책과 관련지을 수 있는 책은 세상의 모든 책일 수도 있고, 반대로 그 무엇도 도움이 되지 않을 수 있었다.

이 책은 청계천의 한 헌책방에서 구했다. 이 책을 어떻게 만났는지 첫 기억을 더듬어보고 싶었지만, 나도 헌책방 주인도 그 순간에 대해선 별로 기억나는 게 없었다. 하지만 또 다른 『80년대 대표소설』이 책장 구석에 꽂혀 있는 것을 발견했다. 그리고 이 책과 양옆으로 나란히 꽂힌 책에 시선을 사로잡혔다. 하나는 1984년 풀빛 출판사에서 나온 코모부찌 마사아키菰淵正晃의 『자본주의 경제의 구조와 발전』(이하 『자구발』)이었고, 다른 하나는 1983년 샘터에서 나온 『E. T.』였다. 『80년대 대표소설』-『E. T.』-『자본주의 경제의 구조와 발전』. '80년대'라는 기호로 연결되는 새로운 파선이었다.

코모부찌 마사아키의 책은 '자구발'이라는 애칭으로 통했던 1980년대 운동권 새내기들의 필독서였다. 1990년대 말 학번인 나로선 소문으로만 접했던 책이었다. 『80년대 대표소설』처럼 이 책에도

그들이 『자구발』과 함께 어떤 책을 읽었든, 그보다 중요한 사실은 각자의 삶에 이 책들이 가로놓인 맥락이었다. 『80년대 대표소설』에서 시작된 선은 점점 더 복잡하게 부풀어 올랐지만, 그건 정신적인 혼란만 자아내는 복잡함이 아니었다. 오히려 책을 둘러싼 세계의 리얼함에 강한 공감대를 느낄 수 있었다.

뭐든 메모가 있지 않을까 기대했지만, 종이가 누렇게 퇴색했다는 것만 빼면, 표지에서 본문까지 희미한 연필 밑줄 하나 찾아볼 수 없는 상급품이었다. 『자구발』은 특유의 문체와 리듬감이 인상적인 책이었다. 힘 있게 쫠쫠 읊는 리듬감의 이런 대목.

또한 동시에 인플레이션의 원인은 노동조합의 임금인상에 있다고 하는 책임 전가론과 결부하여 인플레이션은 독점자본에 책임이 없을 뿐만 아니라 오히려 바람직하다고 하는, 다시 말해서 그 본질을 은폐하는 견해가 활발하게 주장되기도 한다. 그러나 우리는 이러한 견해가 얼마나 기만적인가 하는 것을 이제는 분명히 파악할 수 있을 것이다.[7]

가차 없이 단호한 판단력을 드러내는 말투다. 이런 게 그 시절

'레닌 보이'들의 말투일지도 모른다는 생각도 들었다. 그런데 이 책은 읽으면 읽을수록 김이 새는 면이 없지 않았다. 『자구발』이 한때 보안법 단속의 대상이기도 했던 운동권 입문서였다는 게 믿어지지 않을 만큼, 내용은 평이한 경제학 교양서의 수준을 넘어서지 않았다. 맑스주의적 관점이 이 책의 강점이라고는 해도, 그렇다고 정색하고 좌경을 논할 만한 정도는 아니었다. 일본 세무학회에서 1977년에 출판된 이 책의 원본 『資本制経済の構造と発展』는 일반인을 대상으로 한 교양서였다. 그러나 이 책이 1980년대 한국 운동권 문화의 자장 안에 재배치되면서 원본보다 급진적인 정치색이 덧칠된다. 따라서 이 책이 운동권에 수용됐던 당대의 맥락, 특히 운동권 독자의 생활 감각을 이해할 자료가 더 필요했다. 다행히 인터넷에는 '자구발'에 대한 회고의 글이 상당수 공개되어 있었다. 지금은 장년이 된 486세대의 글이었다.

이 두 개의 세계, 이 두 개의 그림 중 어느 것이 더 정확한 것인지 그의 머리는 혼란스러웠다. 그의 생각을 흔들어 놓은 "해전사"(해방전후사의 인식), "자구발"(자본주의의 구조와 발전)과 입학하면서 읽고 있었던 E. H. 카의 "20년의 위기", 아담 스미스의 "국부론"은 충돌을 일으켰다.[8]

간단한 일본어 교육을 받은 뒤, 처음 읽은 일본어 책이 일명 '자구발'로 운동권에 널리 알려졌던 '자본주의의 구조와 발전'이란 책이었다. 이 책은 칼 맑스의 '자본론'을 쉽고 단순하게 설명한 책이었는데, 세상의 진리의 모든 핵심은 이 책에 있다고 착각(?)했었다. 읽고 또 읽어서 거의 암기할 수준까지 읽었다.[9]

나는 이들의 이야기에 등장하는 책이름을 눈여겨봤다. 『해방전후사의 인식』-『자구발』-『20년의 위기』-『국부론』-『자본론』-운동권 일본어 교재. 그러나 그들이 『자구발』과 함께 어떤 책을 읽었든, 그보다 중요한 사실은 각자의 삶에 이 책들이 가로놓인 맥락이었다. 가난과 권위주의, 부패에 대한 증오, 선후배 사이의 갈등, 그리고 '지금, 여기'의 인터넷. 『80년대 대표소설』에서 시작된 선은 점점 더 복잡하게 부풀어 올랐지만, 그건 정신적인 혼란만 자아내는 복잡함이 아니었다. 오히려 책을 둘러싼 세계의 리얼함에 강한 공감대를 느낄 수 있었다.

가난이 싫고 미웠고 저주스러웠다. 궁색함도, 미래를 위해 현재를 희생하는 근검절약도, 촌지를 받으며 대학을 가야 한다고 너불대는 고등학교의 담샘도 증오스러웠다. 돈을 중심으로 돌아가는 자본주의 사회에의 반감은 대학을 들어가자마자 나를 데모꾼으로 만들었다. 자구발 하나만 읽고도 나는 완벽히 맑스주의자가 되었다.[10]

86년, 한 달간의 여름공부에 들었을 때 『자본주의 경제의 구조와 발전』(코모부찌 마사아키, 풀빛, 1984)를 공부하면서 긴 논쟁을 벌이다 언니는 밖으로 나가버렸어. 그날 밤, 점선의 금기를 깨고 다른 선배가 이 논쟁을 해결하기 위해 찾아왔지![11]

이들의 문장을 읽으면서 '비문학사'의 게임이 거미의 사냥술 같다고 생각했다. 거미는 보지도 듣지도 냄새 맡지도 못한다. 그래서 거미줄에 먹이가 걸리면, 몸에 전해지는 진동에 의지해 온몸으로 사유한다. 비문학사의 게임이 진행되는 동안 진동은 사방에서 전달됐다. 하지만 어느 방향으로 향하더라도 더 옳거나 틀리지 않는다는 걸 알 수 있었다. 다음 행선지가 『E. T.』로 이어진다 하더라도.

1980년대에 대한 정치적 콤플렉스가 없는 세대와 그렇지 않은 세대의 감성을 나누는 갈림길이 이 책이 아닐까? 『E. T.』가 놓인 그 자리에서 나는 '자구발'의 말투와 독자들의 회고를 내 세대의 감성에서 바라볼 수 있었다.

스티븐 스필버그의 〈E. T.〉는 미국에서는 1982년에 개봉했지만, 한국에서는 1984년에서야 정식으로 개봉하게 된다. 내가 구한 『E. T.』는 국내 개봉 1년 전에 1983년 2월에 샘터사에서 나온 영화소설이었다. 1983년은 E. T.의 해이기도 했다. 그 해 롯데 삼강과 빙그레는 '이티ET콘'과 '이트Eat콘'의 상표권을 놓고 한바탕 법정 시비를 벌였고[12], 어린이용 E. T. 연극이 한 해 4편이나 공연되면서 'E. T. 연극 과열 현상'에 대해 연극계에서 자성의 목소리[13]를 내기도 했다. 원작 영화가 수입 안 된 상황에서 극장에선 국산 E. T. 만화영화까지 개봉했다.[14] 샘터 판 『E. T.』도 1983년의 E. T. 특수를 노린 기획 상품이었다. 그런데 이미 1982년에 거암출판사에서 정성호 번역의 『E. T. 외계인』을 출간한 상태였던 터라, 뒷북을 친 샘터는 판매량에서 별 재미를 보지 못했다. 참고로 거암 출판사판 『E. T. 외계인』은 1983년 교보문고 집계 그 해의 베스트셀러 3위까지 올랐다.[15]

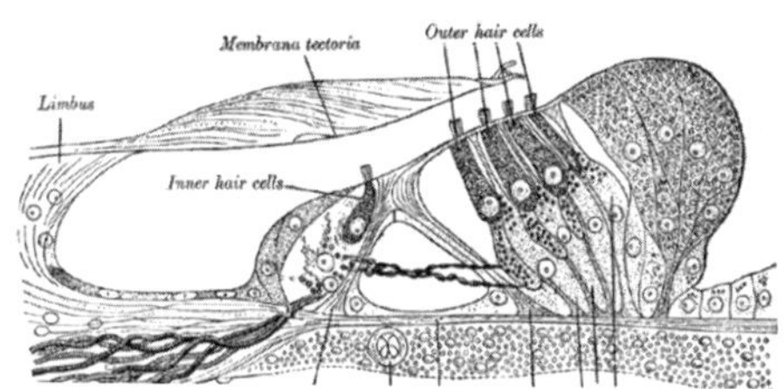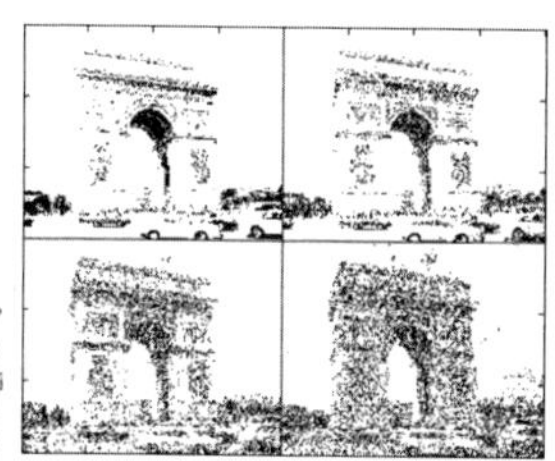

확률공명(確率共鳴, stochastic resonance)의 두 가지 예. 왼쪽 사진은 유모 세포(有毛細胞)와 수용 세포기관, 모속(毛束, hair-bundle) 등으로 이뤄진 내이(內耳) 코르티 기관. 기저막의 진동을 전달받은 섬모가 움직일 때마다 노이즈가 첨가되고, 이 노이즈는 청각 신호의 수용 감도를 증가시킨다. 오른쪽의 사진은 일정한 한계 이하 또는 이상의 광도만을 검파하는 비선형 임계 필터로 촬영한 개선문이다. 노이즈를 더할수록 이미지 정보의 양이 증가한다. 책에 대해서도 확률공명의 원리를 적용해볼 수 있지 않을까. 노이즈의 바다로 방생된 '책'으로부터 들리지 않았고, 보이지 않았던 무엇이 증폭될 수 있을까.

시간의 흐름을 따라 돌고 돌아 이 책은 청계천 헌책방의 책장 한쪽에서 『자구발』, 『80년대 대표소설』과 바짝 몸을 붙이고 있었다. 그러나 이 책은 곁에 있는 이웃만큼이나 느리게 흐를지언정 결코 멈춰 있는 것은 아니었다. 나는 이런 속도, 리듬이 우리 시대에 좀 더 섬세하게 사유될 필요가 있다고 생각한다.

E. T.는 혼자가 되었다.
E. T.는 두려웠다.
E. T.는 자기의 별에서 무려 3백만 광년이나 떨어진 이 지구에 혼자 남게 된 것이다.[16]

『E. T.』의 외계인은 홀로 지구에 남겨진 상황을 두려워하지만 이내 새로운 친구를 만나게 된다. 세상의 모든 책도 외따로 고립되는 법 없이 복잡 다양한 성좌를 이룬다. 그리고 책의 광막한 카오스모스를 가로지르며 선을 이어나가는 아찔한 숫자의 삶. 나는 진정 궁금했다. 이 둘을 굳이 구분할 필요가 있을까? 앞으로 다가올 책의 미래는 그 경계 없음을 우리가 어떻게 필요로 하고, 선용하려 하는가에 따라 달라질 것이다.

책과 확률공명

'확률공명'確率共鳴, stochastic resonance이라는 개념이 있다. 사전적 정의는 최적의 노이즈 강도에서 주기신호가 최대로 증폭되는 현상을 말한다. 상식적으로 생각하면, 노이즈가 들어갈수록 입력신호를 검출하기가 어려워지는 게 당연해 보인다. 하지만 경우에 따라 노이즈가 오히려 응답을 강화시킬 수 있다고 한다.[17]

마찬가지로 뉴런neuron(신경세포)은 한계 값 이하 강도의 입력에 대해서는 전혀 응답하지 않는다. 하지만 노이즈의 도움으로 입력이 한계 값을 초과할 수 있게 된다. 대표적인 예가 기억이다. 서당에서 학동들이 몸을 좌우로 흔들면서 천자문을 외는 것도, 입력신호(한자)에 신체의 노이즈를 섞어 기억의 회로를 강렬하게 하는 과정이다. 영감이나 지성 역시 노이즈와의 네트워킹을 통해 더욱 강렬히 뇌에서 생성한다.

나는 아직 우리 시대에 도착하지 않은 전자책의 새로운 이종異種을 확률공명 메커니즘의 적용을 통해 구상할 수 있다고 생각한다. 앞서 이야기했던 비문학사의 게임도 사실은 이런 구상의 일환이다.

기존의 전자책은 어디까지나 내적 텍스트에 종속된 도구, 메인 텍스트를 중심에 배치하고 입출력하는 미디어였다. 그러나 내가 제안하는 이종의 전자책은 텍스트를 휘감고 소용돌이치는 정보의 노이즈와 파라텍스트의 파생을 추적하는 비선형적 네트워킹의 도구가 될 수 있다. 이 새로운 장치는 책에서 작품만을 읽게 하는 것이 아니라, 우리에게 책 그 자체를 매번 낯설게 질문하도록 인도한다. 노이즈의 바닷속에 가라앉은 책의 존재의미를 찾는 소나sonar에 더 가까울지도 모르겠다. 무엇보다도 이 기술의 핵심

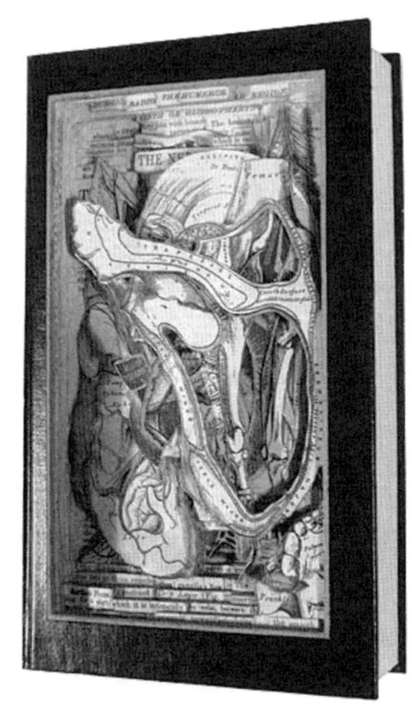

책의 자궁에서 서서히 몸뚱이를 갖춰가는 태아를 형상화한 브라이언 데트머의 북 아트. 아직 우리 시대에 도착하지 않은 전자책의 새로운 이종(異種)을 확률공명 메커니즘을 적용해 상상할 수 있다. 책을 새로운 신체의 발견·발명의 미디올로지로 활용하자. 책과 더불어 증식할 수 있는 우리 신체의 낯선 파라텍스트를 만끽해보자. ⓒ Brian Dettmer

은, 신자유주의 미디어 격변기를 주도하는 태블릿 PC나 스마트폰과 달리, 손바닥 위의 차가운 플라스틱 장치가 아닌 우리 신체에 최종적인 구심점을 둔다. 이 기술은 대기업의 연구실이 아니라 우리의 삶과 신체에서 계발된다. 세계의 불확실성을 기쁘게 선용할 줄 아는 삶의 기술을 구하고 갱신하는 일이야말로 우리 시대가 추구해야 할 미디어 격변기의 바른 행로다.

9장

'복사기의 네트워크'와 1980년대

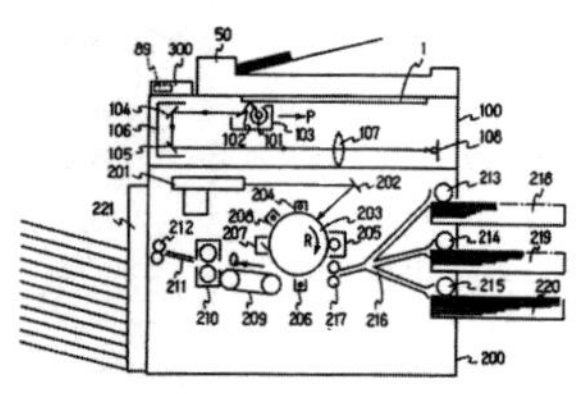

1978년 이후부터 학원소요의 양상이나 폭이 전과 달라진 것은
전자 복사기 문화의 영향도 크다.[1]

1980년대를 무엇과 '더불어' 다시 사유할 것인가?

강형철 시인은 훗날 자신처럼 시인이 되는 정우영을 도서관 옆
벤치로 불러냈다. 때는 1980년대 초의 일이고, 두 사람은 절친한 숭
실대 선후배 사이였다. 강형철이 정우영에게 내민 것은 『신동엽 전
집』을 복사한 종이 뭉치였다. 『신동엽 전집』은 1987년 해금되기 전
까지 금서로 묶여 있던 책이었다. 불심검문이 난무하는 시국에 빌
려주기도 부담스러운 자료다 보니 강형철은 후배가 시를 전부 다
읽을 때까지 담배를 피우며 기다렸다. 이때가 정우영 시인이 신동

엽 시를 처음 접한 순간이었다고 한다. 신동엽뿐만 아니라, 김지하와 김남주, 박노해의 불온한 시집, 황석영의 기념비적인 광주 르포도 온전한 책의 형태보다는 조악한 복사물의 상태로 처음 접하는 사람이 많았다.

비단 문학뿐 아니라 1980년대의 온갖 정치 유인물의 증식과 공유에 복사기는 매우 유용한 도구였다. '1980년대의 복사기'는 동시대에 병행됐던 초고속 대량인쇄 중심의 옵셋 인쇄, 마스터 인쇄와 역할을 배분하면서, 인쇄 기술을 대중의 일상적 행동능력의 범주로 확장시키는 데 결정적인 기여를 했다. 1970년대 중반까지만 해도 복사기는 대중적인 것과는 거리가 먼 값비싼 행정 장비였다. 이 시기 일반인들은 대개 '가리방'がり版이라 불린 등사판謄寫板 인쇄에 의존했는데, 수작업의 특성상 느리고 품도 많이 들었다. 그러나 1980년대에 복사기의 가격이 현저히 떨어지고 보급형 모델이 대량으로 판매되면서, 가리방과는 비교할 수 없을 만큼 속도와 생산력 모두에 월등하고, 옵셋 인쇄나 마스터 인쇄로 소화되지 않는 소량의 온갖 잡다한 인쇄물까지 경제적으로 찍어낼 수 있는 기술을 대중도 누릴 수 있게 되었다.

1980년대 인쇄 테크놀로지의 변화에 가장 기민하게 반응했던 곳은 대학이었다. 푸코 연구자이자 임상역사학자인 이영남이 필자에게 보낸 편지에도, 쌀쌀한 서클 룸에 앉아 어딘가에서 전달된 유인물을 읽는 대학생의 모습이 그려져 있다.

저도 스무 살이었고 대학의 분위기는 암울했습니다. 당시는 87년이었고 몇 달 후에는 6·10이 있었지만 새벽이 어둡다는 말처럼 암울한 시절이었습니다. 이상하게도 저녁이었고 날이 좀 쌀쌀했었습니다. 서클 룸에는 저 혼자 있었고, 지저분한 책상 위에 두꺼운 유인물이 하나 놓여 있었습니다. 그 당시에는 서클 룸에 언제나 유인물이 놓여 있었습니다. 그러나 그 유인물은 제법 두툼했던 걸로 기억이 됩니다. 저는 첫 페이지를 읽기 시작했고, 그만 글에 빨려 들어가 어쩔 도리가 없이 끝까지 다 읽어야 했습니다. 권인숙 진술서를 저녁의 서늘한 기온에서 홀로 고독하게, 이상하게 아무런 발소리도 들리지 않고, 사방이 쥐 죽은 듯 조용했습니다. 저는 진술서를 읽으면서 모든 감정이 빠져나가는 것 같았습니다. 유인물을 덮고는 그다음에 어떻게 했는지는 기억이 나지 않습니다. 당시에 읽었던 무수한 유인물처럼 서클 룸 문을 닫고 나가면 잊혔던 것인가요? 모르겠습니다.

책상 위에 놓인 유인물들은 각기 다른 의지와 강도로 결정화된 언어일지 모르나, 복사기의 반사광 아래서 미디어 환경의 시대적 특이성을 공유한다는 점에선 동류다. 1980년대 한국 사회에서 복사기는 그 이전 시대와도 다르고, 그 이후로도 그때만큼 강렬해질 수 없었던 독특한 사회 문화적 배치에 놓여 있었다. 그러니 1980년대를 무엇과 '더불어' 다시 사유할 것인가? 이 글의 선택은 복사기다.

박일문이 쓴 후일담 소설의 한 대목에도 복사기의 그늘이 짙게 드리워 있었다. 1980년대를 누구보다 치열하게 살았지만, 어느 날 갑자기 허무하게 죽어버린 시인이 있다. 그가 남긴 것은 온갖 유인물로 뒤섞인 엄청난 양의 종이 더미뿐이다. 죽은 시인의 친구는 이것들을 검토해 유고집을 만들려 한다.

보름 전, 진수는 문청에게 열 박스 분량의 자료를 주고 갔다. 성성에 관계된 자료였다. 그 자료를 기초로 유고집을 내자는 것이었다. 문청은 엄청난 자료에 질려버렸다. 수많은 자료들 …… 1981년에 나온 야비 문건, 1983년 인천 문건, 1983년 노방 문건, 1984년 생산지정투론, 현노전 문건, 1985년 지노모 문건, 서노, 인노, 남모, 마창노련 등에서 나온 각종 문건들, 1986년 두 개의 평가, 정노 문건, 반제직투론 문건, 진군, 1986년 6월경에 나온 NLPDR의 오삼공 문건, 현정세, 수렁과 반석, 1987년 제헌의회 그룹에서 나온 각종 문건들, 산개전, 알엠오 문건, 강철서신 시리즈, 각종 성명서, 국구의 광장, 울산노동자신문, 민통련, 전민련, 전농, 전교조, 전대협, 통불협, 한교협 …… 일일이 열거할 수 없는 수많은 단체들에서 나온 자료들, 그리고 성성의 일기장과 시편들, 몇 개의 잡문, 문청은 그 자료 더미 속에서 몇날 며칠을 보냈다.[2]

죽은 시인이 직접 작성하지 않은 잡다한 유인물들을 치우고, 이른바 '문학'이라 불릴 만한 일기, 시편들, 몇 개의 잡문만을 추려낸다면 과연 그의 삶에 충실한 유고집이 만들어질 수 있을까? 오히려 그 모든 언어에 '문학'이 뒤엉켜 있던 원래 상태에서 물러서 있는 편이 죽은 시인의 삶과 언어를 이해할 수 있는 본래 풍경을 훼손하지 않는 일이 아닐까? 이와 마찬가지로 1980년대를 복사기와 '더불어' 사유한다는 것은, 일개 기계의 문화사를 정리하려는 게 아니라, 그 시

대의 언어가 어떤 힘과 사회 문화적 배치에 뒤엉켜 있는가를 이해
하려는 시도다. 복사된 금서를 주고받는 청년들의 풍경에서 눈여겨
봐야 할 것은 책의 제목이나 저자의 이름만이 아닌 것이다.

복사기의 네트워크

한국 사회에 복사기가 처음 등장한 것은 1960년 8월 미우만 백
화점 1층 전시장이었다. 당시 신도 교역(신도리코의 전신)에서 수
입한 RICOPY 505 모델은 감광지를 사용하는 디아조식 일제 복사
기였다. 이후 이 회사는 일본 리코 사(社)의 기술 지원을 받아 1964년
12월 RICOPY 555 모델을 시장에 출시하게 되는데, 이때만 해도 복
사기 한 대 값은 집 한 채 가격에 달했다.[3] RICOPY 555를 가장 먼저
산 곳은 서울시청이었다. 1962년 2월 '서울특별시 행정에 관한 특별
조치법'이 제정되면서 해마다 호적 사무 업무의 양이 폭발적으로 증
가하고 있던 터라, 복사기는 사무 현장에 도입되자마자 업무에 필
수불가결한 기기로 자리 잡게 된다.

5·16쿠데타 이후 박정희 정권은 군(軍) 행정 시스템을 정부 행정
업무 전반에 도입하게 되는데, 군에서 폭넓게 활용하고 있던 한글
타자기를 전국 시·도·군·면은 물론 시골 경찰지서에 이르기까지
대량으로 보급했다.[4] 이것이 이른바 행정장비 근대화 계획이었다.
복사기의 도입은 이 과정의 두 번째 단계에 해당한다. 이 시기의 복
사기는 대부분 국가 기록의 생성과 유통에 관계하는 공적인 회로망

에 배치된 장비였다. 따라서 아무 데이터나 복사될 순 없었고, 일반인들에겐 당시 관공서의 높다란 문턱만큼이나 요원하기만 한 기계였다. 한국 사회에서 복사기를 둘러싼 사회 문화적 배치는 오늘날과 같은 대중적인 접근성, 편의성을 갖기까지 거의 20년 가까운 시간이 필요했다.

1970년대까지 국내 복사기 생산량의 상당량은 정부 행정 기관이 소화했다. 그 본격적인 전환점이 된 때는 국내 최초의 전자식EF 복사기인 신도리코 BS-1이 1969년에 출시되면서부터다. 이 모델은 5·16쿠데타 이후 한글 타자기가 그랬던 것처럼, 일선 행정관서까지 대량으로 납품되었다. 이와 더불어 국가 행정 시스템 전반엔 대량문서 생산체제가 구축된다. 행정장비로 배치된 타자기와 복사기의 도움으로 국민은 보다 광범위하고 체계적으로 데이터베이스화될 수 있었다. '국민'이라는 정보에 대한 정부의 독점력 또한 강고했다.

이 시기 정부는 신도리코와 같은 사무기기 메이커의 흥망을 결정하는 최대 고객이자 기업 육성의 정책적 조력자이기도 했다. 정부는 민간의 그 어느 주체에게도 추월을 허락하지 않는 독보적인 얼리어댑터early adapter로 1970년대 말까지 정보 기술의 수혜를 누렸다. 특히 당대의 최첨단 정보 기기가 치안에 적극 활용되었는데, 1978년 발표된 치안본부 장비 현대화 5개년 계획에서도 이 점은 여실히 드러난다.

정부는 고도경제성장과 사회구조의 급격한 변화에 따라 급증하는

1970년대 복사기 생산현장을 찾은 박정희. 1970년대까지 국내 복사기 생산량의 상당량은 정부 행정 기관이 소화했다. 이 시기 정부는 신도리코와 같은 사무기기 메이커의 흥망을 결정하는 최대 고객이자 기업 육성의 정책적 조력자이기도 했다. 정부는 민간의 그 어느 주체에게도 추월을 허락하지 않는 독보적인 얼리어댑터(early adapter)로 1970년대 말까지 정보 기술의 수혜를 누렸다. ⓒ 신도리코

범죄사고 등을 최소한으로 줄이기 위해 내년부터 83년까지 5개년 계획으로 교통 통신 수사 장비를 컴퓨터 처리시스템으로 현대화하고 20개 경찰서와 2백 24개 지·파출소를 신설하여 경찰관 1만 7천 명을 증원키로 했다. 21일 치안본부가 밝힌 내년부터 5년간의 각종장비현대화 및 경찰관 증원계획에 따르면 새로운 치안수요에 따른 수사 활동의 강화를 위해 약 40만 달러를 들여 최신형 마이크로 축사기 복사기 현상기 팩시밀리 등을 구입하여 주민 지문 형사 지문 수배자 카드와 범죄 수법 자료 등 2천 2백80만 장을 컴퓨터에 수록, 각 시·도 경찰국과 본부 및 김포 공항 등 전국 13개소에 설치된 컴퓨터 터미널을 토해 1~3분 이내에 조회를 끝낼 수 있도록 되어 있다. 치안본부는 이와 함께 수사 활동을 강화하기 위해 서울·부산·대구 등 6대 도시에 형사기동대를 설치하고 수사비 등 경찰관서 예산의 현실화를 적극 추진키고 했다. 또 늘어나는 교통량의 원활한 처리를 위해 속도측정기 77대 음주감지기 50대 인명구조기 18대 VTR 31대 등 각종 교통 장비 1천5백27대를 도입하며 대도시 중심가의 교차로 신호를 전자 감응식으로 모두 바꾸고 건널목 안전표지신호기를 대폭 증설키로 했다.[5]

치안본부 장비 현대화 5개년 계획이 완료될 예정이었던 1983년에 이르면, 정부는 더는 미디어 환경의 독점권을 예전처럼 행사할 수 없게 된다. 그 균열과 탈영토화의 선봉에 다름 아닌 복사기가 있었다.

이미 1970년대 초부터 중소기업이나 개인을 위한 소용량 복사기에 대한 수요는 서서히 증가하고 있었지만, 전 세계 시장에서 압도적인 시장 점유율을 유지했던 제록스Xerox는 1980년대 초까지도 새로운 변화의 요구를 실행에 옮길 의지가 희박했다. 제록스는 대기업과 기관을 타깃으로 초고속 대용량 모델 판매에 집중했고,[6] 경쟁사가 쉽게 끼어들 수 없는 시장 구조를 어떻게든 유지하고 싶어 했다. 신규 시장을 확대하는 모험을 감행하기보다 경쟁사에 수시로 특허권 침해 소송을 걸어 시장 지배력을 남용했다.[7] 제록스의 전횡專橫은 복사기의 대중화를 지리멸렬하게 연기시키는 가장 큰 원인이었다. 제록스는 OA업계의 앙시엥 레짐Ancien Régime이었다. 하지만 1972년 미국연방거래위원회FTC가 제록스를 고발한다. 시장 독점을 위해 특허권을 남용하고 있다는 혐의였다. 수년간의 조사 끝에 제록스는 결국 FTC의 합의명령에 굴복해 다른 경쟁사들이 자신의 특허권을 사용하는 것을 허용했고, 진행 중이었던 특허침해소송까지 모두 포기했다.[8] 이것이 1975년의 일이다.

제록스의 독점력이 원천적으로 제거되는 1975년의 사건은 수년 뒤 극동 아시아 한국의 미디어 환경 변화에도 엄청난 영향을 끼친 준원인quasi-cause이 된다. 특허권을 앞세운 제록스의 압제에서 벗어나자마자 리코와 캐논은 공격적으로 소형 복사기 제품군을 시장에 내놓았다. 일반인들이 저렴하게 구매하고 쉽게 사용할 수 있는 복사기가 대중적 생활 배치 속에 보급되기 시작한 것이다. 복사기 업계의 새로운 판도는 일본 업체와 제휴 협력 관계에 있던 국내 시장에서 큰 시간차 없이 그대로 수용됐다.

복사기 업계의 이러한 변화가 없었다면 크고 작은 복사 가게가 옹기종기 모여들기 시작한 1980년대 초 대학가의 새로운 풍경은 좀 더 훗날에 등장했을 것이며, 광주의 비극을 알리려는 재야·학생 운동권의 분투는 미디어 전술부터 다르게 기획해야 했을 것이다.[9] 한 달에 7만 8천 매씩(1986년 3월 기준) 쏟아져 나오는 운동권 유인물[10], 이른바 '삐'[P]의 폭발적 생산도 복사기가 대중적 미디어로 하방하면서 끌어올릴 수 있었던 전투력이었다. 복사기가 있는 곳이면 어디라도 민중운동 또는 계급투쟁의 진지로 변용될 수 있었다.[11] 그렇기에 치안 당국은 1980년대 내내 대학가의 복사기 단속에 수시로 나섰지만, 관련 시장은 해마다 급성장했고 제품이 팔려나가는 곳 역시 대학교와 그 언저리에 한정돼 있지 않았다. 복사기는 더는 이전 시대처럼 특정 주체나 권력에 점유된 채 제한된 성격과 분량의 데이터만을 처리할 수 있는 기계가 아니었다. 이 시기에 이르러 복사기는 어디에나 놓일 수 있었고 그만큼 다채로운 사용 주체와 연결될 수 있었다. 복사기는 운동권과 같은 저항적 정치체 뿐만 아니라 일반 시민과 중소기업, 비정치적 예술가들에게도 활용 가능성이 얼마든지 열려 있는 기기였다. 그리고 이 점은 복사된 데이터가 서로 다른 주체의 생활권으로 넘나들기가 용이해졌음을 의미하기도 한다.

대학가에 복사기가 가장 많이 판매 유통될 수 있었던 맥락도 흥미롭다. 어떤 의미에서 그 원인은 전두환 신군부의 교육정책 덕분이었다. 1981년부터 '졸업 정원제'가 본격 시행되면서 입학 정원이 종전의 2배까지 늘어나게 된다. 대학생 수가 배로 증가하면서 대학가에 유통되는 돈의 규모와 흐름도 배로 늘어났다. 이는 대학가 상권의 활기로 이어졌고, 그중 가장 수혜를 많이 입은 업종이 복사 가게와 전자오락실이었다.[12] 학생들은 비싼 원서를 제값을 주고 사려 하지 않았다. 학교 앞 복사 가게에서 값싼 복사본을 얼마든지 구할 수 있었기 때문이었다.[13] 졸업 정원제는 그 수요를 학생 수에 비례해 배로 늘렸다. 대학생들에게 불법복제와 지하출판에 대한 거리낌 같은 건 없었다. '미제'나 '일제'라면 그래도 상관없다는 이상한 당위성이 이 시절 학생들 사이엔 팽배해 있었다. 제도권 출판계에서조차 정식으로 저작권 계약을 맺지 않은 해적판 번역물이 태반이었다. 그리고 또 하나의 변수는 '금서'禁書였다. 금지된 책에 대한 열망과 관심은 정부의 검열과 규제 강도가 높아질수록 더 뜨거워졌다.[14] 그 수요와 공급의 접점이 복사기와 마스터 인쇄, 해적출판을 통해 해소될 수 있었다. 금서의 출처는 도서관 깊숙이 웅크려 있던 식민지기 카프 문학뿐 아니라 영미권과 일본, 그리고 소련과 북한에 이르기까지 다양했다.

그러나 대학생들에게 복사기가 지知의 유통망으로서 뿐만 아니라, 부정한 정권에 대항하는 미디어로 재발견, 재발명될 수 있었던 것은 1980년 5월 광주의 비극 때문이었다. 그해 봄, 공수부대원들의 총칼에 시민이 무참히 유린당하는 동안, 매스미디어는 침묵하거나 사실을 왜곡했다. 1980년대 모든 형태의 대항 미디어 운동은 고립무원의 광주를 향한 뒤늦은 참회의 형식이라 해도 과언이 아니다. 아래에 인용한 기사는 박정희가 죽기 다섯 달 전, 그리고 광주의 비극이 있기 1년 전 신문에 실린 내용이다. 1980년대 한국에서 전개될 저항 미디어 운동을 예감할 수 있는 내용이기도 하다.

> '파리'에서 이란으로 밀반입된 카세트테이프는 다시 회교사원이나 비밀장소에서 대량 복사되어 국민들에게 전파됐다. '사바크'는 카세트테이프를 압수하기 위해 안간힘을 썼지만 모조리 찾아낼 수는 없었다. 더구나 카세트는 값이 싸서 국민들 사이에 많이 보급될 수 있어 그 역할은 엄청나게 컸다는 것. **카세트와 함께 제록스도 회교혁명에 한몫을 톡톡히 해냈다.** 신문이나 방송이 반정 세력의 입장을 대변하지 못하게 되자 **제록스를 이용한 지하신문이 날개 돋친 듯 관공서 시장 데모 군중의 손에 배달되면서 왕정타도데모를 선동했다.**[15]

이 기사는 1979년 2월 11일 혁명으로 무너진 이란 왕정에 관한 이야기이면서, 총칼을 앞세운 권력에 어떻게 저항할 것인가를 알리는 한 예시이기도 하다. 제3세계 인민들의 투쟁 전술은 국경을 넘어 억압받은 자들의 용기와 상상력을 일깨우며 전 세계로 전파됐다. 실제로 1980년 광주의 비극을 알리는 일에 이란혁명에서처럼 복사기와 카세트테이프가 적극 활용됐다. 이와 관련해 황석영의 술회는 새삼 주목을 요한다. "광주항쟁과 6월 항쟁을 겪으면서 나는 급진화했다. 현장극 대본을 쓰고, 유인물을 만들고, 노래 가사를 쓰고, 문선대를 조직하고, 〈자유 광주의 소리〉라는 지하방송 팀을 만들어 오디오 테이프를 다달이 제작해서 전국에 배포하던 시절이었다."[16] 황석영은 당대 미디어 환경에 내재한 그 모든 저항적 역량에 접속하고 기여하고자 했다. 이것을 그저 황석영이라는 대작가의 흔치 않은 무용담쯤으로 취급해선 안 된다. 이것은 당대의 문학이 무엇과 '더불어' 시대를 돌파해나갔는가에 대한 증언이다. 비단 '문학'뿐만 아니라 연극과 영화, 음악에서도 국가 권력과 대자본에 종속되지 않으면서 시대의 어둠을 고발하려는 새로운 형식과 실천이 시도되었다. 그러나 이 시기 저항적 미디어의 역사적 배치와 연결망을, 가능한 한 그 불균질한 복잡성을 훼손하지 않고 조망할 수 있으려면, '문학'이라거나 '연극', '음악'의 이름으로 그 의미를 환원하는 논법과 거리를 둘 필요가 있다. 이 글에서 제안하는 관점은 이를테면 어떤 문장에서 주어도 목적도 서술어도 아닌 '접속사'부터 우선 주목하는 일과 비슷하다. 그 모든 1980년대 저항의 주체들이 그들의 적敵뿐만 아니라 그 어느 쪽에도 무관심한 대중들과도 엇갈리게 되는 테크놀로지의 교차로를 주목한다. 그곳이 바로 '복사기의 네트워크'다.

유인물과 금서를 든 헤르메스

이 시기 '복사기의 네트워크'에서 소위 '불온문서'의 유통을 가능케 한 동력은 다름 아닌 사람의 '몸'이었다. 그래서 불온문서의 내용만이 아니라 그것을 이동, 전달하기 위해 헤르메스의 역할을 맡은 이들의 신체와 그를 둘러싼 사건에 주목할 필요가 있다.

1980년 5월 조선대학교 민주투쟁위원회가 광주 학살의 비극적인 전모를 알리는 유인물을 제작했고, 이 문건은 여러 사람들의 손을 거쳐 복사되고 전파됐다. 그해 봄 스물다섯 살이었던 박해전도 그 중 한 사람인데, 충남 금산의 정해숙 선생의 집에서 문건을 처음 접했다.

나는 6월 금산 정해숙 선생님 댁에서 조선대학교 민주투쟁위원회가 작성한 〈전두환의 광주살육작전〉과 〈광주사태의 진상〉이라는 유인물들을 보고 경악을 금치 못했다. …… 어떻게 이럴 수 있는가. 믿기지 않는 너무나 참혹한 만행에 전두환 신군부에 대한 분노와 함께 공포, 무력감을 느꼈다. 나는 이 유인물을 복사해 가까운 사람들이 돌려보도록 하고 그 내용을 만나는 사람들에게 알려주었다.[17]

이 글에선 간략한 설명에 그쳤지만, 유인물을 복사하는 과정 자체가 만만한 일이 아니었다. 처음 그 문건을 읽고 공포와 무력감, 분노에 시달리다가 이 소식을 더 많은 사람에게 알리고자 마음먹었을 때, 그의 눈엔 '복사기'가 어떻게 보이기 시작했을까? 많은 복사 가게가 당국의 단속을 피하느라 정치 유인물은 취급도 않는 일이 적지 않았고[18], 어떻게든 복사나 인쇄에 성공했다 하더라도 그걸 들고 다니면서 불심검문을 피하기란 쉽지 않았던 시절이었다. 그래서 아래에 옮긴 장면에서 보듯, 미리 안전한 동선을 파악해 놓은 뒤, 업자와 시간을 맞춰 정확히 움직여야 피차 단속도 피하고 유인물도 뺏기지 않을 수 있었다.

당시에 유인물을 인쇄하는 일은 전쟁을 치르는 것처럼 긴박한 것이었고 구속을 각오해야 할 수 있는 일이었다. 유인물을 옮기는 것도 지금처럼 택배로 운반하지 않고 직접 운반을 했다. 유인물이 인쇄가 완료되는 시간에 맞춰 내가 택시를 잡아 대기를 하고 인쇄소 직원은 돌돌이(인쇄물을 운반하는 바퀴 달린 손수레)에 유인물을 싣고 와서 택시에 올려 주고 재빨리 골목으로 사라졌다. 나 역시 택시를 타고 서울역까지 와서 인천행 버스로 갈아타면서 느꼈던 긴장감을 생각하면 지금도 아찔해지는 듯하다.[19]

유인물 제작과 전달 과정에서 수없이 많은 사람이 곤욕을 치러야 했다. 여러 일화 가운데 황지우 시인의 이야기가 인상적이다. 그에게도 광주에 관한 유인물은 "안전핀을 뽑은 수류탄"만큼이나 무서운 것이었다. 그러나 그의 몸뚱이는 메시지 전달의 매개로서 소임을 다해야 했다. 그런 역할을 맡아야 하는 이의 신체와 '문학'하는 자의 신체는 광주의 비극 앞에서 귀천貴賤을 다툴 수 없었다. '문학'은 세계를 향한 온갖 방식의 기투企投, 그 행동 능력의 발현 속에서 그저 한 줌의 가능성으로 간신히 확인할 수 있는 것들의 하나일 뿐이기 때문이다. 더구나 그 모든 도전의 결과는 낭패로 끝나는 일이 훨씬 허다하다. 그날만 하더라도 황지우는 유인물 전달에 실패하고 만다. 이런 시대에 불가능할 것만 같은 일의 목록에는 민주주의만

이 아니라 시도 예외가 되기 힘들었을 것이다. 그렇기에 그 불가능성의 목록을 향해 무한한 책임의식을 가졌던 이들의 다른 글쓰기, 시대에 직접 반응하고자 애쓰는 다른 형식들에 대해서도 시인은 우애를 실천해 보여야만

신촌 대학가의 달라진 풍경에 관한 1983년 3월 10일 경향신문 기사. 전자오락실과 복사 가게가 크게 늘어난 것을 특징으로 꼽고 있다. ⓒ『경향신문』

했을 것이다. '문학'은 그것들의 곁가지에서 잠시 부재하더라도 언젠가 도래할 그 무엇의 예감으로 스스로를 존재 증명한다.

1980년 5월 24일, 나는 정장을 하고 안개꽃 한 다발을 들고 종로3가 단성사 앞으로 나갔다. 안개꽃 다발은 광주시민 학살을 규탄, 호소하는 유인물이 든 가방을 위장하기 위한 것이었지만, 꽃다발로 감춘 죽음의 그 진실은 안전핀을 뽑은 수류탄을 안고 있는 것처럼 조마조마하고 두려운 것이었다. 지하철 입구마다 전경들이 쫙악 깔려 있었고, 극장 앞에 기동대 버스가 대기 중이었다. 나는 청량리 지하철 플랫폼에서 체포되었다. 손목이 등 뒤로 묶인 채 나는 사자들에게 거칠게 끌려갔다. 오월 마지막 날 오후햇살이 역광으로 쏟아져내려오는 588 사창가 골목으로 나가는 지하철입구를 나는 지금도 잊지 못한다. 이미 지옥인 지상으로 올라가는 계단에서 뭐라고 고래고래 고함치던 나를 피해 지나가던 서울의 행인들에 대한 그때의 나의 막막함을 나는 지금도 잊지 못한다.[20]

안개꽃을 안았던 황지우와 달리, 을지로 인쇄 골목에서 '민주 배달'로 불렸던 어느 고정 배달원은 안기부 기관원에 매수당해 인쇄소 사장들을 줄줄이 경찰서에 끌려가게 만들기도 했다.[21] '복사기의 네트워크'에선 얼마든지 있을 수 있는 일이다. '복사기의 네트워크'는 애당초 어느 편에게만 유리한 성질을 드러내지 않는다. 신의나 이념은 인간의 덕목과 지향일 뿐 기계의 문제는 아니다. 복사기가 어떤 주체에게든 일관되게 보장하는 것은 "책 1권은 곧 1백 권"[22]이라는 복제 기능뿐이다. 이 기능을 어떻게 저항의 힘으로 전환할 것인가는 기본적으로 사용자들의 몫일 테지만 이마저도 의지만으로 해결될 순 없었다. 인간과 사물의 온갖 관계 역량에 길항하는 변수는 여럿이고 커뮤니케이션의 무수한 경우의 수가 여러 갈래로 나뉜다. 그중 적잖은 국면들에서 국가 권력의 통제는 현실적인 위력을 발휘한다. 국가의 통치권도 네트워크로 작동되며 '복사기의 네트워크'에 엇갈리며 겹쳐 있는 양상이기 때문이다. 그래서 '저항미디어 = 해적판 = 복사물'과 같은 천진한 도식뿐만 아니라, 매스미디어가 우리를 동질화시켜 다양성의 모든 흔적을 말살해 버릴 거라는 러다이트식 설레발 모두 미디어 환경의 복잡한 관계를 이해하는 데 도움이 되지 않는다. 한 시대의 미디어 환경에는 대량 생산과 대량 소비의 대세를 이루는 겨우 몇 개의 직선만이 아니라 서로 부딪치고 엇갈리고 도망치는 무수한 파선이 언제나 얽혀있다. 차단되고 은폐된 광주의 메시지가 전국으로 확산되는 과정 역시 파선의 운동성을 통해 읽어야 한다. 실패와 성공, 신의와 배반의 행로 모두 지금 여기에서 가능한 현실 그리고 곧 도래할 잠재된 현실의 전조다.

시대의 불의를 참지 못하는 사람들이 꾸준히 제작과 전달 과정에 투신할수록 수신자의 수는 점점 늘어날 수밖에 없었다. 그 매우 어려운 반복에 신명교회 교인들도 헌신적으로 매달렸다. 이 과정에서 혹독한 곤욕을 치러야 했던 교인들이 한둘이 아니었다.

누군가 광주의 진상을 알리는 유인물 보따리를 목숨을 걸고 숨겨 가지고 와서 신명교회 교인에게 전달해 주었다. 유인물은 조선대학교 이름으로 된 것이었는데, 제목은 "전두환의 광주 살육 작전"이었다. 신명교회 교인들이 생명의 위험을 무릅쓰고 서울 지역 10여 곳에 배포하였다. …… 결국 하월곡동에서 유인물을 배포하던 1개 조가 배포 도중에 체포되었고, 신명교회와 교인들 집은 수색을 당하고 계속적으로 감시를 당하였다. 결국 이 사건과 관계된 17명의 교인들이 수난을 당하였고, 배포 책임자인 서 집사는 3년 동안 감옥살이를 하지 않으면 안 되었다. 그러나 이 유인물을 받은 사람들이 계속해서 복사해서 배포하여 많은 사람이 광주의 진상을 알게 되었다.[23]

수십, 수백의 선 가운데 하나의 선이 간신히 신명교회에 닿았고, 이곳으로부터 다시 수십, 수백의 선이 뻗어나갔다. 이 과정은 1980년대 내내 처절하게 반복됐다. 하지만 공안 당국의 수사도 그 선을 집요하게 거슬러 올라가는 방식이었다. 특히 어디에서 어떻게 불온 문서가 복사되고 전파되는지 디테일을 놓치지 않으려 했다. 아래에 옮긴 공소장 요지에도 금서와 유인물, 벽보가 복사·전파되는 과정을 자세히 설명하고 있다.

1984년 10월 중순 일자불상경 서울관악구신림동소재 서울대학교부근의 「집현전」이라는 복사 점포에서 스탈린 저 『레닌주의의 기초에 관하여』라는 일본어 서적 복사본 1부가 있는 것을 발견하고 …… 위 점포를 지키고 있던 성명불상 30대 여자에게 1장에 20원씩 도합 8백 원을 지급한 다음 위 공산 서적 1부를 복사 교부받아 …… 모조지 1장에 위 원고 내용을 옮겨 적고 이를 복사한 벽보 25장 만들어 위 학교 구내 여러 곳에 게시하게 하고 …… 다음 날 3월 1일 오전 8시 30분경 동인으로 하여금 서울관악구봉천7동 소재 제일차트사에서 위 원고내용 그대로 16절지 크기의 유인물 1천 장을 인쇄 제작케 하여 북한 공산집단의 주장에 각동조하여 반국가단체를 이롭게 한 것이다.[24]

이 공소장은 대학가 앞 복사점이 유인물 복사뿐 아니라 지하출판의 유통망 역할도 겸하고 있음을 알게 한다. 복사점만이 아니라 대학가 서점도 지하출판과 '복사기의 네트워크'의 중요한 매개였다. 학생들도 이런 업소일수록 적극 지지하고 신뢰했다. 심술궂게 들릴지 모르지만, 대학가에서 장사하는 업주는 마케팅 전략으로서라도 '정치'를 애써 표출할 필요가 있었다.[25]

1980년대 중반에 이르면 매해 5월마다 광주를 추모하는 다양한 행사가 대학마다 공개적으로 열렸다.[26] '5·18 비디오' 상영도 이런 행사의 단골 프로그램이었다.[27] 이 시기에 이르러 대학은 1980년 광주 이후 자생적으로 조직되기 시작한 저항적 미디어의 모든 자원과 역량이 집결되는 장소가 된다.[28] '학원자율화 조치' 이후인 1984년부터는 교내 매점과 학생 식당, 커피 자판기, 복사기를 학생복지위원회가 직영하는 대학교가 점차 늘게 되는데[29], 졸업 정원제의 영향으로 학생 수가 크게 불어나면서 대학가의 경제 규모도 덩달아 커진 상황이었던 터라, 직영 업종이 늘어날수록 외부 업자에게 빠져나가지 않고 학내에서 순환하는 돈의 양도 증가했다. 이것은 학생 스스로 대학 공동체의 경제권을 기획하고 조정해나갈 수 있는 자치의 기본적인 토대를 마련하는 일이기도 했다. 이후 몇몇 대학은 학생복지위원회를 소비자협동조합 결성으로까지 과감히 진전시켰다. 그런데 여기서 눈여겨봐야 할 것은 학생자치로 운영되는 복사기들이다. 다시 말하지만, '복사기의 네트워크'에서 "책 1권은 곧 1백 권"이다. 이 복사기가 유인물 제작에 얼마나 용이했을지 충분히 짐작하고도 남을 것이다. 흥미롭게도 학생 운동권에서 언론 매체적 성격을 띤 유인물들이 대거 등장하기 시작한 때 역시 학생자치위원회가 확산되는 시점인 1984년부터였다.[30]

학내 지하서클이 활동비를 조달하는 일도 학내에서 어떻게든 해결해볼 수 있었다. 1983년 5월 서울대 학생 세 명은『자본론』등 공산주의 관계 서적 8백 권을 복사해서 학생들에게 1천 원씩에 팔았다고 한다.[31] 이게 장사가 꽤 잘되었던 모양이다. 맑스와『자본론』은 이 시기 대학생들에게 꽤 인기 있는 대상이었다. 하지만 왜 하필 '자본론'이었을까? 프랑크푸르트학파의 후기 맑스주의 수용은 한국 대학 사회에서 이미 1970년대에 이뤄졌다. 그런데도 정통 맑스주의의 어떤 점이 1980년대의 대학생들을 매혹시켰던 걸까?『노동자, 자기 역사를 말하다』에서 1980년대 전통 맑스 수용에 관한 회고를 찾아 읽을 수 있었다. 1980년 광주의 비극을 이론과 실천 모두에서 철저히 감응하는 데 후기 맑스주의는 더 이상 예전 같은 강도를 발휘하지 못했다는 언급이 이채롭다.

> 그때 당시 그렇게 표 나게 비판하지는 않았지만, 일정하게 현실적 수준에서는 마르쿠제, 알튀세, 프레이리 류의 내용을 포기했다고나 할까? 집어던졌던 거지, 이걸로는 안 되겠다. 사상사적 흐름이 우리나라는 반대로 수용이 되었으니까. 2차 자료만 보다가 나중에 자본론을 읽을 수 있었으니까. 맑스가 더 세다 이런 것이 아니라, 궁극적인 실천의 철저성과 인식의 철저성 속에서 한눈팔 수 있는 여력이 없었던 거지.[32]

적어도 대학 안에선 금서를 어렵지 않게 구할 수 있었다. 복사업자들이 카피판 '좌경서적'을 보따리에 싸 짊어지고 각 대학 연구실이나 도서관을 단골로 출입하며 책을 파는 일도 흔했고[33], 필요한 책을 빌려다가 직접 복사하는 일쯤은 복사기가 흔해진 시대엔 누구나 할 수 있는 일이었다. 학생 운동권만 '좌경'에 관심이 많은 건 아니었다. 학계와 운동권 사이의 교류는 이 시기 거의 이뤄지지 않았지만, 1980년대 초부터 학계에서도 서구의 맑스주의 문헌들을 쉬쉬하며 복사하고 있었다.[34] 정부의 기만적인 해금과 판금 조치의 반복은 대학가의 맑스 읽기 열기에 큰 영향을 끼치지 못했다. 맑스를 단속하려면 책에 대한 규제가 급한 게 아니었다. 판세를 통제할 수 없게 만드는 적의 진짜 실체는 '제록스 맑스', 복사기였기 때문이다.

1983년엔 파리『르 마르탱』선정 해적출판 세계 1위 국가에 한국이 뽑혔다. 그해 신간 서적 초판 1만 8천여 종 가운데 23%인 4천여 종이 번역도서라고 하는데, 대부분이 무단 번역이었다. 그 가운데 겨우 5백 종만이 출판협회에 납본되었다고 한다. 그런데 이에 비해 복사판 시장의 규모는 정식 납본 종수의 10~20배 이상에 달했다.[35] 사실상 지하출판의 활기로 전체 출판시장이 요동쳤다고 해도 과언이 아닌 것이다.[36]

지하 출판과 일반 출판의 경계 역시 그렇게 명확하지 않았다. 시내의 대형서점에서조차 이념서적 코너를 따로 마련하고 판금된 책을 버젓이 팔았다.[37] 하는 일조차 겹치는 게 많았다. 출판사 대표가 독일어판『자본론』과 일어판『세계철학사』등 공산주의 이념 서적 48종 1만 부를 복사하여 전국 27개 서점에 공급하기도 했고[38], 출판사 편집주간이 1982년 북한에서 제작된『주체의 학습론』사본을 광주의 한 복사점에서 구입해서 2천여 부를 제본했다가 검거되기도 했다.[39]

어떤 형태가 됐든 많은 이들이 목숨 걸고 책을 만들던 시절이 있었다. 그 책을 온갖 위험을 무릅쓰고 구하고 전달하던 이들도 있었다. 책과 유인물을 둘러싼 그때의 강렬함은 오늘날 다 어디로 사라진 것일까? 가령『주체의 학습론』같은 건 오늘날엔 아무도 거들떠보지 않는다. 그 시기에 태어났던 숱한 책들의 운명이 이와 크게 다르지 않다. 그럼에도 사라지고 잊힌 금서와 유인물의 생산 양식을 오늘날 되짚어봐야 하는 이유는, 그것들이 성취해낸 새로운 문화적 배치가 정보에 대한 강권 통제가 더 이상 불가능한 시대로 역사를 전진시켰기 때문이다. 앞선 장에서 설명했던 것처럼 '복사기의 네트워크'는 국가 행정 시스템 혁신을 통해 제일 먼저 구축됐고, 인민들의 일상과는 거리를 좁히지 못한 채 20여 년 가까이 국가에 독점된 기술로 머물렀다. 그러나 1980년대에 들어 복사기가 빠르게 대중화되면서 다양한 주체와 이념, 정치적 욕망이 '복사기의 네트워크'에 접속하기 시작했다. 하지만 그저 복사기가 예전에 비해 흔해졌다는 사실만으로 히드라의 새로운 머리(저항적 미디어 문화)가 저절로 생겨날 수 있었던 것은 아니다. 그것은 독재와 억압에 얼룩진 대한민국을 더는 두고 볼 수 없었던 이의 신체, 1980년 광주의 비극 앞에서 어떤 형태로든 분노하고 애도하지 않고선 살아간다는 것이 한없이 부끄러워진 무수한 몸뚱이 그리고 세상이 불온하다고 낙인찍은 금지된 지식을 욕망하게 된 자의 몸이, 복사기와 더불어 이뤄낸 새로운 네트워크의 역능이었다.

PC 시대의 개막과 곰스크

1986년 무렵부터 한국에서도 퍼스널 컴퓨터의 보급이 급증하게 되는데, 이때부터 복사기를 둘러싼 사회 문화적 배치도 급변하게 된다. 그해 9월에는 국내 최초의 PC 통신망인 '천리안'이 본격적인 서비스를 개시했고, 뒤이어 11월에는 하이텔의 전신인 한국 경제 프레스텔Korea Economic Prestel이 개통했다. 이때부터 1980년대 특유의 '복사기의 네트워크'는 컴퓨터 네트워크 속으로 빠르게 편입되기 시

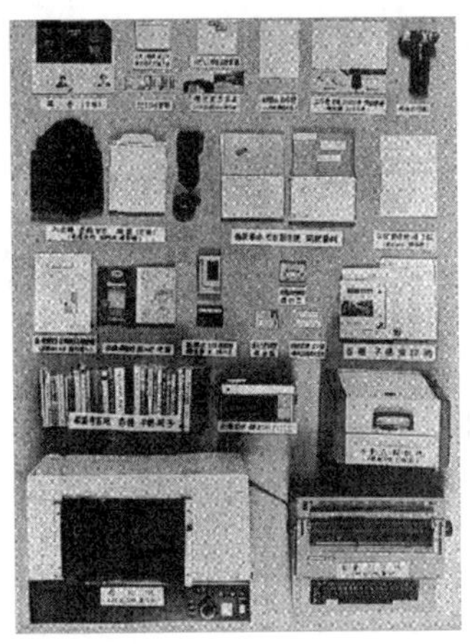

작했다. 달라지고 있는 미디어 환경은 공안사범의 증거물 목록도 바꾸었다. 복사기와 함께 컴퓨터와 워드프로세서가 불온한 물건에 추가됐다.

경찰은 이들의 집과 정치학교에서 찾아낸 북괴방송청취용 단파라디오, 워드프로세서, 컴퓨터, 복사기, 김일성 사진 2장을 비롯, 볼셰비키와 러시아 혁명, 북괴혁명 등 불온 용공서적 및 각종 유인물 3천여 점을 증거물로 압수했다. 경찰에 따르면 鄭군 등은 지난 5일 서울 영등포구 영등포동 성문밖 교회에서 「청학공위」를 결성한 뒤 마포구 망원동에 「우리 컴퓨터실」이란 위장간판을 걸고 정치학교를 개설, 지금까지 포섭한 종교계 청년학생 등 21명 대상으로 좌경의식화 학습.[40]

검거된 청년들의 아지트는 '우리 컴퓨터실'이라는 간판을 달고 있었다. 다가올 시대를 예감하는 이름이지 않은가. 안철수의 첫 번째 컴퓨터 바이러스 백신이 공개된 것이 1988년 6월의 일이었다. 1990년은 컴퓨터 보급에 가장 경이로운 한해였다. 1990년에만 PC 판매가 68만 대나 늘어나면서, 1991년 6월 전국의 PC 보급률은 100만 대를 돌파하게 된다.

휴대폰 보급률도 1980년대 말부터 가속되기 시작한다. 1988년엔 450대, 1989년에는 5,230대, 1990년에는 3배가 넘는 1만 8,250대를 판매했다.[41] 그리고 1991년 말에 이르면 16만 6,000대로 더욱 가파르게 상승한다. 1990년을 전후로 2~3년 사이에 컴퓨터와 통신을 중심으로 미디어 환경이 극변하게 된 것이다.[42] 이때에 이르면 복사기는 구舊 미디어의 일원으로 완연히 내려앉게 된다.

프리츠 오르트만의 「곰스크로 가는 기차」(이하 곰스크)는 이 시기 구 미디어와 뉴 미디어의 지평 모두에 가로놓인 예외적인 텍스트다. 1992년 신촌의 독문과 학생이었던 안광복은 독일어 수업 과제로 이 소설을 처음 만났다. 이후 그는 공들여 번역한 「곰스크」를 좋아하던 여학생에게 생일선물로 주고 군복무를 떠났는데, 몇 해 뒤 학교로 돌아왔을 때 이 소설은 대학가의 컬트가 되어 있었다. 그가 맨 처음 타자기로 쳤던 원고는, 입소문을 타고 손에서 손으로 옮겨지면서 복사본이 만들어졌다. 어쩌면 이것이 1980년대식 '복사기의 네트워크'의 마지막 문화 현상일지 모르겠다. 몇 해 뒤 누군가가 PC 통신망에 「곰스크」의 전문을 올렸다. 텍스트가 복사 확산되는 데 가장 좋은 환경을 만난 것이다. 이곳에서도 「곰스크」는 큰 반향을 불러일으켰다. 이우혁의 『퇴마록』이 그랬던 것처럼 PC 통신망에서 시작해 인기를 얻은 뒤 정식 출판하는 경우는 꽤 있었지만, 한 사람을 위한 타자기 원고가 복사기를 거쳐 무수한 사본으로 거듭나고, 끝내 PC 통신까지 흘러 들어와 컬트의 지위를 얻게 되는 사례는 「곰스크」가 거의 유일하다고 할 수 있다. 무엇보다도 이 모든 변화가 수용자들을 중심으로 자생적으로 이뤄졌다. 이루지 못한 청운의 꿈에 관한 소설의 내용이 1980년대와 1990년대 초 학번 모두의 공감을 자아냈기 때문이다. 텔레비전 드라마와 연극을 포함해 구 미디어와 뉴 미디어를 옮겨 다니면서 여러 형태로 모습을 바꿨던「곰스크」의 마지막 변용은 정식 발간된 '책'이었다.[43] 여기까지 오는 데 무려 20년 가까운 시간이 흘렀다.

그사이 우리 사회의 미디어 환경은 몇 차례나 변화를 반복했다. 변화의 속도는 괴물같이 가속되어 있지만, 대중들은 이를 대세라 믿고 강박적으로 쫓아가고 있다. 사유도 반성도 없이 그저 추종뿐이다. 지난 시대의 '복사기의 네트워크'가 우리에게 전해주는 것은, 오늘날 대기업들이 유포하고 있는 내용과 달리, 새로운 미디어가 낡은 미디어를 밀어낸다는 식의 기계적 세대교차의 필연성 같은 건[44], '나'와 미디어의 관계에서 전혀 중요한 문제가 아니라는 사실이다. 우리가 한 시대의 미디어 환경을 활용하는 방법은 누군가에 의해 매뉴얼로 미리 주어지는 것이 아니라, 아직 구성된 적 없는 사회 문화적 배치 속에서 다시 발견하고 고쳐 발명해야 한다는 데 있다. 그 과정에서 우선되어야 할 것은 구 미디어나 뉴 미디어의 흑백 논리식 구분이 아니라, 이 시대를 살아가는 우리 신체에서 어떤 욕망이 아직 불가능한가에 대한 자각이다. 가령 이런 욕망. 더욱 철저한 민주주의가 실천되는 나라에서 살고 싶다. 승자 독식의 경제가 아니라 더불어 잘사는 경제를 누리고 싶다. 1980년대에 어떤 이는 이런 욕망을 복사기를 통해 분출했다. 당신의 방법은 무엇인가? 무엇과 더불어 이 욕망을 실현할 것인가? 이것이 미디어 격변기의 한가운데서 우리가 고민해야 할 진정한 과제다.

10장

1960년대 남한 사회의 SF적 상상력

재앙부조, 완전사회, 학생과학

"다시 실패하라, 더 잘 실패하라."
— 사무엘 베케트

혁명 이후 영년(1960년)의 SF

4·19 혁명으로 독재자를 쫓아내긴 했지만 사회는 크게 변하지 않았다. 미운 놈 하나 물러나게 했다고 분단과 냉전이 끝나는 것도 아니었고, 가난과 피폐로 얼룩진 인민의 일상 또한 여전했다. 곧이어 들어선 민주당 정권은 무능하고 우유부단하기 짝이 없었다. 이들은 이듬해 닥칠 쿠데타와 그 후 18년간이나 지속할 박정희의 시간을 예감하는 전조에 불과했다.

1960년 『자유문학』 제1회 소설공모전 당선작인 김윤주의 「재

김윤주, 「재앙부조」(災殃浮彫, 1960.11)

앙부조」災殃浮彫(1960.11)에도 파국의 징후가 여실히 감지된다. 핵전쟁으로 폐허가 된 도시가 이 소설의 무대다. 살아남은 사람들은 먹을 것을 찾아 잔해를 헤집고 다니고, 방사능에 피폭된 몸은 하루가 다르게 쇠약해 간다. 다음은 이 소설의 첫 장면이다.

버섯구름의 재앙은 압도적이고 순간적이었다. 사진沙塵인지, 재인지, 연기인지 분간할 수 없는 황적색의 안갯속에서 이 문명도시는 해체하였다. 빌딩들은 채석장의 돌무더기가 되었다. 아스팔트는 화산의 용암처럼 녹아 흐르다가 아무렇게나 굳어버렸다. 역전 광장에는 엿가락 모양 흰 레루들이 뒹굴었다. 전차는 버스를, 버스는 전차를 박살하였다. 가로수가 어쩌다 타다 남아, 새까만 말뚝이 된 것이 오히려 기이奇異하였다. 공원의 못에서는 잉어의 내장이 썩어 났다. 물론 분수함은 빠개졌다. 개선문은 주춧돌만 남았고, 박물관의 높고 넓던 돌계단은 무너지고, 오랜 역사의 유물들이 재가 되어 바람에 날리고 있었다. 종말이었다.[1]

혁명 이후 영년의 SF는 이렇게 시작된다. 이 소설을 쓴 김윤주는 평안북도 태천 출신의 1927년생으로 독실한 기독교인이자 경성제대생이었다.[2] 「재앙부조」가 당선된 뒤로, 그는 소설가의 삶에 큰 미련이 없었던 것으로 보인다. 자유문학 심사위원들(안수길, 김이석, 이어령)의 심사평도 썩 호의적이진 않았다. 이후 그는 신약성서 번역과 출판 활동에 전력했다.3 훗날의 성서 작업과 연관 짓지 않더라도 위에 인용한 부문만으로 「재앙부조」를 묵시록의 현대적 메타포로 읽는 것은 어려운 일이 아닐 것이다. 하지만 이 작품의 진정한 의의는 핵폭발이나 폐허에 대한 음울한 묘사 때문이라기보다는, 정신이상을 일으킨 절름발이의 일장 연설에서 빛을 발한다. 그는 한때 돈만 믿고 국회의원 선거에 출마했다가 번번이 떨어진 인물이다. 핵전쟁의 폐허에서도 이런 인물은 어떻게든 살아남은 것이다.

> …… 에 ― 여러분 만약 내가 국회의원이 되어 내 사라사욕만 채운다면 말입니다. 그러면 말입니다. …… 에 ― 여러분 나를 끌어다가 동네몰매를 주십시오. 아니 차라리 이 대갈통을 밧아버리십시오. …… 아 하나님 아버지시어, 이 죄 많은 백성들을 불쌍히 여기소서 …… 하나님 아버지시어 나를 건지소서 …… 나를 한번만 용서하소서.4

1960년은 2012년과 마찬가지로 대선과 총선이 모두 치러진 해였다. 대통령 선거만 두 번에 총선이 한 번이다. 부정선거로 밝혀진 3·15 선거는 이승만 정권의 붕괴로 이어졌고, 혁명 이후 5월엔 국회의원 선거가, 8월엔 대통령 선거가 다시 치러졌다. 거듭 선거가 반복됐지만 사회는 달라질 게 없었다. 이승만 정권에 대한 청산도 제대로 이뤄지지 못했고, 4·19 혁명의 이념을 계승하기엔 민주당은 자유당 못지않게 보수적이었다.

「재앙부조」의 주인공 창수도 조만간 아사餓死 아니면 병사病死할 절망적인 상황이다. 함께 무리를 지어 식량을 구하러 다니는 동무들도 점차 미치거나 죽어가고 있다. 창수는 간절히 기적을 바라지만 하늘에선 방사능비가 추적추적 쏟아진다. 희미하게나마 창수에게 용기를 북돋아 준 것은 개미떼의 행렬이었다. 개미떼는 그가 뚫길 포기하고 있던 지하실에서 음식물 쪼가리를 주워 오고 있었다. 창수는 다시 기운을 내 지하실을 파기 시작한다. 그러나 그의 미래는 아무래도 암담해 보이기만 한다. "밤은 가고 아침이 왔다. 그러나 빛은 없고 죽음의 초토 위에 음산한 가랑비가 내리고 있었다."[5] 소설은 여기서 끝나버린다. 심사위원 안수길은 이런 결말을 심심하다고 평했다. "이 작품은 수척하다는 느낌이었다. 살이 쪘으면 싶었다. 무슨 말이야 하면, 폐허가 된 도시의 위기라든가, 작중 인물들의 언동이 다이나믹 했으면 싶다는 뜻이다."[6] 또 다른 심사위원 김이석도 이 작품의 결말에 대해 아쉬움을 표했다. "「재앙부조」는 쓸 것을 다 쓰지 못하여 작자의 의도가 분명히 표현되지 못한 감이 없지 않아 있으나, 어떤 세계를 창조하겠다는 그 의욕은 크게 사고 싶다. 그만 했으면 인물 설정도 좋았고 필력도 있는 편인데도 독자에게 감명을 줄 수 없는 것은 워낙 소재가 벅찬 때문이 아닐까. 그 때문에 작자는 손해를 본 것 같은 감도 없지 않아 있다."[7]

그러나 심사위원의 바람과 달리, 「재앙부조」는 1960년대의 첫 번째 겨울에 필연적으로 이런 결말의 상태로 도착할 수밖에 없었던 것은 아닐까. 이것은 김이석이 평하는 것처럼 소재가 벅차다거나 작가의 역량 부족 탓이 아니라, 혁명도 미완, 민주주의도 미완, 전후의 재건도 미완인 현실에서, 그 모든 만연한 결핍을 반영하는 증환症幻을 「재앙부조」가 솔직히 앓고 있다고 진단할 수 있다. 그리고 심사위원들이 실패했다고 말하는 바로 그 지점이야말로 다가올 1960년대의 사회 문화적 현상을 이해할 수 있는 가장 적나라한 장소가 아니었을까.

『완전사회』가 당선되었을 때

1953년부터 1971년 사이에 발표된 전후 한국 소설의 소재와 제재를 분석한 이명재의 「한국전후 소설의 영역」에 따르면,

시대적인 배경의 고찰에서 시간의 기준으로 검토하면 현재가 86%, 과거가 13.7%에 비해 미래는 0.3%뿐이다. 60년 자유문학에 당선된 김윤주의 「재앙부조」 한 편이 고작 미래 소설이다. 구미의 경우 오웰의 『1984년』 헉슬리의 『멋진 신세계』, 웨일즈의 『월세계의 첫 인간』 등으로 성과가 컸음에 비추어 다가올 새 세기를 관망하며 미래에의 지향은 필요한 가능성을 지니고 있다.[8]

그러나 이 조사는 『자유문학』을 비롯해 문단에서 발행하는 문예지를 대상으로 한 통계임이 분명하다. 왜냐하면 1971년까지 발표된 미래를 배경으로 한 소설에는 김윤주의 「재앙부조」만이 아니라 김종안(문윤성)의 주간한국 추리소설상 당선작 『완전사회』(1965)

도 있고,『학생과학』소재의 수 편의 본격 SF 중·단편 소설도 있기 때문이다. 하지만 아무리 셈법을 달리해도 전체 소설 편수에서 한 국산 SF소설의 비중이 작았다는 사실은 크게 달라지지 않는다.

1960년대 들어 SF물이 가장 빨리 대중화되기 시작한 것은 소설 계가 아니라 영화계와 만화계였다. 이미 1950년대 말부터 SF영화의 수입은 꾸준히 이뤄졌다. 개봉 시차는 미국보다 대개 1~2년 정도 늦는 수준이었다. 1961년까지 〈우주수폭전〉This Island Earth(평화극장, 1957년 3월 개봉), 〈우주정복〉(단성사, 1958년 3월 개봉), 〈킹콩〉(평화, 1957년 12월 개봉), 〈타임머신〉(평화, 6월 개봉), 〈지저탐험〉Journey to the Center of the Earth(청계, 1961년 4월 개봉) 등이 많은 관객을 끌어 모았다.

김산호의 SF만화『라이파이』가 첫 권을 발표한 것도 1959년이었다.『라이파이』제1부『정의의 사자 라이파이』, 제2부『피너 3세와 라이파이』, 제3부『녹의여왕과 라이파이』, 제4부『십자성의 신비와 라이파이』등으로 시리즈가 이어졌다.

소설계에서 SF소설이 화제를 불러 모았던 것은 주로 외국 작가의 작품을 통해서였다.『경향신문』은 1963년 7월 8일부터 필립 와일리Philip Wylie(1902~1971)의 『개선』Triumph을 연재했다. 핵전쟁으로 북반부가 완전 전멸에 이르게 되는 과정을 담은 이야기다. 당시 중국은 1950년대 후반부터 대약진 정책으로 핵 개발을 강행해왔고, 미국과 소련에 이어 핵실험 감행을 목전에 둔 상황이었다. 독자 대중들도 이 소설을 SF물이라기 보다는 근 미래에 닥칠지 모를 사태를 예기하는 보고서쯤으로 받아들였다.

　　한편에선 적지 않은 사람들
이 일본을 통해 들어오는 각종
잡지와 책을 통해 SF 표상과 서
사에 익숙해지고 있었다. 그러나
음지에서 축적된 창작의 역량을
발휘할 만한 기회가 좀처럼 마련
되지　않았다.　그런　의미에서
1965년『주간한국』이 20만 원 고
료를 걸고 내건 추리 소설상은
한국의 예비 장르 소설 작가들의
역량을　결산하는　분기점이었다.
그래서　김종안(문윤성)의『완전
사회』뿐만 아니라 최종심에 함
께 올랐던 작품들의 면모도 부분

1963년 7월 8일부터 경향신문에 연재된 필립 와일리(Philip Wylie)의『개선』(Triumph). 1963년은 쿠바 미사일위기의 이듬해이자, 중국의 핵실험을 목전에 둔 해였다. 전 세계에 핵전쟁의 공포가 한껏 고조되었던 때다. ⓒ『경향신문』

적인 자료에 기대어서나마 살펴볼 필요가 있겠다.

　　제1회『주간한국』추리소설상의 응모작은 총 39편이었고, 그 중
12편이 예심을 통과했다. 최종심에 남은 작품은 김종안의『완전사
회』, 박이헌의『미로』, 김진영의『흑화』, 김현우의『운명이여 통곡
한다』이상 4편이었다. 현상모집의 타이틀은 추리 소설이었으나 응
모규정에 공상과학소설도 포함된다고 규정되어 있던 터라, 김종안
의『완전사회』는 최종심까지 실력껏 올라갈 수 있었다. 심사위원은
정비석, 조풍연, 한운사 세 사람이었다. 심사위원의 평을 종합해보
면9『흑화』는 "공산비밀조직과 경찰의 활동에 대한"(정비석), "다분

히 007적인 무드도"(조풍연) 있는 소설이다. 『미로』는 "과학경찰"이 등장하고 응모작 가운데 "추리소설의 맛을 내기는"(조풍연) 가장 잘된 작품으로 꼽혔다. 『운명이여 통곡한다』는 "새디즘 마조히즘"(한운사)까지 불사하는 "괴기소설"(조풍연)이라 한다. 그리고 최종심에는 속하지 못했지만 『완전사회』와 함께 예심을 통과한 정해일의 SF소설 『네안데르탈인의 별』도 제목만 언급되어 있다. 첫 추리 소설 응모에서 SF소설이 두 편이나 예심을 통과해 수위를 다퉜던 것이다. 심사위원의 글을 통해 제시된 응모작들의 키워드도 흥미롭다. '007', '괴기소설', 'SF', '과학경찰', '새디즘 마조히즘', '공산비밀조직', '세계대전', '냉동인간' 등은 1960년대 대중문화의 수면 아래서 잠재돼 있던 상상력의 다채로운 역량을 예고한다. 하지만 이 역량은 단한편만 뽑고 모두 탈락시켜버리는 문학상보다는 지속적으로 지면을 제공해 독자의 평가를 받으며 작품을 향상시킬 수 있는 매체를 통해 육성될 수 있었다. SF소설에만 한정한다면, 1960년대에 이런 역할을 실제 담당한 매체는 『학생과학』 밖에 없었다. 이 잡지에 대해선 다음 장에서 자세히 설명하도록 하겠다.

한운사는 당선작으로 『완전사회』를 선정하면서 "하여간 이것을 쓴 사람은 굉장한 천재가 아니면 엄청난 도적일 것이라고 느꼈다."라고 말했다. 이 말은 이런 소설을 쓸 수 있는 작가의 독서 체험에 대한 궁금증을 드러낸 것이라 해석할 수 있다. 아마도 그는 올더스 헉슬리나 조지 오웰의 디스토피아 소설을 제일 먼저 떠올렸을 것이다. 이 계열의 SF적 상상력의 최대 걸작이자 원형이기 때문이다. 그러나 올더스 헉슬리의 『멋진 신세계』(1932)는 1973년에서야 한국에서 번역 출간됐다. 조지 오웰의 『1984』(1949)는 『멋진 신세계』보다는 빨랐지만[10], 『완전사회』가 당선된 지 2년 뒤인 1968년에서야 나왔다. 하지만 두 책 모두 일역판으로는 오래전부터 유통되고 있던 책이었다. 『멋진 신세계』는 1933년 개조사改造社에서 와타나베 후사부로渡邉二三郎 訳의 번역으로 나왔고, 『1984』는 요시다 켄이치吉田健一의 번역으로 문예춘추사에서 1950년에 간행됐다. 김종안은 22살 때 일본의 학생종합잡지 『신약인』新若人의 소설현상응모에 가작으로 뽑히기도 했던 사람이다.[11] 그러나 일본책을 통한 그의 SF 체험에 대해선 작가 자신은 한 번도 구술한 적이 없어서 다만 짐작해볼 수 있을 뿐이다.

『완전사회』의 줄거리를 살펴보자. 161년 동안 수면캡슐에 들어가 동면을 취하던 우선구가 깨어난 미래사회는 최첨단 기술에 기반한 문명사회다. 그 사이 세 차례의 세계대전을 겪었고, 남성들이 지구에서 모두 멸종하는 성性 전쟁까지 있었다. 이 전쟁에서 살아남은 8천 명의 남녀들은 화성으로 이주해 새로운 사회를 건설했다. 지구는 여성들의 '진성眞性사회', 즉 '완전사회'가 되었고, 화성은 '남성사회'로 유지되고 있다. 두 세계는 언제라도 쌍방을 절멸시킬 수 있는 광자포를 겨냥하고 있다. 그런데 '진성사회'는 조금씩 분열되고 있었다. 께브주의(동성애)와 홀랜 정책(자위)이라는 새로운 성 문제가 심각한 사회갈등으로 번지고 있었던 것이다. 정부는 자위행위를 권장하고 인민들은 동성애를 원한다. 양쪽 진영에 좌파와 우파의 지지가 이어지면서 얼마 지나지 않아 완전사회는 일대 위기에 처하게 된다. 표면적으로는 성 갈등처럼 보이지만 근저에는 계급 갈등이

뿌리 깊게 박혀 있다. 해결책을 찾을 수 없었던 정부에선 사회 문제에 대한 대책을 모색하기 위해 작품 공모전을 연다. 우선구는 자신만이 '완전사회'의 치유책을 제시할 수 있다는 사명감에 불타 「미래전쟁」이라는 소설을 쓴다. 채식주의자와 육식주의자의 전쟁을 통해 '께브'와 '홀랜', '남성'과 '여성'의 대립을 은유적으로 환기하는 내용이었다. 이 소설은 놀랍게도 '진성사회'를 감복시켜 적대 관계에 있던 화성의 남성사회와 교류를 시작하게 한다. 그런데 소설은 이 지점에서 느닷없이 끝나버린다. '께브'와 '홀랜' 사이에 화합이 이뤄졌는지, 화성과 지구 사회의 교류가 어디까지 진전됐는지 이야기되지 않는다.

이 작품은 짐짓 이분법적 세계관에 대해 비판을 하는 듯 보이지만, 오히려 이분법적인 대결 구조를 몇 겹으로 덧붙이며 소설을 전개해 나가고 있다. 소설 속의 소설에서도 이 구성은 반복된다. '께브'와 '홀랜'이 서로 문제 삼지 않게 되거나, 화성과 지구가 평화적인 교류를 지속하게 되었더라도, 사회적 갈등은 이분법이 아니라 수백 수천의 대극對極을 그리며 얼마든지 생겨난다. 문제는 그 수많은 갈등과 화합의 카오스모스를 양편으로 환원해버리는 논리의 폭력성이다. 파시즘이란 절대적인 단수성單數性을 신봉하는 태도가 아니라, 적대적인 둘 사이엔 아무것도 있을 수 없다고 믿는 자들의 편집증이다. 가령 한 사회의 계급갈등이 고작해야 『완전사회』가 보여주는 것처럼 소설의 메시지 하나로 해결될 수 있을 것 같은가. 애당초 이 소설은 영원히 끝나지 않거나, 뜬금없어지더라도 느닷없이 끝내버리는 수밖에 없게 되어있었다. 그런데도 이 소설을 심사위원들은 입을 모아 '재미' 있다고 말하고 있다. 반대로 심사에서 떨어진 소설이 하나같이 지적받은 것은 '긴장감'과 '갈등 구조'다. 그러나 이 '재미'의 정체는 무엇일까? 혈맹 미국이 소련을 이기고, 007이 러시아에서 온 악당을 이기고, 남한이 북한을 이기고, 빨갱이는 어쨌거나 무찔러 박멸해야 하는 세계의 '재미'다. 『완전사회』의 작가는 파

1965년 『주간한국』 제1회 추리소설상의 심사평과 당선소감. ⓒ『주간한국』

시즘의 이분법을 이야기로 풀어 재밌게 만들 순 있었지만, 그 '재미'의 본질적인 속성을 고민하는 대신, 이야기를 멈춰버리는 쪽을 택했다. 이것이 「재앙부조」에 이어 『완전사회』가 실패한 자리다.

『학생과학』의 SF기계

1965년 11월, 과학세계사에서 『학생과학』 창간호가 나왔다. 월간지였고 정가는 80원이었다. 1년분이나 6개월 치 정기구독을 할 경우 각각 650원과 360원으로 할인해줬다. 같은 시기 잡지 부문 판매 1위였던 『新東亞』는 권당 100원이었다. 하지만 다음 해인 1966년에 이르면, 물가가 전년대비 11.6%나 상승하면서, 출판계도 별수

없이 책값을 올릴 수밖에 없었다. 『新東亞』의 경우 130원으로 정가가 조정되었고, 잡지부문 베스트셀러 2, 3위를 경쟁하던 『女苑』은 150원으로 오른다. 창간하지 채 1년도 안 된 상황에서 『학생과학』 역시 150원으로 값을 인상한다. 물가 수준을 고려해 이 시기의 화폐 가치를 현재의 1/100로 환산하면, 애초 8,000원 받던 잡지를 15,000원에 팔게 된 셈이 된다. 신간 잡지를 꾸려나가기에 대단히 불리한 상황이었다. 게다가 중고생을 주 독자층으로 겨냥한 매체였기 때문에 가격 상승의 부담이 이만저만하지 않았을 것이다. 그런데도 『학생과학』은 창간 이후 별다른 부침 없이 절찬리에 팔려나가며 국내 유일의 학생 대상 과학 잡지로 자리 잡게 된다. 이후 1970년대 초반까지 『학생과학』의 인기는 꾸준히 유지됐다. 당대 독자 대중의 요구에 맞춰 적실하게 등장한 매체이기 때문에 가능한 선전이었다.

이 잡지의 사장 겸 발행인은 남궁호(現 메트로신문사 대표이사 회장)였다. 연세대 물리학과를 졸업해서 24살에 과학세계사를 설립했는데, 『학생과학』을 펴내기 전 『과학세기』(1964년 8월 창간)라는 월간 잡지를 발행했다. 과학세계사는 미국 공보원의 협조를 받아 1964년 12월부터 공보원 2층 영사실을 빌려 '월례과학기술강연회'를 열었다. 이때 자주 초빙되던 강사가 박익수(1924~2006)다. 그는 『학생과학』의 초대 편집위원으로 여러 매체에 글을 쓰고 강연을 다니는 과학평론가이면서, 무엇보다도 정부의 원자력 위원이기도 했다. 이후 그는 1970년 과학기술처 원자력 발전계획위원회 위원장으로 일하면서, 한국 원자력산업회의 설립을 주도한다. 그의 대표 저서 중 하나가 『한국원자력창업비사』(1999)라는 점도 눈여겨볼 만하다.

　『학생과학』에는 원자력과 관련된 기사가 창간호에서부터 한 호도 빠지지 않고 매달 실렸다. 특히 창간호에 실린 「운하건설을 수소탄으로」를 주목해야 한다. 이 기사는 미국의 대중 과학 잡지인 『Popular Mechanics』 1960년 3월호에 실린 기사를 출처도 밝히지 않고 옮겨 썼다.[12] 물론 완전한 도용까지는 아니었다. 기

학생과학 창간호(1965.11)의 표지. 표지모델은 미래의 여류비행사를 꿈꿨던 상명여고 1년생 이혜리 양이었다.

본적으로 사진을 가져왔고, 기사 내용의 상당 부분을 번안하듯 끌어다 쓴 수준이다. 비단 이 시기 『학생과학』만의 흉이라기보다는 1990년대에 이르러서야 겨우 고쳐지기 시작한 잡지 출판계 전체의 관행이다. (『학생과학』의 기사에선 원저자 명이 지워져 있지만) 제2의 파나마 운하를 수소폭탄으로 파자는 과격한 글을 쓴 사람은 악명 높은 수소폭탄의 아버지 에드워드 텔러Edward Teller(1908~2003)였다. 스탠리 큐브릭 감독이 〈닥터 스트레인지러브〉 Dr. Strangelove Or : How I Learned To Stop Worrying And Love The Bomb(1964)에 등장시켰던, 스트레인지러브 박사의 실제 모델이 바로 이 사람이다.

　에드워드 텔러는 파나마 운하뿐만 아니라 빙하에 뒤덮인 알래스카 포인트 호프의 유전 개발에도 수소 폭탄을 이용하자는 제안을

했다. 그는 스탠리 큐브릭이 영화 제목으로 내세웠던 그 말 그대로, 핵무기가 인류를 파멸로 몰아갈 것이라는 걱정을 멈추고, 수소폭탄의 비군사적 이용 방법을 열심히 떠들고 다녔다. '쟁기날'Plowshare로 명명된 이 프로젝트는 1957년 7월 에드워드 텔러가 최초로 제안한 이후, 미 정부가 대대적인 예산을 투입해 실제 실행에 옮기기도 했던 사업이다. 1961년 일반에 공개된 지중폭발 실험 'Gnome'은 '최초의 핵폭발 평화이용 실험'이라는 타이틀을 달고 전 세계에 대대적으로 홍보됐다. 연이어 1962년에는 지표굴착 실험인 'Sedan'이 진행될 예정이었으나, 방사능 오염의 심각성을 이유로 쟁기날 프로젝트 전체가 전면 취소된다.

「운하건설을 수소탄으로」가 『학생과학』에 실린 것은 3년 전에 취소된 미국 뉴스에 대한 뒷북이었다. 핵에 관한 한 『학생과학』은 창간이래, 반핵이나 탈핵의 포지션을 취한 일이 단 한 번도 없었는데, 『학생과학』이 곶감 빼먹듯 기사를 베껴 썼던 『Popular Mechanics』의 입장과도 크게 다르지 않았다. 뿐만 아니라 핵이야말로 조국 근대화의 절대적인 이기利器라는 인식은 한국 정부의 입장이기도 했다.

이 잡지에서 전개된 '과학'의 개념과 서사는 언제나 냉전 반공주의, 국가주의, 민족주의 이데올로기에 얽혀 배치됐다. '이런 과학'의 창달暢達에 힘을 보태는 일엔 『학생과학』에 연재된 수편의 한국산 SF소설도 예외가 아니었다. 이를테면 서광운의 『우주함대의 최후』(1969년 연재)에서 이만석 박사는 우주여행의 역사적인 대의를 성공리에 완수하기 위해 성욕 따윈 참아야 한다고 대원들을 다그치

고[13], 로켓에 오르기에 앞서 조국 동포에 바치는 눈물의 편지를 쓴
다. "사랑하는 조국이여, 그리고 동포들이여 우리는 기어이 성공할
것을 맹세합니다. 그러나 우주공간에는 갖가지 마력이 숨어 있을
것으로 압니다. 밤하늘에 은하수가 반짝거리는 것을 보면서 한국
원정대의 안전을 빌어주십쇼. 우리는 늘 동포의 뜨거운 성원이 있
는 것으로 믿고 떠나겠습니다. 안녕히 계십쇼."[14] 이것과 비슷한 목
소리와 정조情調를 월남 파병 용사, 파독 간호사와 광부, 그리고 중
동 근로자로부터 되풀이해 듣게 된다. 1960년대 남한 사회의 SF적
상상력은 당대의 사회 문화적 한계를 넘어서려는 욕망이 아니었다.
오히려 그 한계성을 키치적으로 폭로하는 만성적인 결핍증이었다.

　『학생과학』의 편집위원 가운데, 국가주의와 비판적 거리를 유
지하며, '다른 과학'에 대한 의견을 내놓을 수 있는 인물은 단 한 사
람도 없었다. 그도 그럴 것이 양차 세계대전을 거치면서 '과학'은 전
쟁무기 개발을 통해 비약적으로 발전할 수 있었고, 적의 위협에 맞
서 국가와 국민을 구하는 '국력'國力, '전력'戰力의 의미로 '과학'의 의
미가 전도顚倒됐다. 세계 대전 시기 미국의 과학 잡지들이 전쟁 무기
표상으로 온통 도배되다시피 했던 것도 당연한 현상이었다.[15] 식민
수탈의 역사를 겪은 한국에선 '국력'과 '전력'으로서의 과학이 갖는
의미가 더욱 절실할 수밖에 없었다. 이광수 『무정』의 마지막 장면
에 우리 민족에게 주어야 할 빛으로 '과학'을 외치는 세 젊은이의 구
호는 해방 후 20여 년이 지난 뒤에도 여전히 유효했다. 1960년대에
박정희 정권은 과학 기술의 중요성을 항시 강조하긴 했으나, 변죽
만 올릴 뿐 별다른 진척이 없었다. 이 시기 '과학'은 대한민국의 일상

『학생과학』에는 원자력과 관련된 기사가 창간호에서부터 한 호도 빠지지 않고 매달 실렸다. 특히 창간호에 실린 「운하건설을 수소탄으로」를 주목해야 한다. 이 기사는 미국의 대중 과학 잡지인 『Popular Mechanics』 1960년 3월호에 실린 기사를 옮겨온 것이다. 제2의 파나마 운하를 수소폭탄으로 파자는 과격한 글을 쓴 사람은 악명 높은 수소폭탄의 아버지 에드워드 텔러(Edward Teller, 1908~2003)였다. 스탠리 큐브릭 감독이 영화 〈닥터 스트레인지러브〉에 등장시켰던, 스트레인지러브 박사의 실제 모델이 바로 이 사람이다. ⓒ『Popular Mechanics』

적 현실을 지시하는 것이 아니라, 정권이 제시하는 국가 비전을 설명하기 위해 동원되는 개념어이자 당의정을 입힌 정치적 상상력의 서사였다. 지금은 없지만 앞으로는 생긴다. 지금은 못하지만 앞으로는 할 수 있다. 지금보다 미래가 더 나을 것이다. 대한민국 사람이라면 이런 명제를 무조건 긍정하고 지지하게 하는 '국민 됨'의 정동 전략이 1960년대까지 박정희 정권의 '과학'이었다. 그런 의미에서 이 시기 남한 사회의 '과학'은 연구소의 실험실보다도 공보부와 대중매체에서 가장 활발히 이뤄졌다고 해도 과언이 아니다. 그러니 이 또한 사이언스 픽션이 아니고 무엇이겠는가. 국가와 대중매체는 1960년대 남한 사회의 SF 기계들이었다.

『학생과학』 역시 이 기계의 일원이었다. 박익수를 포함해 『학생과학』의 편집위원은 다음과 같다. 문교부 편수관 최영복, 서울 사대 교수이자 생물학자인 최기철, 휘문고등학교 화학교사 전광일, 경북대 물리학 교수 이우일 등이다. 정부 기관에서 두 명. 교육계에서 세 명이다. 필진으로는 일간 신문사의 과학기자뿐만 아니라 정부 기관의 공무원, 심지어 공군본부 정보국의 소령까지 참여했다. 국립원자력연구소 연구원 이창건(現 한국원자력문화진흥원 원장)이 『학생과학』 2호(1965년 12월)에 기고한 「원자로와 원자력 발전소」라는 글을 보면 이런 대목이 나온다. "우리나라에도 조그만 원자로나마 설치된 것이 1959년이고, 1970년대 초에는 원자력 발전소가 건설된다.", "하늘은 스스로 돕는 자를 돕는다. 우리도 열심히 공부하여 남의 나라들처럼 잘 살아보자."[16] 한국 정부의 핵개발에 대한 의지를 함축한 문장이다. 남들처럼 잘살아보는 데 필요한 일. 그것이 과학이고, 그 정수精髓는 다름 아닌 원자력이라는 인식이다.

핵에 대한 이러한 관점은 1940년대 말부터 미국 정부와 기업이 전 세계로 확산시킨 담론의 결과물이다. 제너럴 일렉트릭GE와 웨스팅하우스Westinghouse는 핵에너지 홍보에 가장 앞장섰던 기업이다.[17] 두 기업 모두 대형 일간 신문사과 유력 잡지, 라디오와 텔레비전 방송 등 거의 모든 매체에 영향력을 행사했는데, 이중 웨스팅하우스는 미국과학진흥회AAAS의 과학 보도상Science Journalism Awards 후원사이기도 하다.[18] 1950년대뿐만 아니라 1960년대까지도 핵 산업에 대해 부정적인 목소리를 내는 매체는 거의 없다시피 했다. 세계에서 가장 강력한 광고주 앞에서 감히 누가 그런 일을 저지를 수 있단 말인가. 다분히 우익성향이 짙었던 『Popular Mechanics』 같은 잡지는 말할 것도 없었다. 문제는 이러한 미국발 과학 기사를 채집해 국내에 소개할 때, 『학생과학』의 편집위원들은 일말의 거리낌도 없었다는 점이다. '미국'은 『학생과학』의 '과학', 더 나아가 당대 남한 사회의 '과학'을 이해하는 데 결코 빼놓아선 안 될 절대 변수다. 참고로 1969년 1월 한국의 첫 번째 원자력발전소 건설사로 선정된 회사가 웨스팅하우스라는 사실도 기억해주기 바란다.[19]

앞서 이야기했던 '월례과학기술강연회'의 예에서 보듯 과학세계사는 미 공보원과 적잖이 협조적인 관계를 이뤄왔음을 알 수 있다. 『학생과학』의 창간사에도 인상적인 인사말이 등장한다. "그동안 이 책을 꾸미고 펴내는 데는 우리 사의 여러분 외에도 많은 분의 격려와 도움이 있었습니다. 서울대 사대의 최 교수님 외 여러 편집위원님들, 문교부의 과학교육과의 여러분들, 그리고 우리 사의 사업취지에 전폭적인 이해를 갖고 여러 면으로 도와주신 미공보원 당국과 미 대사관의 출판과 여러분들, 그리고 공보부 당국에 깊은 감사의 뜻을 우선 표합니다."[20] 미 대사관과 공보원이 한국의 출판계를 지원하는 일은 해방 직후 미군정 시기부터 있었던 일이긴 하다. 그들은 미국식 민주주의의 우수성을 알리기 위해 직간접적으로 매체 제작을 지원하거나 직접 운영하기도 했다. 주요 도시에 문화원을 연 것도 그 일환이었다. 그러나 『학생과학』이 창간된 1965년 말에 이르렀을 땐, 미 대사관이나 공보원이 예전처럼 적극 미디어 환경에 가담해야 할 단계는 지난 상황이었다.[21]

그래서 남궁호의 감사 인사는 두 가지 맥락에서 해석할 수 있을 것 같다. 『학생과학』에 미국 과학 잡지를 보급하는 정보 제공처로

미 공보원과 대사관 출판과가 도움을 준 것에 대한 감사일 거라는 짐짓 당연한 해석이 하나고, (추후 사실관계를 더 확인해 봐야 하지만) 재정적 지원까지를 포함하는 감사일 수도 있다. 후자의 해석이 과도한 의혹 불리기로 읽힐 수도 있겠지만, 『학생과학』의 창간 시점은 한국의 원자력발전소 건설 계획이 한창 추진되던 시기와 정확히 겹쳐진다. 정부의 원자력 위원과 물리학과 교수, 문교부 편수

『학생과학』 창간호에 실린 발행인 남궁 호의 창간사. 대한민국에서 핵 담론이 확산하여 온 흑역사를 추적하기 위해서라도 『학생과학』은 진중히 논의될 가치가 있는 매체다.

관이 편집위원으로 있는 잡지에 대해 미 대사관과 공보원이 어떤 식으로든 지원해줄 개연성은 충분히 상정해볼 만하다. 뿐만 아니라 핵발전소의 실제 공사와 운행이 해당 국가의 정치 상황에 따라 5년에서 길게는 10년 이상 연기될 수 있기 때문에, 핵발전에 대해 국민의 긍정적인 인식을 확산시킬 수 있는 장기적인 플랜이 필요하다. 그 전례가 다름 아닌 미국 사회였다. 어쨌거나 이 글의 논의 주제를 초과하는 문제이기 때문에 이쯤에서 일단 이야기를 그치겠지만, 대한민국에서 핵 담론이 확산하여 온 흑역사를 추적하기 위해서라도 『학생과학』은 진중히 논의될 가치가 있는 매체라는 것을 짚고 넘어가고 싶다.

　'핵'만큼이나 『학생과학』이 중점에 두고 소개한 기사는 '우주개

발'이었다. 특히 미소美蘇의 우주개발 경쟁에 관한 뉴스는 여타의 미국발 과학 기사에 비교해 시차가 거의 없었다. 루나 9호(1966년 3월호)와 서베이어 1호(1966년 7월호)의 달 착륙 그리고 아폴로 계획의 성공과 실패가 매달 중계됐다. 창간호에서부터 폰 브라운Wernher von Braun(1912~1977) 박사의 우주 개발사도 연재됐다. 폰 브라운은 에드워드 텔러와 함께 미국의 과학 기술을 전 세계에 홍보하는 유명 인사였다. 『학생과학』에 연재된 폰 브라운의 글은 동아일보 문화부 기자 김재관이 번역했는데, 1961년에 발표한 저서 『First Men To The Moon』의 내용을 옮긴 것이었다. 폰 브라운의 연재물과 대비해 읽어볼 만한 기사로 1966년 10월호에 실린 「소련의 유인 우주비행은 전혀 가짜다」가 있다. 이 기사는 『학생과학』이 원출처를 제대로 밝힌 몇 안 되는 사례의 하나로, 『Science Mechanics』 1966년 1월호에서 3월호에 걸쳐 로이드 앨런이 발표한 글이었다. 참고로 『학생과학』에 실린 폰 브라운의 글에는 저자 이름은 표기되어 있으나 출처가 없다. 로이드 앨런은 이 글에서 1961년 당시 소련의 기술 수준을 종합적으로 고려했을 때, 유인 우주비행은 불가능한 일이었다고 분석한다. 그 사실 여부는 둘째 치더라도, 이 글이 대중들에게 어떻게 수용될지는 명약관화한 것이었다. 말하자면 이런 메시지가 대량소비 된다. '우리'는 우주개발에서 소련에 진 게 아니다. 그런데 저 '우리' 안에 남한의 독자 대중도 포함될 수 있을까? 『학생과학』의 망탈리테mentalité에서, 그리고 이것을 근본적인 수준에서 구조화하고 있는 1960년대 남한 사회에서, '미국'은 '혈맹'血盟으로 정동화 된 '우리'였다.

『학생과학』1967년 6월호에 연재를 시작한 오민영의 「화성호^火_{星号}는 어디로」에도 한미관계를 연상케 하는 상징적인 에피소드가 등장한다. 화성으로 향하는 우주 로켓의 승무원 선발에서 한국 소년 강성일이 치열한 경쟁을 뚫고 1등으로 뽑힌다. 하지만 이 한국 소년은 2등을 한 미국 소년 찰스 재크에게 기회를 양보하려 한다. 1등을 했지만 우주에 가든 안 가든 별 미련이 없는 자신과 달리 모험심에 불타는 재크야말로 우주여행에 훨씬 더 훌륭한 적임자라는 이유였다. 미국 소년에게 승무원 자격을 양보하기 위해 강성일은 일부러 급성맹장염에 걸리기까지 한다. 이 사실을 알게 된 재크는 이렇게 말한다. "너는 참 훌륭하다. 한번 결심하면 그대로 실행하니 나는 네 정신을 본받겠다."[22] 두 사람 사이에 어이없지만 훈훈한 우정이 깊어가다가, 우여곡절 끝에 두 사람 모두 화성행 로켓 승무원이 되어 대모험을 겪는다는 줄거리다.

이 소설의 배경은 당시로선 비교적 근 미래라 할 수 있는 1990년의 봄이다. 1975년에 인류가 달을 정복하고, 1980년대에 달에 식민지를 건설했다는 설정이다. 미국이라면 이때쯤 달에 식민지도 건설하고 이민도 떠날 것이라는 상상이 기본적인 전제를 이루고 있다. 그런데 이 세계에 어떻게 한국인을 출연시킬지가 문제다. 1960년대의 한국과 한국인은 SF 서사의 무대와 주인공이 되기엔 형편이 궁색하기 이를 데 없었다. 미래의 일이라 해도 도무지 어울리지가 않았다. 『학생과학』을 읽고 독후감을 보낸 어떤 학생의 말을 빌린다. "아폴로 8호가 달 선회 여행에 성공했다니 매우 기쁩니다만 한편으로 안타깝기 그지없습니다. 달에는 못 가더라도 방송국 송신탑만큼이라도 솟아오를 수 있는 로켓조차 만들지 못하는 우리네 현실을 생각하고 말입니다."(1969년 3월호) 화성행 로켓 승무원으로 가장 어울리는 주인공은 금발의 미국인이었다. 그러나 다분히 억지스러운 우정의 서사가 도입되고, 한국과 미국의 소년이 함께 화성에 가는 것으로 어떻게든 수습이 되긴 한다. 한국인이 등장하는데다가, 무려 우주여행까지 떠나야하는 SF 서사에 독자가 납득할 수 있는 최소한의 현실성이라도 부여하기 위해선, '미국', '미국인'과의 우호 관계를 돋아 넣을 수밖에 없었던 것이다. 한국이 우주에 가기 위해선 로켓뿐만 아니라 미국인도 필요한 셈이다. 이런 전개는 자신의 상상력이 작동되는 이미지의 출처에 대해 작가가 스스로에게 자문해보는 과정이기도 했을 것이다. 『학생과학』은 원출처를 지우고 미국 잡지에서 기사를 마구 가져다 써도 태연할 수 있었지만, 한국산 SF를 쓰려는 작가로서는 다른 어떤 장르의 글쓰기보다 '미국'이라는 상상의 다양체를 도무지 외면할 수 없게 된다. 왜냐하면 독자들 역시 이 소설이 그리는 우주 모험을 미국산 영화와 만화, 신문과 잡지를 통해 익힌 SF 표상을 동원해 상상할 테니 말이다. 더군다나 다른 데도 아니고 이 작품이 연재되고 있는 『학생과학』이야말로 미국발 SF 표상의 가장 밀도 높은 매개이지 않은가. 이 때문인지 1966년 7월호부터 같은 해 11월호까지 연재됐던 강성철의 「방랑하는 상대성인」의 경우엔 한국인이 아예 한 명도 등장하지 않는다. 손오공이 부처님 손바닥을 벗어나지 못하듯, 아메리카나제이션Americanization의 장력 안에서 한국산 SF는 간접 경험, 모방된 감각으로서의 '키치'를 면하기 어려웠다.

우주개발만큼이나 『학생과학』에서 잦은 빈도로 기사화된 주제
는 '베트남 전쟁'과 '전쟁 무기'였다. 물론 이들 기사의 상당수는 앞
서 밝힌 것처럼 미국 잡지에서 가져온 것들이었다. 그중 추적 가능
한 출처를 정리하면, 「초인을 만드는 기계」(1966년 4월호)와 「폴라
리스 미사일 잠수함을 따라서」(1967년 4월호)가 각각 『Popular
Mechanics』 1965년 11월호와 1960년 2월호의 기사에서 옮겨 왔음
을 확인할 수 있었다. 베트남전에 대한 기사 역시 철저히 미국의 입
장을 따르고 있다. 베트남전에서 미군이 가스무기를 사용하고 있다
는 의혹에 대해, 미국은 도덕적인 나라이기 때문에 전혀 그럴 리가
없다고 주장하는 「월남에서 벌어지는 가스전쟁」(1967년 5월호), 월
맹군의 SA02미사일을 '암세포'에 비유하는 「미군기를 괴롭히는 월
맹의 SA02미사일은?」(1968년 4월호) 등이 그 전형이다. 푸에블로
호 납북 사건이 터져 원산만으로 미 항공모함 엔터프라이즈호가 배
치됐을 때는, 편집계획에 없는 엔터프라이즈호 소개 글을 전격적으
로 반영하기도 했다. 편집후기에 이 사정이 다음과 같이 밝혀져 있
다. "버릇없는 북괴놈들 때문에 세상 어수선할 때 편집실로 마지막
손질에 정신이 없다. 거기다 편집계획에 없었던 엔터프라이즈호를
갑자기 소개하느라고 지池선생님이 바쁘다."(1968년 3월호), "원산
만으로 출동한 엔터프라이즈호. 미소 양대 세력을 긴장케 한 푸에
블로 호 납북사건. 이들을 독자들에게 해설해 주려 부랴부랴 원고
를 들어 놓고 보니 편집후기 쓰기를 잊었었다."(1968년 3월호), "미
국 정보함 푸에블로가 북괴에 납북된 사건은 세계적인 물의를 일으
켰으나 아직도 만족할 해결을 보지 못하고 있다. 세계각지에 퍼져

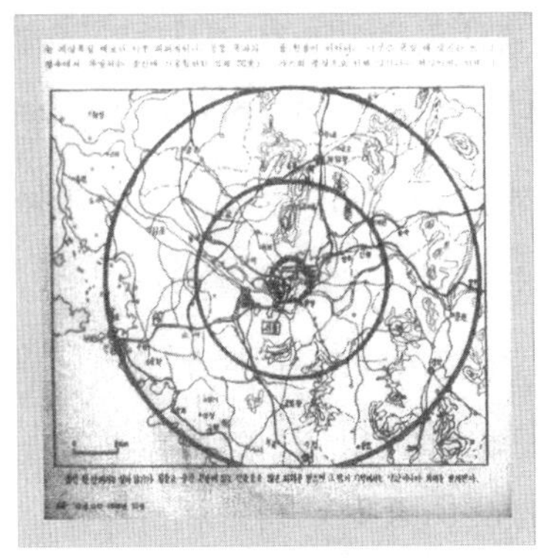

「남대문 상공에 원자폭탄이 떨어진다면?」(1966년 12월호)에 실린 설명도. 『학생과학』은 핵무기의 공포에 대한 기사와 원자력 기술의 평화적 이용에 관한 기사를 함께 실었던 매체였다. 핵무기는 인류를 위협하는 공포의 대상이지만, 핵발전은 쾌적하고 편리한 미래를 위한 약속된 기술이라는 바보 같은 이분법, 끝없이 '핵'을 동어반복 하는 프레임의 전형을 『학생과학』은 보여준다. 그러나 바로 이 프레임 안에서 냉전 이데올로기의 온갖 억압적 기제와 핵 자본주의의 알파와 오메가가 모두 작동된다.

있는 미소 양국의 첩보망에 대해선 지난 호에 조금 실린 바 있다. 좀 더 치밀한 내용까지는 이야기하지 못하였다. 이들 정보전쟁에 과연 어떻게 사용되는지?"(1968년 4월호)

미국과 소련 그리고 중공의 핵무기에 대한 기사 역시 단신으로라도 매달 빠지지 않고 등장했다. 흥미로운 점은 중공의 핵무기 기술에 대한 보도는 「중공과학자 190명 사망, 실험 중 핵폭탄 오발로」(1969년 3월호)의 경우에서 보듯, 그들의 기술력을 과소평가하는 내용이 주종을 이루고 있다. 『학생과학』이 창간된 1965년부터 닉슨 행정부의 데땅트 정책이 실행되는 1970년까지, 핵무기 증강의 전력질주 시대를 이 잡지는 기민하게 반영하고 있는 것이다.

『학생과학』은 핵무기의 공포에 대한 기사와 원자력 기술의 평화적 이용에 관한 기사를 함께 실었던 매체였다. 「남대문 상공에 원자폭탄이 떨어진다면?」(1966년 12월호)에서는 서울 지도까지 제시하며 구체적인 피해 반경을 설명한다. "원자폭탄이 떨어져 폭발하면 1.2km 떨어진 용산의 어느 곳에 있든지 살아남는 비율은 반반보다 적다. 폭탄이 폭발하는 지점 바로 아래에만 있지 않았다면 땅속에 있는 경우가 살아남는 확률이 높아진다. 그리고 폭발 지점에서 800m 이내는 거의 완전에 가까운 황폐를 가져오게 된다. 0.8km에서 1.6km 범위의 콘크리트나 철근 건물은 부서지지 않고 서 있게 된다. 그 이내 지역 건물들은 내부가 완전파괴가 되어 버린다."23 이와는 반대로 「제2의 불, 원자력의 발견과 이용」(1968년 4월호)에선 원자력의 평화적 이용이 가져올 이로움을 역설한다. 핵무기는 인류를 위협하는 공포의 대상이지만, 핵발전은 쾌적하고 편리한 미래를 위한 약속된 기술이라는 바보 같은 이분법, 끝없이 '핵'을 동어반복하는 프레임의 전형을 『학생과학』은 보여준다. 그러나 바로 이 프레임 안에서 냉전 이데올로기의 온갖 억압적 기제와 핵 자본주의의 알파와 오메가가 모두 작동된다. 그리고 안타깝게도 이 프레임을 꿰뚫을 수 있는 불온한 SF적 상상력은 1960년대 남한 사회에 부재했다.

그러나 그게 어디 한 줌도 안 되는 SF 작가들의 역량 부족이기만 했을까. SF를 직접 표방한 작품은 아니지만, 남정현의 「분지」(1965)에 이런 장면이 나온다. 미군의 최첨단 무기에 포위되어 성미산과 함께 잿가루가 되기 직전인 남자가 주인공이다. 홍길동의 10대손인 이 남자는 스피드 상사의 아내를 강간했고, 미국은 그를 징벌하기 위해 2~3억 불에 달하는 군비를 지출하려 한다. 「분지」의 반미소설로서의 가치를 알아본 북한은 이 소설을 노동당 기관지 『조국통일』에 무단 전재한다. 그리고 이를 계기로 남정현은 반공법 위반 혐의로 체포된다. 이것은 한 사람의 문학적 상상력이 꺾이고 짓밟힌 사건이 아니다. 「분지」는 1960년대 남한 사회에서 상상할 순 있으나 이야기해선 안 될 것, 이야기할 수 없어서 상상조차 할 수 없는 것들의 비루한 경계선을 가장 외설적으로 드러낸 작품이다. 1960년대 남한 사회에서 SF 작가들뿐만 아니라 소위 기존 문단의 작가들조차 그 한계를 돌파했던 이는 없었다.

1960년대 남한사회의 SF적 상상력

앞서 지적한 한계에도 불과하고, 1960년대를 통틀어『학생과학』만큼 국내의 SF 창작인력을 집중적으로 집합시킨 매체는 없었다. 과학세계사의 주간이었던 지기훈의 뛰어난 수완 덕분이었다. 그는『학생과학』을 통해 함께 일하게 된 서광운, 윤실, 오민영, 강승언, 이동성, 서정철 그리고『완전사회』의 작가 김종안(문윤성)을 모아, 1969년 4월 3일 'SF작가클럽'을 조직하기도 했다. 종로구 수송동에 있던 과학세계사 편집실이 이 모임의 산실이었다.[24] 비록 열 명도 채 안 되는 모임이었지만, 소설가와 만화가, 평론가가 'SF'를 향해 뜻을 모았다.

한국 SF 소설사와 한국 만화사의 교차점에『학생과학』이 놓여 있다는 점도 무척 중요하다. 만화가 신동헌과 신동우 형제는『학생과학』에 실린 SF소설과 각종 기사의 삽화뿐만 아니라, 각각 「꾀돌이의 박사 면담기」(1965년 12월호부터)와 「5만 마력 차돌박사」(1968년 5월호부터)를 연재했다. 이들과 함께『학생과학』의 삽화가로 일한 서정철은 SF작가클럽의 동인이면서, 사실주의적 그림체가

데스카 오사무의 『철완 아톰』(鉄腕アトム)이 「원폭소년 아톰」이란 제목을 달고 『학생과학』을 통해 국내에 최초로 소개되었다. 「원폭소년 아톰」의 연재가 끝난 뒤 신동우의 「5만마력 차돌박사」가 지면을 이어갔다. 여러모로 아톰의 영향을 많이 받은 작품이다.

인상적인 『태자검』, 『성난 횃불』 등의 걸작을 남긴 전설적인 만화가다.

『학생과학』에 소재所在한 만화와 관련해 또 한 가지 빼놓을 수 없는 정보는, 데스카 오사무의 『철완 아톰』鉄腕アトム이 「원폭소년 아톰」이란 제목을 달고 이 잡지를 통해 국내에 최초로 소개되었다는 것이다. 물론 이 경우도 정식 라이선스 계약을 맺지 않은 무단 전재이긴 했다. 아톰의 첫 연재가 시작된 1966년 7월은 일본 후지TV에서 『철완 아톰』의 TV 애니메이션 시리즈가 막 종영되었을 무렵이었다. 신동우는 「원폭소년 아톰」의 후속 연재물로 「5만 마력 차돌박사」를 이 잡지에 연재했는데, 아톰의 영향이 다분히 배여 있는 만화였다.

아톰뿐만 아니라 해외 SF 소설도 여러 편 소개됐다. 창간호에선 H. G. 웰즈의 「도둑맞은 세균」(창간호)이 번역됐고, O. E. 해밀턴의 중편소설인 「육체환원기」(1966년 2월호), 윌리엄 샘브로드의 「달 로케트 실종사건」(창간호)도 신동헌의 공들인 삽화와 함께 게재됐다. 그러나 『학생과학』이 각별한 애정을 갖고 지면을 할애한 것은 한국 SF작가의 작품이었다. SF작가에게 불모지나 다름없는 당시 한국 문화계에서 『학생과학』은 일반 독자에게 작품을 노출할 수 있는 거의 유일한 창구였다. 창간호에서부터 이동성의 「크로마뇽인의 비밀을 밝혀라」의 연재가 시작했고, 2호에선 서기로(서광운)의 「북극성의 증언」이 소설 지면에 합류했다. 매체의 전폭적인 지원에도 불구하고 문제는 독자들의 반응이었다. 『학생과학』에서 가장 인기 있는 지면은 SF소설도 아니고, 핵폭탄이나 우주개발을 알리는 기사도 아니었다.

『학생과학』은 창간호에서 〈특집화보〉, 〈흥미교양〉, 〈실험관찰〉, 〈공작 사용법〉, 〈사이언스 뉴스〉, 〈과학 소설〉, 〈우리의 과학활동〉, 〈총천연 화보〉의 체제로 출발했다. 이 구성은 매호 조금씩 조정되다가 1967년부터 〈화보〉, 〈고정난〉, 〈흥미교양〉, 〈교양소설·만화〉, 〈공작〉, 〈실험·관찰〉, 〈독자들의 교환대〉, 〈합본부록〉으로 재편된다. 이 가운데 창간호에서부터 독자의 호응을 꾸준히 받았던 건 〈공작〉이었다. 여기서 특히 인기 있는 소재는 라디오 조립이었다. 매호마다 〈공작〉 면엔 각종 라디오 조립 방법이 설계도와 함께 실렸다. 그 인기를 짐작할 수 있는 글을 편집후기에서도 찾아볼 수 있다. "공작기사의 충실과 증면을 요구하는 독자들의 호

한국 SF 소설사와 한국 만화사의 교차점에 『학생과학』이 놓여 있다는 점도 무척 중요하다. 만화가 신동헌과 신동우 형제뿐만 아니라, SF작가클럽의 동인이면서 사실주의적 그림체가 인상적인 『태자검』, 『성난 횃불』 등의 걸작을 남긴 전설적인 만화가 서정철도 『학생과학』의 삽화를 그렸다. 왼쪽이 신동우, 오른쪽 두 개가 서정철이 그린 삽화다.

소가 안타깝다. 어떻게 하든 그 호소에 보답해 주고 싶다."(1967년 7월호)

〈공작〉 면의 인기에 비하면 SF소설을 향한 반응은 덤덤한 편이었다. 독자들이 보낸 독후감을 살펴보자. "이 소설을 보고 새롭게 배우거나 느낌 점은 이루 헤아릴 수 없을 정도로 많지만 너무 과학소설이라는 점에 치중하여 우리의 수준으로서는 이해하기 어려운 용어들이 많이 나왔고 대체로 소설의 길이가 너무 짧아 다 읽고 나면 섭섭한 감이 적지 않았다. 처음에 소설이 전개될 때에는 내용이 매우 폭이 크고 흥미로워서 독자들이 많은 기대를 걸지만 계속적으로 그 흥미를 끌어주지 못하기 때문에 곧 실망을 주는 일도 있다."[25], "저는 과학기술을 읽을 때마다 느끼는 점인데 소설 속에 나오는 주인공이 저희 학생과 같은 소년이 아니고 어른들이란 점에 불만이 있습니다. 또 내용이 아무리 공상과학 소설이라고는 해도 우리와 같은 학생에게는 너무나 차원이 높은 이야기이기 때문에 실감이나 공감을 느끼는 것이 크지 못합니다. 저희 같은 학생이 주인공이 되어 우리가 이해할 수 있는 범위 내에서 활동하는 내용으로 엮어주셨으면 합니다."[26]

『학생과학』의 주 독자층이 중고생이기는 했지만, 이 잡지에 소설을 발표하는 작가들이 학생들의 눈높이에 맞추기 위해 필력을 집중한 건 아니었다. 가령 서광운의 소설을 보면, 어떤 대목은 조악한 아동물마냥 유치하기 짝이 없다가도, 또 어떤 대목은 철학서나 전문 과학서에 육박하는 난해한 설명으로 일관하기도 했다.

『학생과학』의 SF 소설가들은 '한국'과 '한국인'을 SF 서사의 대상으로 가공해내는 방법을 실험하는 데 더 열중했다. 이 목표를 향해 수준 이상의 성취를 이루지 못한다면 독자의 호응도 사실상 요원할 수밖에 없었다. 앞서 예로 들었던 오민영의 「화성호火星号는 어디로」의 경우에서처럼, 이것은 독자가 납득할 수 있는 최소한의 현실성을 구성하기 위한 고투이기도 했다.

이동성의 「크로마뇽인의 비밀」에선 소설의 첫 무대가 한라산이다. 이곳에서 주인공과 그의 일행은 비행접시UFO를 보게 되는데, 그들의 첫 반응은 (SF소설이라기보다는) 방첩물의 한 장면을 연상케 한다. "그 수상한 물체는 중공에서 날려 보낸 간첩 풍선인가, 어떤 특수임무를 띤 모국의 비행선인가, 아니면 외계에서 온 비행접시인가, 그렇지 않으면 단순히 신기루 같은 어떤 기상 현상인가?"[27] 1960년대 남한 사회를 살아가는 한국인의 신경증적 반응의 한 양상을 발견하게 된다. 이들은 비행접시 속으로 휘말려 들어간 뒤에도 외계인에 납치되었을 거라곤 좀처럼 상상하지 못한다. "그렇다면 선생님, 우리가 지금 소련이나 중공의 포로가 되었단 말씀이에요?"[28] 적성국가 중국과 소련 그리고 괴뢰 북한에 포위된 상태에서 겨우 반도의 절반에서 살고 있을 뿐인 대한민국 사람이, UFO처럼 정체가 수상한 낯선 대상과 조우하는 상황에선, 간첩부터 상상하고 두려워하게 되는 것이 당대의 리얼리티이자 일상의 망탈리테였다.

서광운의 「관제탑을 폭파하라」(1968년 10월호부터 연재)는 식물 자력선을 소재로 한 SF소설이지만, 전개 방식은 러시아 공작원과 쫓고 쫓기는 방첩 서사를 택하고 있다. '간첩' 또는 '007'이라는 소재는 이 시기 장르 작가들이 이야기를 풀어나가는 데 해결사나 마찬가지였다. 남한의 1960년대 독자 대중에게 우주여행과 외계인은 도무지 공감할 게 없는 비현실적인 대상에 불과하지만, 간첩에 대해서라면 아무리 과장된 상황에서도 현실감을 발휘하기 때문이다. 이때에도 SF는 전면에 내세워지지 못하고 방첩 서사를 통해 우회적으로 반영된다. 서광운은 「관제탑을 폭파하라」의 결말에서 애국심과 민족주의를 강조하기에 이른다. 그가 과연 투철한 국수주의자라서 이런 결말을 선호했을까? '한국'과 '한국인'이 등장하는 SF에서 애국심과 민족주의는 당대 독자 대중과 공유할 수 있는 가장 통속적이지만 효과가 보장된 공통감각이었다. 이 선택은 그의 다음 연재작인 「우주함대의 최후」에서도 반복된다. 하지만 이런 전략이 남발돼 일단 유형화되어버리고 나면, 한국산 SF소설은 키치의 수준에서조차 한 단계 더 아래로 전락하게 된다. 국내용으로 기묘하게 변주한 SF 서사의 흉내 내기를 다시 흉내 내는 패착은 창작의 지속성 자체를 회의하게 만들기 마련이다.

이런 악순환을 돌파할 방법은 작가의 능력에만 달린 문제가 아니었다. 시대가 구조화한 사회 문화적 한계 속에서 전형적으로 유형화된 독자만이 아닌 새로운 독자층이 대거 등장할 때, 막혔던 활로도 모색할 수 있게 된다. 미국의 경우 다양한 장르의 판타지를 수용할 수 있는 중산층이 폭넓게 존재했다. 그러나 1960년대 남한은 빈곤한 저개발국의 형편을 면하지 못하고 있었고, 1960년대 말까지 이른바 서구식 근대화를 추진할 수 있는 중산층은 규모로 보나 비중으로 보나 미비하기 그지없었다.

『학생과학』에서 실험됐던 SF소설을 중고등학생 외에 누가 또 읽었을지도 회의적이다. 좀 더 냉정히 말하면 이 잡지의 중고등학생 독자들조차 미적지근한 반응이었다. (그것이 비록 한국 작가의 SF소설이 아니더라도) 수준 높은 SF소설을 읽고 경이감을 느끼는 독자의 풍경을 이 시기에 찾아보기란 쉽지 않다. 그런데 뜻밖에도, SF소설을 읽는 1960년대 한국 독자의 모습을 김수영에게서 찾아볼 수 있었다.

「벽」壁(1966)이라는 짧은 수필에서 그는 노먼 메일러의 「마지막 밤」The Last Night에 대해 이야기한다. 이 작품은 노먼 메일러가 『Esquire』 1966년 11월호 특집 〈Cannibals and Christians〉에 발표한 소설이다.

앞서 언급한 김윤주의 「재앙부조」가 핵전쟁에 의해 파멸된 도시를 그렸다면 「마지막 밤은」에선 아예 지구가 끝장나 버린다. 줄거리는 간단하다. 미국 대통령과 소련 수상이 공모해 거대 우주선으로 지구를 폭파하고, 전 세계의 초 특권 계급의 백여 명만 데리고

냉전시대를 풍자한 노먼 메일러의 SF 「마지막 밤」(The Last Night)은 『Esquire』 1966년 11월호 특집 〈Cannibals and Christians〉에 발표됐다. 김수영은 영어판이 아니라 일본어판 에스콰이어를 통해 「마지막 밤」을 접했는데, 이 소설을 읽고 "눈앞이 아찔"해지는 감화를 받는다. 미국 대통령과 소련 수상이 공모해 거대 우주선으로 지구를 폭파하고, 전 세계의 초 특권 계급의 백여 명만 데리고 우주로 떠나버린다는 줄거리다. ⓒ『Esquire』

우주로 떠나버린다.

김수영은 이 작품을 일본잡지에 번역된 것으로 읽었다고 한다. 실물을 확인하진 못했지만 일본판 『Esquire』였으리라 짐작된다. 지금도 그렇지만 『Esquire』 해외 판도 미국 판과 마찬가지로 메인 특집을 공유하기 때문이다. 어쨌거나 김수영은 이 소설을 읽고 "눈앞이 아찔"해지는 감화를 받는다.[29] 그가 보기에 이 작품은 노먼 메일러 식의 "김일성 만세!"였음에 분명하다. 김수영은 이 소설을 곧장 우리말로 번역하고 싶다는 강한 충동을 느끼게 된다. 그러나 분지 필화 사건이 있은 지 1년밖에 되지 않은 상황에서 저어되는 게 한둘이 아녔다. 검열에서 "반미적 운운"을 이유로 트집 잡을 게 뻔하고, 영문 원전이 아닌 일본말 텍스트를 '중역'重譯해야 한다는 점도 마뜩찮았다.

「벽」에서 김수영은 르 클레지오의 소설에 대해서도 짧게 언급하고 있는데, 이런 유의 구라파식 아방가르드는 이미 면역이 되어 흉내 내기도 만만하다는 혹평이다. 김수영은 르 클레지오에게선 느낄 수 없는 「마지막 밤」의 풍자적 상상력을 진심으로 부러워하고 있었다. 중언부언하지 않고 현실 문제의 중핵을 예리하게 타격해 독자의 폭소를 불러일으킬 수 있는 상상력이 자신에게 부재하다는 것을 깨닫고, 김수영은 작가 생활의 '벽'壁을 절감하고 말았던 것이다. 이것은 비단 김수영만의 '벽'이 아니라 1960년대 남한 문화계 전체에 결핍되어 있던 문화적 상상력/표현력에 대한 진단이기도 했다.

「재앙부조」에서 『완전사회』를 지나 『학생과학』에 실렸던 SF 중단편 소설의 면모를 검토하면서 이 글이 내릴 수밖에 없는 결론 역시 김수영의 한숨과 다르지 않다. 'SF'는 한 사회의 사회 문화적 상상력의 임계점을 지시한다. 'SF'라는 개념은 그저 장르 용어의 하나쯤으로 한정되는 것이 아니라 시대의 증환症幻을 읽는 척도일 수 있다. '지금, 여기'에서 너와 나는 무엇을 상상할 수 없는가? 게다가 무엇을 표현할 수 없는가? 어떤 표현의 어색함, 어떤 작품에 대해 느끼는 견딜 수 없는 저속함은 어느 틈에 내 몸에 새겨진 반응일까? 우리의 정동은 시대와 피드백하며 구조화된다. 그 연쇄 반응은 작품에도 고스란히 반영된다. 따라서 우리가 살아가는 시대가 엉망진

창이라면 작품도 엉망진창인 게 당연하다. 그걸 애써 펴고 다려서 번듯하게 만드는 게 제일 시급한 일일까? 오히려 구겨지고 찢기고 결핍된 그 자리에서 우리의 실패를 분명히 지각하는 일이야말로, 지난 시대 먼저 실패해본 자들이 우리에게 일러주는 교훈이다.

오리가미 매뉴얼

이언 매큐언의 단편소설 「입체기하학」Solid Geometry(1975)을 보면 기상천외한 오리가미(접기) 기술로 아내를 사라지게 하는 남자가 등장한다. 동심원을 그리고, 선을 따라 접고 꺾어서 꽃 모양을 만드는 과정까지는 종이로 하는 일반적인 오리가미와 다르지 않다. 그런데 「입체기하학」이 보여주는 접기와 꺾기의 기술은 손끝에서만 이뤄지는 게 아니라 의식意識의 차원에서도 동시에 진행된다.

접기를 끝내자 종이는 한가운데 절개선을 둘러싸고 세 개의 동심원이 달린 기하학적 꽃 모양이 되었다. 이 꽃은 어딘지 평화로운 여유와 완성미를 지닌, 아득한 무아경의 세계, 거부할 수 없는 매력을 담고 있었다. 꽃을 바라보면 최면에 빠지는 듯했고 영혼이 맑아지며 무의식의 상태로 접어드는 느낌이었다. 나는 고개를 저으며 시선을 돌렸다. 이제 꽃을 다시 꽃 안으로 접어 넣어 절개선 안으로 당겨 줄 차례였다. 조심스런 작업이 필요한 순간, 손이 다시 떨려 왔다. 하지만 완성한 작품의 중앙을 바라보며 마음을 가다듬을 수 있었다. 엄지손가락으로 종이꽃의 가장자리를 중앙으로 밀어 넣을 때 뒤통수 전체가 마비되는 것 같은 느낌이었다. 좀 더 세게 누르자 순간 종이의 흰색이 더욱 희게 도드라지다가 사라지기 시작하는 듯했다. 내가 이렇게 '듯했다'고 얘기하는 이유는 손으로 느끼면서도 보지 못하는 것인지, 아니면 보면서도 느끼지 못하는 것인지, 그도 아니면 영상만 남기고 사라졌는데도 여전히 느낌이 남아 있는 것인지 확실히 알 수 없었기 때문이다. 마비감이 머리 전체와 어깨로 번져 갔다. 내 오감은 눈앞에 벌어진 사건을 감지할 능력을 잃은 듯했다. '차원은 의식의 함수이다.' 나는 생각했다. 두 손을 가지런히 모았다. 손에는 아무것도 들어 있지 않았다. 하지만 다시 손을 폈을 때 아무것도 보이지 않자, 나는 꽃이 흔적 없이 사라졌다는 것을 믿을 수 없었다. 꽃의 인상, 진상이 망막이 아닌 영혼에 남아 있었다.[1]

소설 속 주인공은 이 기술로 그의 아내를 접고, 꺾어, 사라지게 한다. 그의 증조부도 같은 방법으로 한 남자를 행방불명되게 했다. 솔깃한 기술이다. 눈앞에서 당장 사라지게 하고 싶은 것들이 한둘이 아니다. 그러나 본래 오리가미란 괴팍한 소거掃去 기술이 아니라 생성의 묘미를 즐기는 놀이다. 언제까지라도 '그리고'라 물을 수 있는 변화의 과정이 더 궁금하다. 그러고 보니 이 시도 꼭 그런 마음을 담았다. 서정주의 「내가 돌이 되면」을 아래에 옮긴다. 이 시는 6장에 인용했던 산울림의 노래 「기타로 오토바이를 타자」의 불교 버전처럼 느껴지기도 한다.

> 내가 / 돌이 되면
>
> 돌은 / 연꽃이 되고
>
> 연꽃은 / 호수가 되고
>
> 내가 / 호수가 되면
>
> 호수는 / 연꽃이 되고
>
> 연꽃은 / 돌이 되고

나와 돌, 연꽃, 호수는 각기 고정된 실체가 아니라 서로 접고 펼쳐 변신할 수 있다. 나는 돌의 오리가미이며, 돌은 연꽃의 오리가미이고, 연꽃은 호수의, 호수는 연꽃의, 연꽃은 돌의 오라가미다. 이들 사이의 감응이 생성의 잠재 능력을 이끌어낸다.

새봄의 논두렁에서도 생성의 오리가미가 한창이다. 흙과 햇빛과 공기, 씨앗 그리고 온갖 미생물의 힘이 한데 얽혀 새싹을 솟아오르게 한다. 그 싹이 자라 양식이 되어, 누구네 살과 피로 바뀌는 과정 역시 시간의 지평 위에서 끝없이 연속되는 거대한 오리가미가 아닐 수 없다. 자본의 오리가미에 맞설 변혁의 방법도 이 흐름으로부터 생각해낼 수 있지 않을까.

다시 논두렁으로 시선을 옮긴다. 일본 나고야 근교에서 유통되는 쌀본위제 지역화폐 '오무스비'おむすび는 유기농 현미 반 홉을 지폐 한 장과 바꿀 수 있도록 설계된 통화라고 한다.[2] '오무스비'는 화폐단위이자 '맺음, 매듭'むすび과 '주먹밥'御結び의 뜻도 지녔다. 새싹이 자라 돈으로 바뀌되, 그 돈은 세계경제의 자멸적 금융통화 시스템에서 탈출할 수 있는 대안이 될 수 있다. 이에 대해 김종철은 다음과 같이 설명한다.

정기간행물 〈오무스비통화〉(おむすび通貨)의 2012년 10월호와 오무스비 2011년 발행권. 쌀본위제 지역화폐 오무스비(おむすび)는 유기농 현미 반 홉과 지폐 한 장을 바꿀 수 있도록 설계되어 있다. 엔화와 바꿀 땐 1 오무스비가 대략 50엔(円)에 거래된다고 한다. ⓒ http://www.f-money.com

기존의 금융통화제도를 국가적 차원에서 개혁한다는 게 가능한 일일까요? 이미 이 제도 때문에 막대한 이익을 보는 강력한 기득권 세력이 있고, 그들이 국가권력을 사실상 지배하고 있습니다. 세계경제도 마찬가집니다. 달러 지배체재가 붕괴하면 붕괴했지, 달러체제로 엄청난 이익을 취하고 있는 기득권 세력이 통화제도의 발본적 개혁을 지지하거나 묵인할 리가 없습니다. 결국은 풀뿌리 차원에서 이러한 지배적인 금융통화제도에서 벗어나는 방법을 생각하지 않으면 안 됩니다. 그래서 자주적인 삶의 공간을 구축하는 길밖에는 없습니다. 그것이 지역화폐운동입니다. 자연환경을 살리는 것도, 농촌을 살리고 지역사회를 살리는 일도 결국은 지역화폐와 같은 자주적 협동운동에 달렸다고 할 수 있습니다.[3]

우리가 이 시대에 진정 열광해야 할 가치는 대기업이 광고에서 떠들어 대는 신제품의 첨단성이 아니라, 온갖 존재와 더불어 살아가는 일이다. 함께한다는 것의 진정한 가치는 호혜의 관계만을 맹목적으로 권장하는 '우애'를 의미하지 않는다. 어깨동무한 채 계속 웃기만 할 뿐인 '우애'는 억지 연기에 불과하다. 서로 공존할 뿐만 아니라 공멸할 수조차 있으며, 그 사이 혹은 바깥으로 뻗어나가는 행동능력의 철저한 확장을 가능케 하는 것이 '우애'다. 우리 시대는 오직 자본만이 이런 '우애'를 무제한으로 누리고 있는 듯하지만, 2007년 세계금융위기 이전부터 이미 자멸의 길에 들어섰으며 날로 그 능력이 축소되고 있는 형편이다. 그런 의미에서 「입체기하학」의 사라진 아내는 세계 자본주의의 미래에 대한 은유라 읽을 수 있다.

그렇다면 자본의 직선 바깥에선 어떤 '우애'가 이뤄지고 있는 걸까. 해마다 소비량이 줄면서 천덕꾸러기 신세를 받았던 쌀이 지배적 통화제도로부터의 해방과 지역 공동체 재건을 꿈꿀 수 있게 했다. 한 톨의 쌀알에서 고물더미에 이르기까지 우리 주위에는 새로운 욕망과 상상력에 감응해 재발견/재발명될 수 있는 존재들이 무궁무진하다. 비루한 이 세상을 접고 뒤집고 펼쳐 변신시킬 수 있다. 자본이 오직 자기 자신 안으로만 향할 뿐이라면 아무도 믿지 않았던 바깥을 찾아 솟구쳐 오르자.

홀로 그렇게 할 수 있는 이는 아무도 없다. '오무스비'와 같은 대안화폐시스템도 새로운 화폐의 취지와 목표, 사용에 동의하는 수많은 이들의 관계망에서 현실화될 수 있었다. 지역 공동체와 농업, 자연을 구하는 화폐를 만들어낸 그들은 또 무엇을 해낼 수 있을까. '우애'는 정과 사랑을 강조하는 식상한 동어반복이 아니라, 서로를 향해 언제까지라도 '그리고'라 물을 수 있는 변화의 과정이다. 나를 새로운 나로 펼쳐줄 동무, 그 친구에게도 내가 꼭 그런 동무가 될 수 있길 바란다.

그렇게 함께할 수 있는 시작점. 지금 이 순간이 꼭 그런 때인 것은 아닐까.

1장 방사능의 대기에서: 3 · 11 이후의 영화, 〈카페 느와르〉

1. 메갈로폴리스(Megalopolis)는 메트로폴리스(Metropolis)가 띠 모양으로 연결되어 있는 거대한 도시 집중지대다. 메트로폴리스는 대체로 인구 100만이 넘고, 전국적인 기반 위에 정치 · 경제 · 정보 등의 기능을 통합하는 대도시를 의미한다.

2. 이 장면에 앞서 연극에서 마리아로 분한 정윤이 이렇게 말한다. "아버지, 저들은 자기가 무엇을 하는지 모르나이다." 정권의 홍보 기구로 전락한 TV 방송을 향한 비아냥거림이다.

3. 정성일, 「도둑질하고 도둑질 당하고」, 『언젠가 세상은 영화가 될 것이다』, 바다출판사, 2010, 123쪽.

4. 본명은 허궈펑(何國鋒)이다. 1975년 중국 호북성 싱타이 출신으로 중국에서는 가수 샤오허(小河)로 알려져 있다. 1999년에는 메이하오야오디엔(美好药店)라는 밴드를 결성하여 '快乐时光'라는 노래로 데뷔, 본격적인 가수활동을 시작했다. 이후 〈Bad head〉라는 음반회사와 계약하여 'Mama', '郭龙所指的那首日本歌' 같은 히트곡들을 담은 대표적 앨범 〈飞得高的鸟不落在跑不快的牛的背上〉을 냈다. 영화 『카페 느와르』에 삽입된 「So Ma Hang」도 그의 노래다. 그는 영화배우로도 활동하고 있는데, 장률 감독의 『중경』(2007)이 대표작이다.

5. 미연의 남편은 영수와 자신의 가족을 벌한 뒤 브레히트의 시구를 원어 그대로 읊는다. "Ach, Wie Sollen Wir Die Kleine Rose Buchen? 아, 어떻게 우리가 이 작은 장미를 기록할 수 있을 것인가?"

2장 달러가 통용되는 평행 세계: 세계 금융위기와 『퀀텀 패밀리즈』

1. 이 문제에 대해선 "몸과 뇌, 그리고 정동(affect)의 정교한 총합"(50쪽)으로 '인지'를 정의한 조정환의 『인지자본주의』(갈무리, 2011)에 감응된 바 크다. "인지(cognition)는 대상에 대한 지식을 의미하는 인식(knowledge)으로 환원될 수 없다. 인식은 인지 활동의 중요한 일부이지만 그 전체일 수 없기 때문이다. 나는 이 책에서 인지를, 지각하고 느끼고 이해하고 판단하고 의지하는 등의 활동에 포함되는 정신적 과정을 총칭하는 용어로서, 감각, 지각, 추리, 정서, 지식, 기억, 결정, 소통 등의 개체적 및 간개체적 수준의 정신작용 모두를 포괄하는 의미로 사용할 것이다."(43쪽)

2. 푸코는 『생명관리정치의 탄생』(난장, 2012)에서 게리 베커와 시어도어 슐츠의 인적자본론을 분석하며 현대의 신자유주의적 통치와 시장 원리가 내면화한 '호모 에코노미쿠

스'의 출현을 집중적으로 설명한다. "호모 에코노미쿠스는 기업가. [그것도] 자기 자신의 기업가입니다. 그렇기 때문에 여기서 교환 상대방으로서의 호모 에코노미쿠스를 매 순간 자기 자신의 기업가로서 대체하는 것이 사실상 신자유주의에 의해 행해진 분석에서 관건이 됩니다."(319~320쪽), "호모 에코노미쿠스, 즉 현실을 수용하는 자 혹은 환경의 변수들 내에서의 변화에 체계적으로 대응하는 자인 호모 에코노미쿠스는 조종이 가능한 것, 환경에 인위적으로 도입된 체계적 변화에 체계적으로 반응하는 자인 것입니다. 호모 에코노미쿠스는 탁월하게 통치가능한 자입니다."(372쪽)

3. 노르베르츠 볼츠,『컨트롤된 미디어』, 윤종석 옮김, 문예출판사, 2000, 87쪽.

4. 마이클 무어는 영화 〈자본주의 : 러브스토리〉(2009)에서 '파생상품'의 정체를 이렇게 정의한다. "그러니까 이건 복잡한 도박기술이라는 말이죠."

5. 고지마 히로유키,『확률의 경제학』, 김경원 옮김, 2008, 98쪽.

6. 1816년부터 시작된 영국 파운드화를 중심으로 하는 국제금본위제도는 제1차 세계대전의 종전과 함께 파탄을 맞이한다. 1944년에 이르러 달러를 중심으로 한 금환본위제가 성립하는데, 이것이 바로 '브레튼우즈 체제'의 탄생이다. 기준이 되는 달러는 금 1온스당 35달러였다. 브레튼우즈 체제는 1971년 8월 금태환 정지가 선언되면서 막을 내리게 된다. 이후 각국의 통화는 달러와의 연계를 끊고 변동환율체제로 재편한다. 네이선 루이스,『골드』, 이은주 옮김, 에버리치홀딩스, 2009 참고.

7. '화폐 소설'은 화폐를 주제로 하는 소설이 아니라 '화폐 존재론' 그 자체를 문학의 소재로 삼았음을 의미한다. 이마무라 히토시는 이 용어를『화폐 인문학』(자음과 모음, 2010)에서 처음 제안하면서, 괴테의『친화력』(1809), 앙드레 지드의『위폐범들』(1926)을 예로 들어 분석한다. 소설을 경제학 비판서로 독해한 흥미로운 작업이다. "인간관계를 매개로 관계의 안정과 질서 또는 도덕과 규칙의 세계를 만들어내는 매개 형식"(71쪽)이 곧 화폐의 형식이며, 이를 주제로 한 소설이 '화폐 소설'이다.『친화력』에서는 변호사 '미틀러(Mittler)('매개자'라는 뜻도 있다)'라는 인물로 화폐의 매개 형식이 형상화되고 있고, 금본위제가 붕괴한 유럽의 상황을 배경으로 한『위폐범들』에서는 보리스의 죄 없는 죽음과 로라의 희생이 화폐 형식의 이면을 그리고 있다.

8. 때는 양자뇌계산기 과학이 보편화한 미래다. 데이터베이스화된 인간들의 (혹은 사이버 스페이스 그 자체의) 가능성과 잠재성의 차원이면서, 네트워크 밖의 '현실'에 직접 구속되지 않는 '반현실'의 평행 세계가 기하급수적으로 증식한다. 이를테면 이런 일이 벌어진다. 실재하지 않는 인물이나 사상(寫像)과 관련된 수백만 페이지에 이르는 위키피디아 항목이 눈 깜짝할 사이에 저절로 생겨나는 일쯤은 수시로 벌어지고, 대기업 포털이 하룻밤 사이에 전혀 다른 배치와 내용으로 '스스로' 뒤바뀌어버린다. 인간의 기여도에 따라 변동하고 확장하는 웹, 인간 활동의 유용한 도구로 활용될 수 있는 네트워크라는 개념은『퀀텀 패밀리즈』에선 과거사가 되었다. 네트워크는 시간이 흐를수록 수 경(京)

의 몇 승에 달하는 명제공간으로 이루어진 광대한 우주로 확장된다. 비단 네트워크만의 확장이 아니다. 나사의 프로젝트와는 전혀 다른 방식으로 우주의 시공을 가로지르는 일이 가능하게 되었기 때문이다. 우리 세계 바로 옆에 존재하고 있던 무수한 평행 세계가 양자 컴퓨터 혁명을 매개로 비로소 연결될 수 있게 된 것이다. 인간의 뇌는 이런 우주에 가장 기민하게 반응하는 신체다. 양자회로의 보급과 함께 '검색성 정체장애'라는 신종질환이 전 세계에 창궐하게 되는데, 이 병에 걸린 사람의 뇌에는 네트워크와 연결될 수 있는 관세계 통로가 생긴다.

9. 폴 비릴리오, 『정보과학의 폭탄』, 배영달 옮김, 울력, 2002, 143~145쪽. 이후 본문에 강조된 부분은 인용자의 표시다.

10. 로빈 블랙번, 「세계 경제위기의 신호탄, 서브프라임 위기」, 『뉴레프트리뷰』, 길, 2009. 76쪽.

11. 『퀀텀 패밀리』에서는 디지털 가상 인격 시오코가 무한차원의 공간(네트워크)에 위치한 신에 부합한다. 『퀀텀 패밀리』에서 시오코의 의미를 어떻게 해석하는가에 따라 이 복잡한 소설의 줄거리는 간명히 정리될 수 있다. 모든 게 시오코의 양자뇌가 꾸는 다른 세계의 꿈일 수 있기 때문이다. 시오코는 네트워크의 화신이면서, 그 속을 자유롭게 넘나드는 양자적인 파동이고, 평행 세계의 간섭을 수신하는 거대한 안테나이자, 끊임없이 가족서사를 생산하는 자율판단 프로그램의 이름이다. 시오코는 아시후네 유키토와 오시마 유리카, 그리고 평행 세계의 아들(오시마 리키)과 딸(아시후네 후코)을 가족으로 묶고 이탈을 억제한다.

12. 한국어판 : 윌리엄 깁슨, 『뉴로맨서』, 김창규 옮김, 황금가지, 2005.

13. 허버트 L. 드레퓌스, 『인터넷상에서』, 정혜욱 옮김, 동문선, 2003, 97쪽.

14. 미국의 저술가이며 사상가인 헨리 데이빗 소로우가 월든 호숫가의 숲속에 들어가 통나무집을 짓고 밭을 일구면서 모든 점에서 소박하고 자급자족하는 생활을 2년간에 걸쳐 시도한 기록이다. 이 책은 자연의 예찬인 동시에 문명사회에 대한 통렬한 비판이며, 그 어떤 것에도 구속받지 않으려는 한 자주적인 인간의 독립선언문으로 평가받고 있다.

15. 오사와 마사치, 「커뮤니케이션에 미래는 있는가 - 다중화하는 미디어를 생각한다」, 『연애의 불가능성에 대하여』, 송태욱 옮김, 그린비, 2005, 229~231쪽 참고.

16. 같은 책, 231쪽.

17. 압축 근대를 숨 가쁘게 달려온 남한 사회도 일본 못지않게 병적인 뇌화사회의 전형이다.

18. 요로 다케시, 『유뇌론』, 김석희 옮김, 재인, 2006, 232~244쪽.

19. 조정환, 『인지자본주의』, 갈무리, 2011, 156쪽.

20. 무라카미 하루키, 「풀 사이드」, 『회전목마의 데드히트』, 권남희 옮김, 창해, 2004,

78쪽.

21. 도스토예프스키, 『지하생활자의 수기』, 이동현 옮김, 문예출판사, 1992, 11쪽.

22. 프리드리히 니체, 『차라투스트라는 이렇게 말했다』, 정동호 옮김, 책세상, 2000, 51쪽.

23. H. Rheingold, *Virtual Community : Homesteading on the Electronic Frontier*, Cambridge, MA : MIT press, 2000, p.382; 허버트 L. 드레퓌스, 『인터넷상에서』, 정혜욱 옮김, 동문선, 2003, 137쪽에서 재인용.

3장 미적지근한 시민들의 촛불을 위하여

1. 이 글에서 사용된 '촛불'이라는 용어는 2008년 5월에서 7월 사이에 있었던 촛불 시위에 직간접적으로 관련된 모든 현상들을 망라한다. 여기에는 촛불에 대한 지지와 반대, 관심과 무관심 혹은 그 사이의 미적지근한 태도들, 참여와 관망, 광장을 비롯한 여러 시위 현장으로부터 원근(遠近) 모두가 포함되며, 그 모든 이질적인 체험과 기억의 다양체로 '촛불'을 정의하고자 한다.

2. 「촛불집회 舌禍 후폭풍에 곤혹」, 『스포츠칸』, 2008년 5월 31일 2면.

3. 그렇다고 정선희가 했던 발언의 진정성을 재평가하자는 식의 의미로 이해하진 않았으면 좋겠다. 그런 문제는 이 글의 관심사가 아니다. 나의 의도는 '촛불' 동안의 문제적 언설들을 재해석하여 '촛불'을 낯설게 바라볼 수 있는 방법을 찾아보려는 데 있다.

4. 그 밖에도 많은 계간지가 '촛불'에 대한 특집을 내놓았고, 촛불의 직간접적 영향을 받은 천정환의 『대중지성의 시대』(푸른역사, 2008)와 같은 단행본도 여럿 출간됐다. 그럼에도 위에서 『미네르바』와 『끄셨나요』를 '촛불' 이후의 대표적인 연구서로 내세운 까닭은 '촛불'이 지식인 담론 안에서 어떤 식으로 변형되는가를 확인할 수 있는 가장 극명한 사례이기 때문이다.

5. 이택광(http://wallflower.gloos.com)과 조정환(http://blog.daum.net/nalsee)은 각각 자신들의 블로그에서 '촛불성격논쟁'을 이어나갔다. 『자율평론』 28호(http://waam.net/xe/autonomous_review/91760)에는 논쟁의 주요 문건과 요약정리 그리고 관전자들이 올린 댓글까지 상세히 정리되어 있다. 이 가운데, 2005년 프랑스에서 있었던 방리유 사태의 성격규명에 관한 문제도 이들 사이에 설왕설래 한다. 2005년의 방리유가 2008년 한국의 '촛불'을 이해하는 데 의미 있는 참고 사례가 될 수 있다는 데 대해선 나 역시 얼마쯤 공감되는 바가 있다. 하지만 두 논자 사이의 방리유 공방은 자신들이 어떤 이론에 입각해 있으며 무슨 책을 어떻게 읽었는가에 대한 문제로 전도되어 있다. 다른 쟁점들에서도 양상은 크게 다르지 않다. 때문에 '촛불성격논쟁'의 성격 자체가 의심스럽기까지 하다. 서로의 다른 이론적 배경을 검증하려고 했던 게 이들의 '촛불성격논쟁'이란 말인가? '촛불'의 현장을 바라볼 수 있는 다각적인 사례 제시가 이 논쟁에는 빈약하기 이를 데 없다는 점도 실망감을 더한다.

6. 이창동, 「진짜 사나이」, 『녹천에는 똥이 많다』, 문학과 지성사, 1992, 17~18쪽.

7. '촛불'의 놀라운 점은 평소 같으면 거리 시위나 정치에 전혀 관심을 갖지 않았을 사람들의 적극적인 참여였다. 이들은 민중성의 새로운 전이라는 관점에서 '촛불'의 장병만이라 불릴 만하다. 천정환은 『대중지성의 시대』에서 2008년 촛불시위에서 가장 극적인 장면으로, "동호회 주체들이 '촛불'을 들고 나온" 것을 이야기한다. "소녀들이 주축이 된 〈동방신기〉 팬클럽, 주부들이 주축이 된 요리 관련 사이트(82COOK 등), 20~30대 대도시 여성이 주축이 된 패션 동호회(소울드레서), 디지털카메라 동호회(〈디씨인사이드〉 및 〈SLR동호회〉 등) 미국 메이저리그 야구 동호회(MLBPARK) 등등. 반정부 시위를 통해 '오프라인'에서 자신들의 모습을 공공연히 드러내고, 『조선일보』 같은 거대 권력과 직접 '맞짱'을 뜨기도 했다. 이중에는 이미 이전부터 정치적인 색채를 지닌 온라인 동호회(디시인사이드의 〈정치젤〉)도 있었지만, 대부분은 정치와 완전히 무관한 활동을 하다가 이번에 급격하게 '정치화'되었다."(142~143쪽) 「진짜 사나이」의 장병만은 엉뚱한 노래를 불러 사람들에게 무안을 당했지만, '촛불'의 장병만들은 자신들의 개성을 뽐내는 새로운 시위 문화를 만들어냈다.

4장 소문자 k들의 '소송' : 촛불의 독법으로 『소송』을 읽다

1. 프란츠 카프카, 『소송』, 박환덕 옮김, 서울대학교출판부, 2004, 3쪽. 이후 본문의 인용은 페이지 수만 표기한다.

2. "검찰은 곽영욱 전 대한통운 사장이 한 전 총리와 둘만 있는 상태에서 5만 달러를 의자에 두고 나온 것으로 파악하고 있다. 검찰은 오찬을 마치고 거의 동시다발적으로 참석자들이 나갔지만 한 전 총리가 곽씨의 돈을 챙길 시간적 여유가 있었다는 점을 입증하는 데 주력할 전망이다. 반면, 변호인들은 한 전 총리가 오찬 참석자 3명과 동시에 오찬장을 나가 현관에서 이들을 배웅했고, 다시 오찬장으로 돌아가지 않았다는 점을 입증하겠다는 전략이다. 한 전 총리의 동선상 곽씨가 의자에 놓았다는 5만 달러를 챙길 수 없었다는 것을 보여주려는 것이다." (「그때 그 오찬의 비밀… 총리공관은 알고 있나」, 한국일보, 2010. 3. 21.)

3. "대타자는 없다." 이것은 라캉의 말이다. 그는 상징적 질서 자체가 근본적으로 불가능한/외상적인 중핵, 즉 그것이 하나의 허구적 질서라고 설명한다. 라캉의 이 명제를 검찰은 포토라인의 굴욕을 통해 대중적으로 설파하고 있다. 주디스 버틀러 외, 『우연성, 헤게모니, 보편성』, 박대진 외 옮김, 도서출판b, 2009, 418쪽 참고.

4. 미셸 뽈나레프(Michel Polnareff)의 「누가 할머니를 죽였는가?」(Qui a tue grand maman?)(1971)가 「오월의 노래 2」의 원곡이다. 「누가 할머니를 죽였는가?」는 프랑스에서도 데모가로 열창되었다고 한다. 하지만 뽈나레프는 전형적인 민중 가수와는 거리가 먼 타입이었다. 그는 1970년대의 프랑스판 레이디 가가라 할 만한 인물이다. 의상

과 음악 모두 파격적이었다. 서정적인 포크 락부터 디스코에 이르기까지 다양한 음악 장르를 넘나들었고, 텀블을 뒤집어쓴 것 같은 복슬한 곱슬머리와 패셔너블한 선그라스가 뽈나레프의 트레이트 마크였다.

5. 지젤 프로인트, 『사진과 사회』, 성완경 옮김, 눈빛, 1979, 180~181쪽.

6. "하지만 분열적 근친상간은 동성애적 감정 표출이라는 또 다른 요소 없이는 이해할 수 없다. 그런데 여기서도 오이디푸스적 동성애와 반대로 이중체의 동성애고, 형제나 관료의 동성애다. 이러한 동성애의 지표는 카프카가 좋아하는 저 유명한 찰싹 달라붙은 옷에서 발견된다." 질 들뢰즈·펠릭스 가타리, 『카프카』, 이진경 옮김, 동문선, 2004, 160~161쪽.

7. K는 이런 생각을 대성당의 성직자에게도 털어놓는다. "만일 내가 알고 있는 두세 명의 여자들을 움직여서 그들이 협력하게 되면, 나는 틀림없이 해낼 수 있을 것입니다. 특히 이 재판소에서는 그렇습니다. 대부분 여자들을 바치는 사람들로만 구성되어 있으니까요. 예심판사에게 여자를 한 사람 멀리서 보이기만 해도, 그는 그녀를 쫓아가기 위해서 책상도 피고도 넘어뜨릴 것입니다."(213쪽)

5장 웹 3.0의 '명제 공간'과 '문학'의 좌표

1. 만델브로 집합(Mandelbrot set)은 브누아 만델브로가 고안한 프랙탈의 일종이다. 부분 부분이 전체와 닮은 구조를 가지고 있다.

2. 코갤러가 타진요 카페를 공격하면서 내건 모토. "우리보다 병신집단이 존재한다는 건 코갤 자존심이 허락하지 않는다. 이겨도 병신 져도 병신이면 이기는 병신이 되어라."

3. 타블로 '종결자' 시리즈 가운데 가장 유명한 포스팅으로 http://grean.textcube.com/17과 http://bit.ly/dUuzbn가 있다.

4. 폴 비릴리오 역시 『정보과학의 폭탄』(울력, 2002)에서 '웹'의 불확정성 관리야말로 냉전시대의 핵전쟁 억제에 버금가는 전지구적인 과제라고 분석하고 있다.

5. 1972년은 세계 최초로 금융선물 거래가 시작된 해이기도 하다. 그해 5월 시카고상업거래소(CME)에서 8종류의 주요 통화에 대한 달러화 선물거래를 한 것이 금융 선물거래의 효시이다

6. 'nexus'는 '묶다'를 뜻하는 라틴어 'nectō'에서 유래한 단어로 '결합', '연합', '연계' 등으로 번역된다. 통신 시스템의 접속 또는 상호 접속, 데이터 연결이나 노드의 네트워크 등을 뜻하는 IT용어이기도 하다.

7. 도널드 W. 셔번, 『화이트헤드의 과정과 실재 입문』, 오영환·박상태 옮김, 서광사, 2010, 337쪽.

8. 문창옥, 『화이트헤드과정철학의 이해』, 통나무, 1999, 252쪽.

9. 질 들뢰즈·펠릭스 가타리, 『철학이란 무엇인가』, 이정임·윤정임 옮김, 현대미학사,

1999, 302쪽.

6장 신체와 제로 : '글쓰기'와 '작가'가 시작되는 영점(零點)에 관하여

1. 이 영화는 유튜브(YouTube)에서 쉽게 찾아 볼 수 있다. http://bit.ly/c840Am 국내에서 공식적으로 상영된 건 2007년 시네마 상상마당 음악영화제가 유일하다. 2002년 파리영화제 최우수 단편상 & 관객상을 받았고 같은 해 아스펜 단편 영화제에선 'Most Original Film'을 수상했다. 올라 시몬손과 스탄 닐슨 감독은 2010년에 뮤지컬 테러리스트들의 새로운 활약을 그린 장편 영화 「Sound of Noise」를 발표해 전작에 못지않은 호평을 받았다. 이 영화는 15회 부산국제영화제 월드시네마 초청작이었다.

2. '신디사이저의 철학'이란 표현은 다음의 구절에서 영감을 얻었다. "마치 어떤 음악 작품 속에서 하나의 같은 테마가 변용의 다른 부하와 더불어 서로 다른 속도를 따라 진행된다고 할 때, 우리가 그 음악 작품 속에서 서로 다르게 듣고 느끼는 것과 어느 정도 비슷하게 말이다. 마찬가지로 글쓰기도 또한 하나의 같은 평면 위에서 변용을 분배하며 빠름과 느림을 생산한다. 어쩌면 우리는 컴퓨터와 신시사이저(음성 합성 장치)를 동원한 현대적인 방법을 통해서 오늘날 철학사가 새롭게 태어나는 일, 그리하여 마치 전자음악처럼 부분적으로 전화화 된 그런 철학사를 우리가 받아들이는 일을 보게 될지도 모른다." 질 들뢰즈, 「스피노자와 우리」, 『들뢰즈가 만든 철학사』, 박정태 옮김, 이학사, 2007, 127~128쪽.

3. 같은 책, 123~124쪽.

4. 『인간과 사물의 기원』은 '소설'로 분류하는 게 대체로 무난할 테지만, 이런 도서 분류법의 쓸모를 의심하게 만들 만큼 일면 소설적이면서 반면 논문 같기도 하고 어느 순간 만화처럼 읽히다가 난해한 철학서의 얼굴을 내밀기도 하는 등 종잡을 수 없는 횡단적 글쓰기의 결정체다. 그래서 이 책에 끓어 넘치는 잡종의 비범함에 폐를 끼치지 않기 위해서라도, 경외감을 듬뿍 담아 '괴기도서'라 부르는 게 최선이라 판단했다.

5. 빈 라덴이 아이폰 앱을 이용하면서 '현재 위치 정보를 사용합니다'에 동의를 하는 바람에 미군에 사살 당했다는 루머까지 한동안 나돌았다. (출처: http://starline.tumblr.com) 루머의 진위 여부가 중요한 게 아니다. 진짜 문제는 빈 라덴에게 정말로 그런 일이 일어났는가가 아니라, 우리에게 정말로 그런 일이 일어나고 있다는 사실이다.

6. 이영준, 『기계비평』, 현실문화연구, 2006, 269쪽.

7. 『발명마니아』 같은 책을 두고 과학적 정확성이나 기술적인 이치를 따지는 것 자체가 난센스이긴 하다. 그러나 이 책에서 진정 평가받아야 할 기술적 효용이 있다면, '명랑한 상상력'으로 세상을 바라볼 수 있도록 돕는 이 책만의 '삶의 기술'일 것이다.

8. 에릭 위태커와 가상합창단의 유튜브 공식주소는 다음과 같다. (http://bit.ly/bQa2oE) 필자가 이 글을 작성하고 있는 현재까지 232만 4,890명의 사람이 이 영상을 감상했다고

한다. 에릭 위태커의 TED 강연 영상도 아래 주소에서 쉽게 찾아볼 수 있다. (http://bit.l
y/eOiuGO) 별도의 서비스 가입 없이 이용할 수 있고 각국 언어로 번역된 자막을 제공
한다.

9. H. Rheingold, *Virtual Community : Homesteading on the Electronic Frontier*, Cam
bridge, MA : MIT press, 2000, p.382.

10. "너희 자신의 기관 없는 몸체를 찾아라. 그것을 만드는 법을 알아라. 이것이야말로 삶
과 죽음의 문제, 젊음과 늙음, 슬픔과 기쁨의 문제다. 모든 것은 이것과 관련되어 있
다."(질 들뢰즈·펠릭스 가타리, 『천개의 고원』, 김재원 옮김, 새물결, 2003, 290쪽.)

11. 아돌포 비오이 카사레스, 『모렐의 발명』, 송병선 옮김, 민음사, 2010, 162~163쪽.

12. 질 들뢰즈, 『프루스트와 기호들』, 서동욱 외 옮김, 민음사, 2009, 277~278쪽.

7장 우주문학과 동무들을 위한 합창 : 접속력 증폭을 위한 로우테크 문학

1. 예를 들어 '소설'에 대한 사유가 '한국'이라는 경계와 범위를 특정한 채 진행되는 것이라
면, 그건 질문을 어떻게 구성하든 시작부터 결론의 구조를 정해놓는 일이 된다. 한국 소
설이 좋은가 싫은가? 한국 소설 읽어봤는가 안 읽어봤는가? 한국 소설을 왜 지지하지
않는가? 한국 소설의 경쟁력을 어떻게 높일 것인가? 이봐, 한국을 사랑하긴 하냐? 이건
반복된 질문이 아니다. 오히려 우리가 강박 되어야 할 대상을 향한 충성의 명령이다. 이
밖에도 강박의 얼룩은 차고 넘치도록 많다. '순수', '상업', '대중', '장르' 등등의 온갖 개념
에 굴절되어 '문학'에 관해 생각할 때마다, 우리가 정말로 놀라워해야 할 순간은 '문학'에
대한 어떤 결론을 도출하는 엔딩이 아니다. 그 모든 이질적이면서 다종다양한 얼룩을 얼
마든지 솟구쳐 오르게 할 수 있는 시작점이야말로 하이라이트다.

2. 지금 한국 문학을 꾸준히 출판하는 곳은 채 열 군데도 되지 않는다. 게다가 그 가운데 두
세 출판사가 유명 작가는 거의 독식하고 있는 상황이다. 그나마도 해가 갈수록 한국 문
학을 취급하는 출판사의 숫자가 줄어들고 있는 형편인데, 반비례해 외국 작가의 번역물
출판의 비중은 꾸준히 증가하고 있다. 독자들도 소설 애호의 첫정을 한국 문학보다 외국
작가의 번역물에서 체험하는 경우가 훨씬 더 많은 게 현실이다. 외국 소설에 밀려 한국
소설이 고사할 지경이라는 말이 결코 과장이 아닌 상황이다. 한국 출판에서 번역물의 현
황과 문제점에 대한 구체적인 분석은 한기호, 「한국출판의 현황과 번역의 과제」, 『안과
밖』 24호, 창작과 비평, 2008를 참조하라.

3. 주목할 만한 인터넷 창작 그룹을 소개한다. 대안출판 프로젝트 한 페이지 단편소설에서
활동 중인 9명의 작가로 결성된 실험적 쓰기 집단 '일회용라이터'(http://realwriter.lil.t
o)가 있다. 그들은 웹에 「화목빌라, 402호 배수연의 죽음」라는 작품을 공개해놓고 있
다. (http://villa402.web-bi.net/) 이밖에도 『성균관 유생들의 나날』을 쓴 정은궐을 배
출한 로맨스 소설 커뮤니티인 '로망띠그'(http://www.toto-romance.com/), 그리고

김이환과 배명훈이 활동했던 SF소설 커뮤니티 '거울'(http://mirror.pe.kr), 황금가지에서 매년 단편소설집을 발표하고 있는 '한국미스터리작가 모임'과 공포소설 작가들의 모임인 '매드클럽'의 활약도 주목해야 한다.

4. So Insane, 「스톱워치만 있으면 돼」, 『월간잉여』 6월호, 2012, 44~45쪽. 이 글은 『월간잉여』 홈페이지 http://monthlyingyeo.com/98에서도 읽을 수 있다.

5. 「잉여 in 개봉영화」, 『월간잉여』 2월호, 2012. (http://monthlyingyeo.tistory.com/27)

6. 설까치, 「잉여가수 윤영배의 대안적 삶」, 『월간잉여』 3월호, 2012, 14~16쪽. (http://monthlyingyeo.com/37)

7. 잉집장, 「6·25를 겪었다 이성배 할아버지 잉터뷰」, 『월간잉여』 6월호, 2012, 16~17쪽.(http://monthlyingyeo.com/100)

8. 쿠마, 「북한의 잉여 : 광명성 3호」, 『월간잉여』 5월호, 2012. (http://monthlyingyeo.com/78)

9. 잉집장, 「사랑합니다, 고갱님」, 『월간잉여』 홈페이지 (http://monthlyingyeo.com/19).

10. 국가의 도움을 받지 않고도 공공시설을 만드는 노하우도 『가난뱅이의 역습』에 설명되어 있다. "개인 차원에서 아이디어를 내서 생활하는 것에 비해 가게를 통해 마을에서 공동체를 조직하면 훨씬 다양하고 풍요롭게 살아갈 수 있다는 것을 깨달았다. 제대로 된 세상이 되려면 아직 멀었다. 우선 어중이떠중이가 모이면 공공의 재산을 많이 확보할 수 있다는 점, 신명이라도 나면 공공시설도 만들 수 있다는 점을 명심해두자."(마쓰모토 하지메, 『가난뱅이의 역습』, 김경원 옮김, 이루, 2009, 95쪽.)

11. 그런데 재활용가게 혁명은 2006년 3월 전자제품안전법(PSE법) 실시에 부딪혀 위기를 맞이했다. PSE법은 'PSE 표시'가 붙어있지 않은 전자제품의 매매를 금지하는 법으로, "이런 법이 효력을 발생하면, 우선 대기업의 매출이 오른다. 하지만 더욱 심각한 문제는 쓸 수 있는 물건을 쓰레기로 버려야 한다는 점이다. 그렇게 되면 소비사회의 발달에 박차가 가해져서 빈티지 악기나 오디오, 1960~1970년대 복고풍 가전제품, 1980년대 추억이 담긴 엉터리 물건(이 시대는 엉뚱한 디자인이 많아서 일부 마니아에게 인기 만점이다), 옛날 인기 게임기(패미컴, 세가마크3) 등이 세상에서 자취를 감추게 된다."(『가난뱅이의 역습』, 135쪽). 이 법은 시민들의 반대 여론에 몰려 끝내 철회됐다. 재활용품을 둘러싼 갈등은 서울시에서도 있었다. 2010년부터 폐소형가전제품 재활용 처리가 대기업이 컨소시엄 형태로 참여하고 있는 서울자원센터(SR센터)로 일원화되었다. 저소득층의 일감을 서울시가 **빼앗은** 탁상행정의 전형이란 비난이 제기 되었지만 여론의 무관심 속에 현재까지 아무런 해결책이 나오지 않고 있다. 「서울시가 폐지 노인 일감 **뺏는다**?」, 『위클리경향』 903호, 2010년 12월 참고.

12. 마쓰모토 하지메, 『가난뱅이 난장쇼』, 김경원 옮김, 이순, 2010, 26~27쪽. 강조는 인용자.

13. 2012년 7월까지 삼성 직업병 피해 제보자는 146명에 이르고, 그 가운데 사망자는 56명에 달한다고 한다. 심상정 의원 보도자료, 「삼성 백혈병 · 직업병 피해자 증언대회」(2012.7.26-2) 참고.

14. 서준환, 『골드베르크 변주곡』, 문학에디션 뿔, 2010, 195~196쪽. 강조는 인용자.

8장 파라텍스트 증식론

1. 『산타페』에 대한 교황 요한 바오로 2세의 반응은 "하느님 감사합니다. 축복을!"이었다고 한다. 이 문구는 한국판 책 띠지에도 적혀있었다. wp.pachi-server.com/-羞恥心の塊 참고.

2. 한국산 전자책은 이런 기본적인 목표조차 충분히 실현하고 있지 못하다. 전자책 제작 시스템부터 불안정한 과도기에 머물러 있고, 전자책 뷰어에 적합한 가독성 높은 서체의 개발도 턱없이 부족할 뿐만 아니라, 단말기에선 글자가 깨지거나 사라지는 현상이 잦다. 현재로선 아무리 좋은 프로그램을 사용해도 종이책과 완벽하게 똑같은 파일을 추출할 수도 없다. 지금으로선 출판계의 누구도 전자책의 품질이 종이책보다 낫거나 최소한 비슷해질 수 있다고 자신 있게 말할 수 없는 현실이다. 『기획회의』 328호(한국출판마케팅연구소, 2012.9.20) 특집 「전자책의 미래를 생각한다」 참고.

3. 평론가 쉰 두 사람이 선정했다는 작품의 목록과 순서는 다음과 같다. 「원미동 시인」(양귀자), 「밤길」(윤정모), 「아버지의 땅」(임철우), 「소지」(이창동), 「쇳물처럼」(정화진), 「밤길의 사람들」(박태순), 「돈황의 사랑」(윤후명), 「낯선 시간 속으로」(박태순), 「친구는 멀리 갔어도」(정도상), 「깃발」(홍희담), 「새벽출정」(방현석).

4. 파라텍스트(paratext)라는 개념은 제라르 주네트에 의해 창안되었고, 이를 '곁다리텍스트'로 번역해 국내에 첫 소개한 사람은 김현이었다. 일반적으로 한 권의 소설책에서 소설 그 자체를 텍스트라 한다면, 소설의 제목, 표지에 두른 띠지, 판권지, 제사(題詞), 주(誅), 삽화 또는 작가의 '일러두기' 등을 통틀어 '파라텍스트'라 일컫는다. 그러나 텍스트의 읽힘에 영향을 주는 것이 파라텍스트라고 할 때, 파라텍스트의 범위는 무척 확장될 수 있다. 좁게는 책의 제목, 서문, 타이포그래피 등이 해당되지만 넓게는 대외적으로 소개되는 서평, 광고, 영업활동, 영화화 여부 등을 비롯한 책을 둘러 싼 거의 모든 외부적 조건이 곧 파라텍스트가 될 수 있다. 주네트는 『문턱』(seulis)에서 보르헤스의 말을 인용해 파라텍스트를 다음과 같이 설명한다. "독자에게 안으로 들어갈 것인가 아니면 오던 길을 되돌아 갈 것인지의 가능성을 부여하는 현관이다." 이재룡, 「파라텍스트의 세계 -창작과 명명」, 『작가세계』 13호, 세계사, 1992, 255쪽에서 재인용.

5. 'para'는 본래 유사 · 반대 혹은 옆을 의미하는 접두사다. 위에서 'para-site'를 '곁의 위

치'로 해석하는 것은 미셸 세르의 『기식자』(동문선, 2002)에서 배웠다. "위치의 역할을 한다는 것, 장소의 역할을 한다는 것은 관계를 가지는 일이다. 그것은 관계 자체에만 관계를 갖는 것이다. 그것은 관계가 비롯되고, 그것이 나아가고 그것이 지나가는 정거장들과 결코 관계하지 않는다. 그것은 있는 그대로의 대상들과도 결코 관계하지 않으며, 아마 있는 그대로의 주체들과도 결코 관계하지 않을 것이다. 아니 그보다는 관계가 비롯되는 원천으로서의 조작체들로서 그 지점들과 관계하지 않는다. 바로 이것이 기식자(parasite)에서 파라(para)라는 접두사의 의미이다. 그는 옆에 있다. 그는 곁에 있다. 그는 비어져 나와 있다. 그는 사물 자체가 아니라 관계 위에 있다. 그는 이른바 관계를 가지고 있고, 그것을 체계로 만든다. 그는 언제나 간접적이지 결코 직접적이 아니다. 그는 관계를 지니고, 운하에 연결되어 있다."(72쪽, 강조는 인용자) 물론 이 책에서 세르는 '파라텍스트'를 언급하고 있지 않다. 주네트 역시 세르의 '기식자'를 참고하지 않았다. 그러나 둘 사이의 개념적 교차는 충분히 실험해볼 만한 일이었다. 세르의 '초대받지 않는 손님', '다른 유기체 속에서 살아가는 기생물', '소통 회로 속의 잡음'을 뜻하는 '기식자'를 책의 다양체와 함께하는 일원에 포함시켜 'paratext'를 'para(site)text'라는 관점에서 이해해보고 싶었다.

6. 윌리엄 블레이즈, 『책의 적』, 이종훈 옮김, 서해문집, 2005, 105~107쪽에서 재인용.

7. 코모부찌 마사아키, 『자본주의 경제의 구조와 발전』, 신석호 옮김, 풀빛, 1984, 203쪽.

8. http://www.snup.or.kr/?article_srl=12983&sid=65 참고.

9. http://www.newdaily.co.kr/news/article.html?no=27249 참고.

10. http://blog.jinbo.net/hunshin/148 참고.

11. http://blog.naver.com/PostView.nhn?blogId=67jjkang&logNo=100120624203 참고.

12. 「롯데삼강 · 빙그레 아이스크림 E.T전쟁」, 『동아일보』, 1983.4.14.

13. 「예술성도 교육도 없는 兒童劇(아동극)」, 『경향신문』, 1983.5.11.

14. 이영수 감독의 1983년작 『황금연필과 외계소년』, 그리고 다음 해에는 조민철 감독의 1984년 작 『UFO를 타고 온 외계인』이 개봉했다.

15. 한기호, 『베스트셀러 30년』, 교보문고, 2011, 43쪽.

16. 윌리엄 카츠윙클, 『E. T.』, 샘터출판부 옮김, 샘터, 1983, 17쪽.

17. 브라이언 마수미, 『가상계─운동, 정동, 감각의 아쌍블라주』, 조성훈 옮김, 갈무리, 2011, 397쪽 참고.

9장 '복사기의 네트워크'와 1980년대

1. 「大學左傾서적 (上) 思想의 偏食」, 『경향신문』, 1983. 12. 6.

2. 박일문, 『아직 사랑할 시간이 남았다 1』, 민음사, 1996(1995), 109쪽.

3. 신도리코 기업 블로그 참고 (http://go9.co/6Qj)

4. 공병우, 『나는 내 식대로 살아왔다』, 대원사, 2002(1998), 138~139쪽 참고.

5. 「治安本部 5년계획 搜査·교통장비 現代化」, 『경향신문』, 1978. 10. 21. 강조는 인용자.

6. 이동현, 『경영의 교양을 읽는다 2』, 더난출판, 2006, 243쪽 참고. 정용복·김옥중, 『사업 정의와 경영전략』, 한스컨텐츠, 2006, 102쪽 참고.

7. 제록스는 복사 과정에 밀접한 관련이 있는 1,700여 건의 특허를 보유하고 있었다.

8. 정성창, 『지식재산 전쟁』, 삼성경제연구소, 2005, 55쪽 참고.

9. 복사기가 없다는 건 어떤 변수일까? 예를 들어 구소련의 반체제 출판물인 '사미즈다 트'(samizdat)는 1960년대 초에 처음 등장했는데, 힘들게 타자를 쳐서 등사기로 밀거나 아니면 그냥 암송하는 수준에서 30년 가까이 제작 방식이 정체돼 있었다. 이 때문에 사 미즈다트는 엘리트 지식층에는 적잖은 영향력을 끼쳤을지 모르나, 그 숫자는 소비에트 전체 인구의 극소수에 불과했고 끝내 대중화에는 실패하고 말았다. (에릭 홉스봄, 『미 완의 시대』, 이희재 옮김, 민음사, 2007, 503쪽 참고.)

10. 박원순, 『국가보안법연구 2 (법과 사회)』, 역사비평사, 1997, 93쪽 참고.

11. 소위 '간첩단 사건'이 터질 때마다 증거물품으로 보도되는 사진 속에도 언제나 단파 라 디오와 복사기는 빠지지 않고 등장한다. 남로당의 활동 거점이 한때 인쇄소였음을 상 기하자.

12. 「전자오락가로 변한 신촌대학가」, 『경향신문』, 1983. 3. 10.

13. 「群小 출판사 運營 어렵다」, 『동아일보』(1984. 2. 27.) 참고; 「출판불황 부재질 무단복 사」, 『매일경제』(1982. 7. 7.) 참고.

14. 천정환, 「1980년대 문학과 매체 환경 : 팜플렛과 무크, 그리고 민주혁명」, 『문학수 첩』, 2006년 봄호. 이 글은 1980년대의 폭압과 검열이 야기한 매체 환경의 변화와 그 에 대한 문학의 대응 양상을 살피고, 1980년대의 고유한 종이매체로서 팜플렛과 무 크가 갖는 의미를 살피고 있다.

15. 「이란혁명은 카세트혁명」, 『동아일보』. 1979. 5. 14. 강조는 인용자.

16. 김우창 외, 『경계를 넘어 글쓰기』, 민음사, 2001, 458쪽.

17. 5공 정치범 명예회복 협의회, 『역사의 심판은 끝나지 않았다』, 살림터, 1997, 120쪽.

18. 1987년 6월 항쟁(〈모이자 시청으로〉)과 KAL기 폭파 사건 관련 유인물을 5백만 장까 지 인쇄해 뿌린 전설의 대동인쇄에서조차 단속에 대한 종업원들의 공포는 상당했다. 다음은 대동인쇄의 윤여연 씨와 권순갑 씨의 증언이다. "양민을 학살한 전두환 정권을 규탄한다라는 이런 내용들이 들어 있었던 것 같은데요. 청타 치는 아가씨가 그 대목에 가더니 갑자기 일어서더니 자기는 못하겠다고 하더라구요. 그래서 내가 책임질 테니 해라, 그랬더니 자기는 절대 못하겠다고 일어서서 치던 것을 빼더라구요, 그래서 그 치 던 거라도 좀 줘라, 그랬더니 안 된다고 쫙쫙 찢어버리고 나가서 그날 관둔 거거든요. 지금 생각하면 참 웃기지도 않는 일이지요."(윤여연), "그때는 원고를 갖고 오면 우리

가 읽어보는 게 아니라 원고를 치는 사람이 알 수밖에 없잖아요. 원고를 치다보면 뭐 살인마 이런 말도 막 들어가고 이랬잖아요. 걔들은 생전 접해보지 않은 거죠. 그런 걸 치다가 얼굴이 허예진다니까요."(권순갑)『80년대, 을지로 인쇄골목의 전사들』, KBS 라디오 다큐멘터리(2004. 6. 6. 방송) 참고. 인용된 인터뷰는 KBS 라디오에 공개된 방송 대본을 참고. (http://go9.co/6TK)

19. 정명자, 「〈노동자열전 7080〉 YH 노동자서 을지로 인쇄골목 터줏대감 된 권순갑 언니」,『레디앙』, 2011. 7. 7.(http://go9.co/6TU)

20. 박원순,『고문의 한국현대사 야만시대의 기록 3』, 역사비평사, 2006, 75쪽.

21. '민주' 배달원이 오토바이로 유인물을 전달하는 과정은 다음과 같다. "무사히 적발의 눈길을 피한 인쇄물들은 오토바이 배달원으로 하여금 시위 현장에 떨어뜨려 놓거나 엉뚱한 장소에 떨어뜨려 놓고 학생들이 몰래 찾아가도록 했다." 류외항,「지하 언론의 산실, 을지로 대동인쇄」, 민주화운동기념사업회 웹진, 2008. 12. 3.(http://go9.co/6TT) ; 안기부 기관원에 매수된 배달원에 관한 일화는 윤여연 씨의 인터뷰를 참고했다. "안기부 직원이 인제 인쇄물을 가장 정확하게 자기가 받을 수 있는 게 배달이거든요. 이 사람 저 사람 쓴 게 아니고 우리 같으면 믿을 수 있는 사람을 써야 된다 이래갖고 한 사람만 써. 그런데 이 친구가 아이큐가 좀 낮아요. 그러니까 안기부 직원이 그 친구를 매수를 한 거죠. 내가 20만 원 줄 테니까 인쇄물 나오는 것, 대동에서 나오는 거 한 장씩마다 자기한테 줘라, 준 거야."『80년대, 을지로 인쇄골목의 전사들』 방송 대본.

22. 이 슬로건은 기사의 한 구절에서 빌려왔다. "〈책1권은 곧 1백권〉이다. 전자복사기가 대량 보급돼 있기 때문이다. '전자복사기야말로 대학문화의 혁명'이라는 대학생들의 말은 명언에 가깝다."「大學左傾서적 (上) 思想의 偏食」,『경향신문』, 1983. 12. 6.

23. 임태수,『제2종교개혁을 지향하는 민중 신학』, 대한기독교서회, 2002, 51쪽.

24. 「美문화원 농성大學生 公訴狀 요지」,『동아일보』, 1985. 6. 22.

25. 학생들과 동고동락한 이들의 진정성을 통째로 의심하려는 것이 아니라 대학가의 문화 정치가 지역 상권에서 작동되는 기제는 훈훈한 미담만 갖고 설명할 순 없는 문제다.

26. "대학가에서 광주 비디오가 공개적으로 처음 상영된 것은 1985년 고려대 석탑축제 때로, 이때를 기점으로 광주에 관한 영상기록물들이 대학 및 종교집회와 축제를 통해 공개적으로 상영되기 시작했다."(나간채,『기억투쟁과 문화운동의 전개』, 역사비평사, 2004, 91쪽.)

27. "내 최초의 충격은 뭐니 뭐니 해도 5·18 비디오였어. …… 그 비디오를 본 것이 내 대학 생활 전반에 엄청난 충격이었고, 그 이후 거의 내 모든 것을 좌우했지. …… 처음에는 저 비디오가 선배들이 어디서 합성해서 만든 거짓말일 거다라고 생각하고 의심도 했는데, 도서관에서 일본 NHK 비디오를 보고 나서 정말이라는 걸 알았지. 난 그걸 보고 거의 2박 3일 동안 계속 울었어."(김원,『잊혀진 것들에 대한 기억』, 이매진, 2011,

172쪽.)

28. 하다못해 교무처 복사기조차 유인물 제작에 몰래 이용될 수 있었다. "경찰은 상지대
(강원도 원주)에 뿌려진 불온유인물이 교내교무처에 있는 복사기로 복사됐다는 사
실을 밝혀내고 총학생 간부 등이 불온유인물을 제작 살포한 것으로 보고 수사 중이
다." 「全勞聯 19명 수배」, 『동아일보』, 1986. 10. 20. 1980년대 전반기(1980~1982년)
까지의 전자복사기 문화는 매해 다를 뿐만 아니라, 지역과 대학에 따라 편차가 다양하
다. 당시의 전자복사기 문화에 대한 기억을 종합해볼 수 있는 구술 채집이 꼭 필요하
다. 대상은 지금의 40대 초반에서 50대 초반까지의 사람들이 될 것이며, 이 작업에선
비단 전자 복사기뿐만 아니라 필사와 타자, 마스터인쇄, 가리방 인쇄가 함께 병행됐던
다양한 사례가 함께 질문되어야 할 것이다. 이후의 연구 과제로 기약한다.

29. 「大學街 학생神祗 主要이슈로」, 『동아일보』, 1985. 6. 18.

30. "1984년 한 해에 발행된 것으로서는 서울대의 〈민주전선〉(〈아크로폴리스〉의 개칭),
〈자유언론〉, 〈전진〉, 연세대의 〈민주횃불〉, 〈신새벽〉, 〈타는 목마름으로〉, 고려대
의 〈대촌신문〉, 〈들〉, 성균관대의 〈장정〉, 〈민주회보〉, 〈서클연합회보〉, 외국어대
의 〈민주외대〉, 동국대의 〈전진하는 새벽〉 등이 있었다. 또한 이러한 유인물들 가운
데에서 문제가 되어 국가보안법이 적용된 것은 1984년 8월 31일과 10월 4일 서울대
민주학우의 이름으로 발행된 〈깃발〉 1·2호, 고려대 총학생회가 발행한 〈일보전진〉
여름호, 이화여대의 〈이화언론〉 등이었다. 이러한 유인물들은 1986년에 들어와 보다
확고한 대학언론의 형태를 띠고 지속적으로 간행되었다. 1986년도 3월에서 9월까지
사이에 대체로 발행되었던 신문의 형태를 갖춘 유인물들에는 다음과 같은 것들이 있
었다. 서울대 '반미자주화, 반파쇼민주화투쟁위원회'(이하 자민투)에서 발행한 〈해방
선언〉 1호 또는 9호와 호외 1호, 서울대 '반제반파쇼민족민주투쟁위원회'(이하 민민
투)에서 발행한 〈민주민주선언〉 1호 또는 8호, 고대 민민투에서 발행한 〈해방〉 1호
또는 3호, 연대 민민투에서 발행한 〈민족민주선언〉 1호 또는 5호, 성대 민민투에서 발
행한 〈민족민주선언〉 1호 또는 9호 등이다. 이러한 유인물 역시 대부분 국가보안법의
적용을 받아 발행단체의 간부들이 구속되었다. 1987년에도 고려대 총학생회의 〈민주
광장〉, 서울대 '헌법제정민중회의 구성을 위한 학생투쟁연합건설 준비위원회'의 〈백
만학도〉, 성균관대 '구속학생동지회'의 〈일치단결〉 등이 문제되었다." 박원순, 『국가
보안법연구 2(법과사회 4)』, 역사비평사, 1997, 94쪽 참고.

31. 이들은 그해 7월 3일 밤 11시에 교내에서 시위를 하다가 경찰에 붙잡혔다. 「자본론 복
사판매 서울대생 셋 유죄」, 『조선일보』, 1983. 11. 24.

32. 역사학연구소, 『노동자, 자기 역사를 말하다』, 서해문집, 2005, 95쪽.

33. 「大學左傾서적 (上) 思想의 偏食」, 『경향신문』, 1983. 12. 6. 대학 밖에서는 베스트셀
러를 제목만 바꿔 복사출판 한 뒤 헐값에 파는 책 외판원도 있었다. 3천5백 원짜리 책

을 4백 원에서 1천 원씩에 판매했다고 한다. 「조선일보 연재됐던 〈재벌25시〉 해적판
도 매진. 책 외판원 복사판 재판 찍다 덜미」, 『조선일보』, 1983. 8. 10.)

34. 김수행, 『한국에서 마르크스주의 경제학의 도입과 전개 과정』, 서울대학교출판부,
28쪽.

35. 같은 책, 같은 쪽.

36. 브루스 커밍스도 정식 계약된 적 없는 자신의 저서가 한국에서 버젓이 번역되어 읽히는
상황에 대해 다음과 같이 적고 있다. 해적출판에 대한 체념과 불쾌함이 은근히 배어나오
는 구절이다. "나의 한국 전쟁 연구(『한국전쟁의 기원』-옮긴이)의 제1권은 1980년대 초
에 영어본 지하문건으로 유통되다가 저작권을 침해한 출판사에서 (서투르게) 번역되었
으나 이 번역본마저 전두환에 의해 판금(販禁)되었다. 그럼에도 불구하고 책방을 찾아
가면 이 번역본은 대개 구할 수 있었다." (브루스 커밍스, 『브루스 커밍스의 한국현대사
』, 창비, 2001(2008), 552쪽.) 이 정도 유감 표명은 대단히 관대한 편에 속한다. 1976년
7월 한국을 방문한 루이제 린저 여사는 서점에서 판매되는 자신의 책이 하나같이 해적
출판이라는 사실에 격분해 "마치 소련 거리에서 내가 입고 있던 옷을 날치기당한 것" (「
횡설수설」, 『동아일보』, 1976. 7. 8.) 같다고 분통을 터뜨리고 돌아갔다고 한다.

37. 「서점가 이념 서적 범람, 판금서 함께 특별코너까지」, 『조선일보』, 1987. 9. 10.

38. 「금서 공급 5명 구속, 책 읽은 대학생 36명도 조사」, 『조선일보』, 1987. 11. 15.

39. 「출판사 주간 보안법 구속」, 『한겨레』, 1989. 2. 21.

40. 「金日成 사상교육 …… 體制전복 企圖」, 『경향신문』, 1987. 10. 20. 강조는 인용자.

41. 강준만, 『전화의 역사』, 인물과 사상사, 2009, 184쪽.

42. 700번 생활정보 서비스가 처음 실행된 것도 1990년의 일이다.

43. 『곰스크로 가는 기차』가 북인더갭에서 정식으로 출판되는 2010년까지도 원작자 프리
츠 오르트만에 대한 정보는 국내에 거의 알려지지 않았다. 독일에서조차 그는 무명작
가에 불과했다. 이 소설을 읽은 독일인보다 한국인의 숫자가 훨씬 더 많은 것도 당연한
결과다.

44. 예를 들어 왜 대기업들은 2세대 통신망 서비스를 중단하고 모두에게 비싼 요금제를 쓰
게 만드는가?

10장 1960년대 남한 사회의 SF적 상상력 : 재앙부조, 완전사회, 학생과학

1. 김윤주, 「재앙부조」, 『자유문학』, 1960.11, 129~130쪽.

2. 디지털칠록문화대전 참고 (http://vo.to/mdE). 김윤주의 저술 및 작품 목록은 다음과
같다. 시작(詩作)에 「소년걸인」(少年乞人), 「5분 전 7시」 등이 있고, 자유문학 제1회 당
선소설로서 「재앙부조」(災殃浮彫) 외에, 1971년 『경향잡지』 6월호 통권 1239호에 논
설 「스물한 돌 맞는 6. 25」가 있다고 한다.

3. 김윤주는 대표 역서로 꼽히는 『200주년 신약성서』(분도출판사, 1991)외에도 『기도하는 모습에 무의 바람이 분다』(오시다 시게토), 『나를 호렸구나』(H. 하크), 『넷째 왕의 전설』(에차르트 샤퍼), 『누르시아의 베네딕도』(왈터 닉), 『도시의 광야』(까를로 까레또), 『모세오경』(페터 F. 엘리슨), 『선과 성서』(가도와키 가키치), 『성경과 오늘』(A. 레플레), 『성경은 무엇을 기적이라 부르는가』(알폰스 봐이저), 『십계명-어제와 오늘』(요하네스그룬델), 『여러분은 기도할 때』(H. 하크), 『이스라엘의 역사』(존 브라이트), 『제삼의 인생』(알폰스데에켄), 『주님의 말씀』(하인츠슈르만), 『즐거워하라』(H. 하크), 『평화혁명』(헬더 까마라), 『하느님에 대한 욥의 물음』(H. 하크), 『현대신학동향』(그레사케 외) 등을 우리말로 옮겼다.

4. 김윤주, 「재앙부조」, 『자유문학』, 1960. 11, 142쪽.

5. 같은 책, 145쪽.

6. 「選考所感」, 『자유문학』, 1960.11, 125쪽.

7. 같은 책, 125~126쪽.

8. 이명재, 「한국전후 소설의 영역」, 『경향신문』, 1971.4.19.

9. 「심사소감」, 『주간한국』, 1966.1.2. 전문은 각각 다음과 같다. 정비석, "많은 응모작품에서 초선을 거쳐 심사위원위에 넘어온 작품이 12편. 세 사람의 위원들이 12편을 돌려가며 읽어보고 재선에 남은 작품이 하기의 네 편이었다. 완전사회, 흑화, 미로, 운명이여 통곡한다. 이상 네 편중에서 완전사회만은 이른바 SF소설(공상과학소설)이고 나머지 세 편은 본격적인 추리소설이었다. 그리고 흑화, 미로, 운명이여 통곡한다의 세 편은 제각기 결점을 가지고 있으면서도 모두가 의욕적이요, 추리소설의 본령인 서스펜스와 드릴 면에서 보더라도 참으로 흥미진진하여 우열을 가리기가 어려운 솜씨들이었다. 굳이 결점을 들어보자면, 흑화는 공산비밀조직과 경찰의 활동에 대한 인식이 부족하여 작품을 관념적으로 그려나간 것이 치명적이었고, 미로는 짜임새도 좋고 진행에 영화적인 수법을 쓴 것도 좋으나 어딘지 모르게 迫力이 약하고, 운명이여 통곡한다는 후반은 좋으나 전반이 혼돈하여 전체적인 均平이 잡혀있지 않았다. 그에 비하면 완전사회는 비록 추리소설은 아닐망정 착상이 기발할 뿐만 아니라 구성과 문장 등이 모두 탁월하여서 심사위원들은 이 작품을 당선시키는 데 완전히 합의를 보았다. 그러나 낙선된 세편도 모두 그대로는 버리기 아까운 작품이었다는 점을 거듭 말해두며, 앞으로 加一層 노력이 있기를 바란다."

조풍연, "김종안씨의 완전사회가 심사위원 3인 일치로 당선이 된 까닭은 첫째 재미있다는 것이요, 둘째 있음직한 일이라는 것이요, 셋째 문장이 洗鍊되었다는 것이다. 예선을 통과한 공상과학소설은 이밖에 丁海一씨의 〈네안데르탈의 별〉이 있으나 재미에 있어서 〈완전사회〉에 손색이 컸다. 허황된 이야기 같은 것을 박력 있게 끌고 나아가는 통에, 독자는 그것이 반드시 허황된 것은 아니지 않느냐는 변명을 이 작품을 위해 하고 싶도록

까지 필치가 能熟하다. 문장의 힘이다. 추리소설의 맛을 내기는 박이헌 씨의 〈미로〉가 가장 좋았다. 사건의 발단, 범죄의 설정, 트릭과 서스펜스 그리고 搜査陣의 활동, 사건의 의외 등이 추리소설 문법에 맞아서 가작으로 推薦하기에 서슴지 않았다. 그러나 대체로 설명적이어서 지리한 느낌이 없지 않았다. 사건발생직후의 경찰의 생활이 템포가 너무 느리지 않았을까? 또 과학경찰에 관해서도 작가가 좀 더 세심하였더라면 많은 가지를 쳐내어 미끈하게 만들 수 있었으리라 믿는다. 아까운 작품이며, 다시 다듬어 출세시키고 싶은 마음 간절하다. 김진영씨의 〈흑화〉도 아까웠다. 이작품의 구상이 奇拔하고 다분히 007적인 무드도 조성되었으며 어느 부분에 전문적이면서 치밀한 묘사가 魅惑的이었지만 크나큰 결점은 1.2회에 即 전개초두에 별로 암시나 서스펜스가 없었던 것, 그리고 당원의 重役會議가 몹시 불자연했던 것이라 하겠다. 이것은 심사위원 한운사 선생이 다시 손질하면 영화화도 가능이라고 무척 아까와 하던 작품임을 부언해둔다. 김현우씨의 운명이여 통곡한다는 추리소설이라기보다 오히려 怪奇小說인성싶다. 꽤 흥미롭게 끌고나가는 힘이 凡然한 솜씨가 아니라, 군데군데 부자연하거나 설명부족이거나 벌여놓고 미처리에 그치고만 것은 매우 遺憾이다."

한운사, "내가 왜 이런 것을 審査해야만 되나! 疑問을 품은 채 작품들을 읽어갔다. 완전사회는 한마디로 말해서 거의 완전한 작품이었다. 광대한 스케일, 綿密한 이야기 運行, 미래 인간들의 생활이 아마 그렇게 되지나 않을까 納得이 갈 程度로 합리성이 있는 것 같다는 구상, 3차 대전, 4차 대전을 겪은 뒤의 인간세계의 空虛 …… 하여간 이것을 쓴 사람은 굉장한 천재가 아니면 엄청난 盜賊일 것이라고 느꼈다. 〈미로〉 보통솜씨가 아니라고 할까. 문장력도 있고, 끌고가는 힘도 있는데, 사건전체가 그리 크지는 않았던 것 같다. 심리묘사 정경묘사에 너무 시간을 잡아 사건진전에 약간若干의 브레이크가 걸린 감이다. 일단 갖출 것은 다 갖춘 것 같아 가작으로 밀어 躊躇하지 않는다. 흑화 아깝다. 전개며 라스트는 좋은데 알맹이가 너무 허술한 것 같다. 우리가 사는 현실사회를 무대로 했다면, 소공동 한복판에서 그럴 수가 있는가. 그러나 이 작가의 장래에 期待를 걸어본다. 〈운명이여 통곡한다〉 허술한 시작인데도 끌려들어갔다. 문장도 약하고 欠陷투성이인데도 자꾸만 호기심이 생겼다. 새디즘 마조히즘이 나올 무렵엔 두 손을 번쩍 들었으나 너무 淫亂한 것 같아! 그러면서도 끄는 힘이 있었으니 그것은 대체 무엇일까? 한번 생각해볼 작정이다."

10. 반면에 조지 오웰의 『동물농장』은 최초의 외국어 번역은 한국어였다. 국제문화협회에서 1948년 10월에 출간한 『動物農場』이 바로 그 책이다. 『동물농장』의 한국어 최초 번역에 관한 사정은 장용경의 「풍자와 우화 사이에서 - 한국에서의 『동물농장』 번역의 정치」(『역사문제연구』 제26호, 역사문제연구소, 2011.10)를 참고하기 바란다.

11. 조성면, 「SF와 한국문학」, 『대중문학과 정전에 대한 반역』, 소명, 2002, 195쪽 참고.

12. 『Popular Mechanics』는 Google Play 도서를 통해 전권을 페이지 별로 모두 열람할 수 있다. 『학생과학』이 『Popular Mechanics』에서 도용한 「운하건설을 수소탄으로」의 정확한 서지는 다음과 같다. Dr. Edward Teller, "We're Going to Work

Miracles", *Popular Mechanics*, 1960. 3, pp.92~101.

13. 서광운, 「우주함대의 최후」, 『학생과학』, 1969.3, 158쪽.

14. 같은 책, 161쪽.

15. 이 자료에 접근하는 방법은 1860년대부터 2010년대까지 200여종 이상의 미국 과학 잡지의 표지를 모아놓은 아카이브를 활용하면 된다. (http://davelo.net/sciam/cover-index.html) *Science & Mechanics, Scientific American, Popular Mechanics, Popular Science* 같은 잡지들이 양차 세계대전 기간 동안에 얼마나 노골적인 전시 동원 프로파간다였던지 한 눈에 확인할 수 있다.

16. 이창건, 「원자로와 원자력 발전소」, 『학생과학』, 1965.12, 41쪽.

17. Alexis C. Madrigal, "Adventures Inside the Atom : The Nuclear Dream in Comic Book Form", *The Atlantic*, 2011.3.22 (http://vo.to/meM) 참고.

18. 웨스팅하우스 교육 재단의 AAAS 지원에 관한 정보는 AAAS 공식 홈페이지에 공개되어 있다. (http://archives.aaas.org/awards.php?a_id=26) 웨스팅하우스는 1946년부터 현재까지 이 상을 후원하고 있다.

19. 「原子力발전소 건설 美웨스팅 하우스 選定」, 『경향신문』, 1969.1.30.

20. 남궁호, 「학생과 과학과 과학진흥」, 『학생과학』 창간호, 1965.11.

21. 원용진, 「한국 대중문화, 미국과 함께 혹은 따로」, 『아메리카나제이션』, 푸른역사, 2008, 172~173쪽 참고.

22. 오민영, 「화성호(火星号)는 어디로」, 『학생과학』, 1967. 8 · 9월호, 79쪽.

23. 「남대문 상공에 원자폭탄이 떨어진다면?」, 『학생과학』, 1966. 12, 45쪽.

24. 「SF作家클럽發足」, 『동아일보』, 1969.1.4; 「과학소설 韓國은 開拓단계」, 『경향신문』, 1969.7.30.

25. 「독후감」, 『학생과학』, 1969.1, 161쪽.

26. 「독자통신」, 『학생과학』, 1969.3, 162쪽.

27. 이동성, 「크로마뇽인의 비밀」, 『학생과학』, 1965.12, 115쪽.

28. 같은 책, 117쪽.

29. 김수영, 「壁」, 『김수영 전집 2 散文』, 민음사, 1981(2002), 78쪽.

남아 있는 이야기 – 오리가미 매뉴얼

1. 이언 매큐언, 「입체기하학」, 『첫사랑, 마지막 의식』, 박경희 옮김, media2.0, 2008, 28쪽. 강조는 인용자.

2. 오무스비 공식 홈페이지가 있다. http://www.f-money.com 이곳에서는 『오무스비통화』(おむすび通貨)라는 정기 간행물도 판매하고 있다.

3. 김종철, 「우애의 경제를 위하여」, 『녹색평론』 119호, 녹색평론사, 2011, 30쪽.

297

메일러, 노먼(Mailer, Norman) 270, 271

ㅂ

박노해 215

박원순 291~293

박익수 250, 254

박일문 216, 290

박정근 91

박정희 218, 220, 224, 239, 253, 254

발라드, 제임스(Ballard, James Graham) 159, 160

방현석 289

배명훈 165

버틀러, 주디스(Butler, Judith) 284

베커, 게리(Becker, Gary Stanley) 280

베케트, 사무엘(Beckett, Samuel) 17, 239

보르헤스, 호르헤 루이스(Borges, Jorge Luis) 289

볼츠, 노르베르츠(Bolz, Norbert) 49, 281

브라운, 폰(Braun, Wernher von) 258

브레히트, 베르톨트(Brecht, Bertolt) 40

블랙번, 로빈(Blackburn, Robin) 282

블레이즈, 윌리엄(Blades, William) 290

비릴리오, 폴(Virilio, Paul) 54, 282, 285

빈 라덴, 오사마(Bin Laden, Osama) 286

뽈나레프, 미셸(Polnareff, Michel) 91~93, 284, 285

ㅅ

서기로(서광운) 266

서정철 264, 267

서준환 185, 289

세르, 미셸(Serres, Michell) 168, 289, 290

셔번, 도널드(Sherburne, D. W) 133, 285

소로우, 헨리 데이빗(Thoreau, Henry David) 282

슐츠, 시어도어(Schultz, Theodore William) 280

스탈린, 이오시프(Stalin, Ioseb Vissarionovich) 231

스피노자, 바뤼흐(Spinoza, Baruch De) 144

스필버그, 스티븐(Spielberg, Steven) 210

시몬손, 올라(Simonsson, Ola) 140, 141, 286

신동우 264, 265, 267

신동헌 264, 266, 267

심상정 289

ㅇ

오르트만, 프리츠(Fritz Ohrtmann) 237, 294

앨런, 로이드(Alan, Lloyd) 258

오민영 259, 264, 268, 297

오웰, 조지(Orwell, George) 90, 106, 243, 246, 247, 296

와일리, 필립(Philip Wylie) 244, 245

요한 바오로 2세(Papa Giovanni Paolo II) 289

웰즈, H. G(Wells, H. G) 266

위태커, 에릭(Whitacre, Eric) 153~155, 286, 287

윈덤, 존(Wyndham, John) 47

윤여연 291, 292

윤영배 176, 177, 288

윤후명 289

이광수 253

이동성 264, 266, 268, 297

이명박 127

이영준 149, 150, 286